中央高校基本科研业务费专项资金资助

公共管理新论

王建民 于海波 李永瑞 等著

知识产权出版社
全国百佳图书出版单位

图书在版编目（CIP）数据

公共管理新论/王建民等著. —北京：知识产权出版社，2018.7
ISBN 978-7-5130-5683-0

Ⅰ.①公… Ⅱ.①王… Ⅲ.①公共管理—研究 Ⅳ.①D035-0

中国版本图书馆 CIP 数据核字（2018）第 159786 号

责任编辑：国晓健	责任校对：谷　洋
封面设计：藏　磊	责任印制：孙婷婷

公共管理新论

王建民　于海波　李永瑞　等著

出版发行：知识产权出版社有限责任公司	网　　址：http://www.ipph.cn
社　　址：北京市海淀区气象路 50 号院	邮　　编：100081
责编电话：010-82000860 转 8385	责编邮箱：guoxiaojian@cnipr.com
发行电话：010-82000860 转 8101/8102	发行传真：010-82000893/82005070/82000270
印　　刷：北京虎彩文化传播有限公司	经　　销：各大网上书店、新华书店及相关专业书店
开　　本：787mm×1092mm　1/16	印　　张：14.25
版　　次：2018 年 7 月第 1 版	印　　次：2018 年 7 月第 1 次印刷
字　　数：215 千字	定　　价：56.00 元
ISBN 978-7-5130-5683-0	

出版权专有　侵权必究

如有印装质量问题，本社负责调换。

《公共管理新论》学术委员会

王建民（主持） 于海波 王 颖

李永瑞 柯江林 余芸春 王昌海

《公共管理新论》研究助理

王艳涛 喻炜婷 姚兰芳 张晓怡 郑鲁健

前　言

新时代的中国公共管理学者，应该像其他哲学社会科学学者一样，遵循"立足中国、借鉴国外，挖掘历史、把握当代，关怀人类、面向未来"的思路，[1] 创新学术观点、形成学术思想和构建学科体系，积极贡献能够体现"中国特色、中国风格、中国气派"的学术成果。

汇编在本书的大多数作品，在一定意义上可以看作是北京师范大学公共管理学科部分中青年学者为实现这一目标而努力所取得的阶段性成绩。得到"中央高校基本科研业务费专项资金资助"，北京师范大学战略人才研究中心王建民教授，在政府管理学院负责同志和知识产权出版社国晓健编辑的支持下，征集作品，撰写新稿，选编校订，经过一年多时间的工作，完成了这部书稿。为本书提供作品的作者，主要是北京师范大学政府管理学院教师以及在学和新近毕业的博士研究生；大多数作者同时隶属于非建制的战略人才研究中心，常有交流和合作，创作集体作品。

收入本书的 22 篇文章，大体上有三方面的特征。

一是可以分为评论性和学术性两类。王建民撰写的《政绩考核模式"误导"中国》等 6 篇属于评论性文章，其余《"顶层设计"的内涵、逻辑与方法》等 16 篇为学术性文章。评论文章主要是应《人民论坛》的期刊约稿而作，篇幅不长，言简意赅，有较强的时政性；学术性文章，讲究理论和方法的运用，以客观实证性为主，必要时提出包含价值判断的规范性政策建议。

---

[1] 2016 年 5 月 18 日新华社北京电《习近平：在哲学社会科学工作座谈会上的讲话》（2018-06-07 新华网：http://www.xinhuanet.com/politics/2016-05/18/c_1118891128.htm）。

二是内容比较丰富，多样化。本书文稿的选编，一个主要的标准是希望体现作者的个人研究专长，其次再兼顾专题的一致性。这在一定程度上可以展现研究团队的研究视野和聚焦领域。大多数文章的主题集中在公共组织治理和公务员的激励与约束方面。具体内容范围较广，包括政绩考核模式、"顶层设计"、行政审批制度改革、区域创新能力、行业协会商会作用和城乡居民医保制度建设等；关于公务员的问题，包括去留动机、懒政行为分析、基层公务员胜任特征模型、乡镇党政领导班子配置以及后发展地区战略人才引进问题。

三是研究方法实证和规范相结合。按照经济学研究方法论，可以分为无价值判断的"实证（positive）研究"和有价值判断的"规范（normative）研究"两类。凡是依据理论、数据、事实、实例等客观性论据的分析和论证，可以看作是实证研究的运用；而依据具体情景主张和设计的政策建议，可以看作是规范研究。这一判断与管理学的实证（empirical）研究方法和理论（theoretical）研究方法有所不同。关于研究方法的分类有多种观点，一般的认识是可以分为哲学层次（比如唯物辩证法）、学科层面（如经济学、管理学、心理学、组织行为学等）和工具手段（获取研究数据的具体方法，比如查阅文献资料、问卷调查、访谈等）三个梯度，每一个梯度内有不同的区分。

此外，本书收入了几篇较早发表的文章，有两点考虑。其一，展示当时管理情境和政策演变的历程，比如对反思北京发生暴雨灾害的管理、公职人员"吃空饷"问题、治理"公款吃喝"问题等。王建民教授和狄增如教授撰写的《"顶层设计"的内涵、逻辑与方法》发表于2013年，对2012年中共"十八大"召开之后以习近平为核心的党中央强调的"顶层设计"概念和进行的战略性、系统性"顶层设计"，有较早的和较全面的认识与研究。其二，有些文章仍然具有较强的现实意义，可以在公共管理中借鉴，比如政绩考核模式"误导"中国、"组织内监察员（Ombudsman）"制度这两篇文章。前者关于"考核模式"产生的行为"误导"问题依然存在，需要通过推进"分类评价"改革等加以逐渐优化和完善。后者是介绍一种在美国等国家的公共部门、高等学校、跨国公司等机构和组织采用的组织内部的监督、监察或申诉制度安排；这种制度安排中的专员，坚持独立性（Independence）、中立和公正性（Neutrality and Impartiality）、保密性（Confidentiality）以及非正式（Informality）四项原则，对于化解组织内部矛盾、防患于未然和实现对组织内部机构和个人的监督有重要的借鉴价值。

本书收录的几篇实证性研究文章，在一定程度上反映了公共管理学科研究的方法论选择方向。李永瑞副教授率领的研究团队，在《"好干部"内涵与干部队伍建设》一文研究中，收集了2015年5月31日以来的408篇79.47万字"权威学习材料"，从中选择87篇28.14万字材料分析，经过严格的编码方法，得出了由五个维度17项"关键资质"构成的好干部"二十字"标准。

王颖教授和王笑宇硕士在《中国公务员的职场去留动机：职业承诺及其影响因素研究》中，通过对公务员进行结构化访谈和726名公务员的问卷调查，实证分析了公务员职业承诺问题，发现影响公务员职业承诺的主要因素有领导的认同、组织公平感和工作负荷三个方面，通过提高这三个方面的职业承诺水平，有助于推进公务员队伍建设。于海波教授领导的研究团队在全国范围内向基层公务员中发放167份开放式问卷，采集到1188条基层公务员的工作表现数据，通过开发编码框架、练习和正式编码，得出了基层公务"C2PM"员胜任特征模型。

吴映雄博士生《基于省际面板数据的创新驱动投入产出实证研究》是经济学范畴的实证研究；利用2004—2014年全国31个省际（省、自治区、直辖市）的平衡面板数据，运用处理时间序列问题的"固定效应模型"和"随机效应模型"，从时间维度和空间维度研究创新驱动对经济发展影响。研究得出结论：创新投入要素中，经费投入特别财政科技经费支出不一定能提高人均GDP和取得预期经济效应；相反，在一定程度上抑制经济发展；大专及以上学历人数占比、最终消费率、技术市场成交额、进出口总额对人均GDP有显著正向影响。王艳涛博士后对公务员的"懒政行为"进行博弈论分析，实证结论有参考价值。

本书收录的由周联兵博士、倪超博士以及杜晓宇、董振华、肖志康、晏常丽、蔡义和、郑晓雯和耿捷博士生撰写的文章，分别研究行业协会商会的在优化市场机制中的作用、行政审批制度改革、城乡居民医保一体化建设中PPP模式、基于领导力的员工主动性提升、乡镇党政领导班子配置、调节定向理论及其应用、后发展地区战略人才引进机制、"双一流"大学建设政策，以及俄罗斯人力资源管理传统对西方在俄企业的影响等问题，内容丰富，视角各异，观点鲜明，有一定的参考价值。

总之，本书是集体智慧的结晶，是团队工作的成果。从一个侧面反映了部分中青年公共管理学者的学术视野、关注问题和认识水平。汇集成书，便于分享和交流，敬请读者批评指正。

感谢所有作者的贡献，感谢知识产权出版社的支持，感谢学院的鼓励和学校的资助！

王建民
2018年6月11日

目 录

政绩考核模式"误导"中国 / 王建民 ……………………………… 1
北京暴雨灾害的管理反思 / 王建民 ……………………………… 6
公职人员"吃空饷"的制度成因 / 王建民 ……………………… 10
下基层更需要管理智慧 / 王建民 ………………………………… 13
治理公款吃喝：制度刚性与国外经验 / 王建民 ………………… 16
"好干部"内涵与干部队伍建设 / 李永瑞 吴璇 葛爽 ………… 27
"顶层设计"的内涵、逻辑与方法 / 王建民 狄增如 …………… 33
"组织内监察员"制度：国际实践与中国借鉴 / 王建民 钱诚
　　王晟泽 …………………………………………………………… 52
中国行政审批制度改革的困境与出路初探
　　——来自国家层面的经验总结 / 倪超 ……………………… 72
中国公务员的职场去留动机：职业承诺及其影响因素研究 / 王颖
　　王笑宇 …………………………………………………………… 83
我国公务员懒政行为的博弈分析 / 王艳涛 ……………………… 94
基层公务员胜任特征模型的实证研究 / 于海波 晏常丽
　　许春燕 周霞 薛淑娅 ………………………………………… 104
基于领导力的员工主动性提升路径及管理策略 / 董振华 ……… 117
我国区域创新能力研究述评 / 王建民 王艳涛 ………………… 128
基于省际面板数据的创新驱动投入产出实证研究 / 吴映雄 …… 141
乡镇党政领导班子配置问题及对策研究 / 肖志康 ……………… 157
调节定向理论及其在人力资源管理研究中的应用 / 晏常丽 …… 167
后发展地区战略人才引进机制：协同治理视角分析 / 蔡义和 … 176

· 1 ·

"双一流"大学建设政策分析与启示 / 郑晓雯 ……………… 184
行业协会商会在优化市场机制中的作用研究 / 周联兵 ……………… 192
PPP模式在城乡居民医保一体化建设中的应用
——以湛江模式为例 / 杜晓宇 ……………… 199
俄罗斯人力资源管理传统对西方在俄企业的影响 / 耿捷 ……………… 208

政绩考核模式"误导"中国

王建民[1]

一、现行绩效考核制度有四个显著特征

"政绩工程"屡禁不止的根源何在？主要在于"政绩"评价机制发生误导效应——党政领导干部管理部门被西方新公共管理理论"误导"，构建并实施了合理性严重不足的工作绩效管理模式。在问题模式中的评价机制的驱动下，被评价者行为"扭曲"，发生滥用资源、大搞"政绩工程"建设的现象。

一段时期以来，有关部门建立并实施了针对领导干部和领导班子，以及行政机关、教育科研单位等行使公共权力、使用公共资源的人员和组织实行绩效考核的制度。总体上，这类绩效考核制度有四个显著特征：一是指标数量化。如地方政府的 GDP 增长率、招商引资到位资金、入选人才工程的人数、科研经费到账数额、发表论文数量、获得专利数量等。二是形式统一。"一刀切"现象很普遍，对具体人、具体组织的具体情况考虑严重不足。三是过程简单。轰轰烈烈开"述职报告"大会，让所有与会的下级人员或代表给上级领导打分评价。评价之前没有绩效评估动员，之后也没有绩效沟通和结果反馈。这与其他一些绩效管理经验丰富的国家持续数月之久的绩效管理过程形成鲜明对照。四是自上而下。所有的绩效评价均来自上级的要求或压力。自觉自愿、自我需要的情况几乎没有。每一种评

---

[1] 王建民，男，经济学博士，北京师范大学政府管理学院教授、博士生导师、博士后合作导师。

价都是令人感到不自在的压力。此外，当上级领导或组织考评下级绩效时，往往来去匆匆、走马观花，留下印象的通常是大规划、大项目、大工程、好数字、宽马路、大广场、亮景观等表面化、形式化的东西。领导坐车视察，临马路就会建起一米宽"楼牌坊"把破旧的民居隔离在后面；领导坐飞机视察，有人就会在山头上刷绿漆造绿化假象……领导喜欢什么，下面的人就会干什么。

绩效被评价者个人及其领导下的组织是"理性人"。理性的下级以满足上级绩效评价指标为行动根据，以应付领导的喜好为行动指南，有充分的理由和动力。这既是生存之道，也是发展之路。逆潮流而动，反其道而行；评价一三五，你却二四六；要求你向"东"，你却硬往"西"；领导喜欢形象宏伟、外表华丽，你却外观简陋、内涵朴素……这样做，不但"政绩"得不到肯定，职业生涯也会止步不前，甚至"戛然而止"。在党务、行政等公共权力系统，下级部门或下属人员的"政绩"得到上级机关和领导的认可，非常必要且极其重要。"政绩"评价指标的设定和管理模式的选择，对下级或下属行为具有决定性的影响。因此，可以认为，"政绩工程"之所以泛滥，主要原因就在于"政绩"评价模式产生了误导效应。"政绩工程"泛滥的绩效管理模式之所以形成，是因为在较大程度上受到了西方新公共管理理论的"误导"。

二、"政绩工程"绩效管理模式受西方新公共管理理论的"误导"

所谓新公共管理是20世纪80年代以来发展于英、美等西方国家的一种新的公共行政理论和管理模式。"新公共管理"的理论基础是经济学和企业管理理论的综合应用。传统的公共行政管理方法局限于政治规则，而新公共管理模式着力于经济规则。新公共管理理论主张，在政府组织等公共部门广泛采用私营部门企业组织有效的管理技术和成功的管理经验，引入竞争机制促进公共服务生产的效率、数量和质量不断提高，努力满足"顾客"不断增长的对公共服务的需求。对政府等公共部门人员的管理，要采用企业等私营部门的人力资源的管理模式，实行公开招聘选拔、合约使用、绩效考核、培训发展、薪酬福利等制度。

笔者在哈佛大学访学期间收集资料，专门研究了美国公共部门基于新公共管理理论而开展的绩效管理实践。研究发现，美国公共部门的绩效管理活动源于"内需"，而不是上级的要求和压力。费尔法克斯县的《绩效考评手册》明确指出：居民对公共服务质量的要求越来越高，而政府机构可支配资源的增长有限，唯有不断提高工作绩效，才是满足居民需求的主要途径。《绩效考评手册》中引用一位知名学者的话，说明绩效考核的重要性："如果不考评结果，就不能区分成功与失败；如果看不到成功，就不能给予奖励；如果不奖励成功，就可能鼓励失败；如果看不到成功，就不能积累成功经验；如果辨不清失败，就不能改正；如果能够证实结果，就能够赢得公众支持。"对哈佛大学肯尼迪政府学院绩效管理的考察有意想不到的发现：绩效考评的重点是行政后勤人员，而不是教师，对教师的绩效没有正式的考核。考核的目标同样十分明确，也是源于学院对实现规划、完成任务、提升服务质量的内部需要。考核工作历时三个月之久，特别强调以"日常对话"方式进行绩效沟通管理，强调"在整个正式的绩效评估工程中，不应该有什么令人感到惊讶的事情发生"。绩效考核的目的在于改善和提升绩效水平，而不是制造紧张、引发对立。由于绩效指标的设定和方式选择而诱致非理想化、非预期行为的发生，意味着绩效管理制度的失败。

我国实行改革开放政策以来，从中央到地方各级领导机关和决策部门，要求国家公共权力部门和领导成员广泛了解、学习和借鉴国际先进管理技术和管理经验，对于提高工作效率、节约资源、优化公共服务供给，发挥了积极作用。近10年来逐步建立和推广的包括行政机关在内的公共部门绩效管理制度，是引进和借用发达国家管理经验的体现。从目标确定、指标选择、实施程序、结果反馈等方面考察，这套绩效管理制度的设计者，直接或间接地深受西方新公共管理理念、思想和方法的"误导"。"误导"发生的主要原因是制度设计者和实施者表面化、形式化和简单化的理解和应用。忽视了中西方制度环境的巨大差异，只知其一不知其二，只学其形不顾其本，匆忙设计，仓促实施，没有通过后评估机制推动制度安排的调整与完善。

制度是最有价值的资本。好的制度是在一定的制度环境中，多方利益相关主体长期连续博弈、优化的结果。管理制度的引进、借鉴或采纳，必须考虑制度供给环境的特殊性和制度需求环境的差异性。一定的制度只适于在一定的条件下应用。

三、绩效管理制度的中西比较

就基于新公共管理理论而建立和实施的绩效管理制度而言，中西方制度环境或应用条件有很大差别。

首先是考评目的和动力不同。以美国为例，地方政府部门绩效考核的目的很简单——让选民满意，选民满意就可以继续执政。可支配的资源有限，但选民对政府服务的要求越来越高，唯有通过绩效管理找出差距、改进工作，才是唯一出路。绩效考评动力源于内生压力，自我要求。我国针对政府部门和领导干部绩效考核的目的何在？微观层面是提高工作效率、提升绩效水平；宏观层面是更好地"满足人民群众日益增长的对物质和精神生活的需要"。这对于绩效管理的客体所产生的作用力或影响力有很大不同，绩效考评是上级对下级的要求，属于外生压力。

其次是考评对象不同。美国地方政府绩效考核对象主要是政府机构、图书馆、消防队等公共服务部门，针对性强，指标具体。我国党政机关等公共部门的绩效考核，主要针对领导干部和领导班子，指标统一，形式单调。

再次，可支配资源不同。这点不同意义重大。我国公共财政资源的配置、使用和监督制度不完善，漏洞百出，为"政绩工程"建设获取资金打开了方便之门。美国等发达国家公共财政资源的配置和使用管理制度比较完备，滥用的难度很高。美国的政府分为联邦、州和地方三个层次，三级之间没有领导和被领导关系。地方政府有各种各样的名称和治理模型。无论哪一级哪一个政府，收益和支出都有严格、合理和有效的边界、结构与制约机制。

最后，考评结果的运用不同。美国地方政府绩效考核的结果由一个专门的委员会掌握，及时向有关部门和当事人反馈，要花 2~3 个月时间个别谈话、绩效沟通，帮助被考评者找出问题、改进工作。我们的考核结果主要被上级党委"组织部门"或上级主管部门掌握。一般情况下不反馈评估结果，没有绩效沟通管理环节。可能在干部选拔任用时作为参考，或者按照绩效结果公布排名，给下级领导和部门造成很大压力。

综上所述，有比较充分的理由认为，正是受西方新公共管理理论"误导"而形成的"政绩"评价机制产生了"误导效应"，引致少数公共权力拥有者和支配者及其利益相关者，滥用公共财政资源，大行"政绩工程"的恶劣行为。

四、如何开展绩效管理活动

治理"政绩工程"恶性泛滥势在必行。主要对策有三个：

第一，把人民群众"满意度"作为首要绩效评价指标。针对政府机构等公共部门的领导成员及其组织开展绩效管理活动，具有必要性和合理性，但是有效性的存在与保持必须建立在选择合理、可行和有效的绩效评价指标基础之上。其中一项权重最大的指标，应该是服务对象即当地人民群众的"满意度"。人民满意，就是最有效的政绩。如果人民支持"工程"建设，那这样的"工程"一定是"民生工程"，而不可能是体现少数人"政绩"的"政绩工程"。

第二，转变绩效管理动力机制。将绩效管理的动力机制由上级的"外生压力"转化为组织的"内生需要"，即从"我被领导考评"转变为"我自己需要考评"。组织"内生需要"的考评机制更有利于绩效诊断和改善。对照既定的事业规划和工作计划，检查落实情况，发现误差，及时纠正，确保各项战略规划目标的顺利实现。采取这样的绩效管理方式，"政绩"在日常工作中得到体现，临时项目、短期形象或表演式的"政绩工程"发生概率势必会下降。

第三，重大项目集体决策，人大审议，社会监督。严格公共财政预算管理，限制和规范重大专项立项管理制度。凡是有重大项目的议案，一定要通过党政领导班子集体讨论决定，报告人大常委会或者人民代表大会审议、表决、批准。向社会公开建设预算与规划，公开招标建设与管理，接受人大代表、政协委员、非官方媒体和社会公众的全过程监督。

（原文发表于2012年7月20日人民日报社《人民论坛》杂志总第372期）

北京暴雨灾害的管理反思

王建民

北京"7·21"特大暴雨灾害[1]的发生,向全国各级政府城乡建设与管理的决策者和执行者发出了"警示":敬畏大自然,提升公共管理水平,在学习与借鉴中科学行政。

一、综合运用战略思维与系统思想,构建城市战略管理体系

北京"7·21"特大暴雨向全国城乡建设与管理的决策者和执行者发出了"管理警示"。第一,"管理"意味着"计划、组织、领导和控制",四个环节缺一不可;计划不周全,组织、领导不力,忽视过程控制,势必因管理不善而造成生命和财产损失。第二,公共部门需要战略管理。一个地区或城市的经济和社会发展战略规划,绝不是有些人认为的"规划,规划,办公室搞搞,墙上挂挂"之类可有可无、可轻可重的东西,绝不能被当作是应付上级和社会公众的一纸"文稿"。战略规划的制定要慎重,一旦制定和颁布,就要遵照执行,在执行中评估与完善。第三,发展需要管理,要讲战略性和系统性。有专家指出,科学发展观中蕴含着战略思维与系统思想,各级领导干部都应该在工作中"综合运用战略思维与系统思想",在工作中坚持五项原则——战略导向原则、整体推进原则、纵向联动原则、横向协作原则和竞争发展原则,即从战略高度认识事物、规划工

---

[1] 北京"7·21"特大暴雨灾害,指发生于2012年7月21日至22日8时左右,北京及其周边地区遭遇的61年来最强暴雨及洪涝灾害。截至2012年8月6日,北京有79人因此次暴雨死亡。根据北京市政府通报,此次暴雨造成房屋倒塌10660间,160.2万人受灾,经济损失116.4亿元。

作，以系统优化和整体推进为导向，协调指挥，有效执行，纵向联合行动，横向协同作业，在激烈的竞争中实现科学发展。

城市的发展，既要根据国家战略制定城市发展战略规划，又要充分考虑各方面工作的系统性。实践中，应该尽可能规避和解决领导者"拍脑袋"决策、干部任期制导致的短期行为、部门利益最大化、工作条块分割、有规划无落实等不符合战略管理要求的问题。

二、把地下排水系统的规划、设计和建设作为城市中长期发展的重点工作

北京"7·21"特大暴雨灾害提出了"学习警示"：向古人学习，向先进国家学习。北京"7·21"特大暴雨发生时，有记者和摄影师相约拍摄"水漫紫禁城"的影像，结果大失所望。当天21时许拍摄的故宫午门照片显示，地面上竟然"没有积水痕迹"。偌大的故宫，几乎没有一处积水。位于暴雨中心的北海团城，也无一例积水报告；这两处与环路和主要支路大量积水形成鲜明对照。

故宫和北海团城的排雨水工程服役已近600年，一定迎接过比"61年一遇"还猛烈的大暴雨的考验。这两处古代工程，一砖一石，一树一木，一涵一洞一井，处处充满智慧。北海团城，整体地势较高，种植古树，古树周围分布水眼，水眼下部建竖井，竖井与竖井之间涵洞相连。多余的雨水到涵洞被储存起来，形成一条地下"暗河"。紫禁城建有明暗两套排水系统。明排水系统，通过铺地做出泛水，经由各种排水口、吐水嘴排到周边河中；暗排水系统，由地下排水道将水排到河里，即内外金水河。

发达国家的排水工程有不少经验可以借鉴。日本东京建有世界上最先进的被称为"地下神殿"的下水道排水系统。由一连串混凝土立坑构成，地下河深达60米。下水道内安装多个1.4万马力的水泵，每秒钟可以疏通200立方米的地下水，排泄到附近河流然后流入大海。法国巴黎的下水道是座博物馆，每年有十多万人参观。其下水道位于地面以下50米，四壁整洁，管道通畅，纵横交错，密如蛛网。排水道宽达3米，两旁还有约1米宽的检修便道。德国汉堡建有容量很大的地下蓄水库，在雨季可以发挥强大的雨水容纳作用，在非雨季可以提取地下库水供地面使用，有效实现雨

水的合理回收和利用。在新加坡的一个商业中心，可以看到一个大大的"碗"在收集雨水，流入地下城的河流中储备利用。

在国务院批复的《北京市城市总体规划（2004—2020）》中明确提出，中心城区"按不低于200年一遇洪水标准设防"；新城"按50~100年一遇洪水标准设防"。这里有两个问题：一是规划中可能对类似"7·21"重灾区房山区等农村地区的重视不够，没有考虑设防或标准太低。无论城区还是乡镇，人民的生命和财产具有同等重要的价值。二是城区"200年一遇"和新城按"50~100年一遇"的标准偏低。地下设施建设不同于地上建筑，应该达到"500~1000年一遇"的标准，至少不应该低于紫禁城和北海团城的防护能力。规划应该立千年大计，建设可以由几代人去实现。

在"十二五"和"十三五"期间，北京市应该协调周边省市，完成地下排水系统工程的规划、设计和启动建设工作，努力达到和超过目前"世界城市"的最高水准。在北京全面建设能够"排水蓄水，综合利用水资源"的工程，彻底解决暴雨灾害和水资源严重短缺难题，远比确认北京是不是一个"世界城市"来得重要。

三、建立和完善城市常住人口避险自救、防灾减灾知识与技能的学习演练机制

让大多数城区和乡镇常住人口懂得如何躲避危险、如何遇险自救，有利于实现防灾减灾目标。将避险自救、救护他人、参与社会抢险救灾活动的知识、技能和能力，纳入青少年教育的必修课，远比被动学习书本文化知识、参加各类入学升级文化考试重要。不懂得如何保护自己生命和救护他人生命，一旦遇险势必给个人、家庭和社会造成无法弥补的损失。火灾、洪水、地震、病毒和遭遇歹徒袭击等避险、自救和救护的知识和技能，应该让每一位青少年学习掌握。

避险、自救和救护知识和技能的学习及能力的培养，有各种各样的模式。但无论哪种模式，实景演练和亲自作业都是必不可少的环节。在国外，笔者曾多次经历火警演练。几乎每个月都会在办公室正常工作时遇到火警铃声突然大作的情景。此时，要求所有人员按照指定路线立刻走楼梯撤离到指定区域等待。大批消防车蜂拥而至，在完成一系列救火作业程序

之后，才宣布火警解除。这样的经验值得借鉴，各部门应当定期开展遇险自救和救护演习。

四、创新社会管理方式，鼓励和支持社会力量参与抢险救援和赈济灾民活动

北京"7·21"特大暴雨灾害发生之后，许多个人和非政府组织主动向遇险人员伸出援助之手，积极投身到了抢险救灾队伍之中。许多私家车主自愿组织起来到首都机场接送客人回家，有人甚至把素不相识的客人安排在自己家里或办公室过夜。有150多位农民工，在"7·21"暴雨中冒着生命危险从积水严重的京港澳高速南岗洼路段救出上百名乘客。7月30日，央视知名主持人崔永元花费近1.5万元，和著名歌手韩红等人设宴款待参加救援的农民工表达敬意和感谢。

在新的时代背景下，创新社会组织与管理方式，大力鼓励、支持民间人士和非政府组织参与抢险救援、赈济灾民、服务社会等公益事业，有利于促进第三部门发展，为社会人士和公益组织实现个人价值与组织使命，开辟更为广阔的空间，创造更为便利的条件。

（原文发表于2012年8月22日人民日报社《人民论坛》杂志总第375期）

公职人员"吃空饷"的制度成因

王建民

据报道,浙江永康曝晒"吃空饷"公职人员名单于阳光之下,轰动全国。这件事既可喜又可悲!可喜之处在于还有"纪委"这样的"纠偏—防腐—惩戒"机制存在,构筑了抵御公职人员和机构违规乱纪行为暗流奔涌的最后防线。可悲的是,在浙江永康这样一个县级市,竟然有多达192名公职人员在"吃空饷"……此类事件,在浙江其他地方有没有?在全国有多少?相信其他地方的民众对"纪委"的阳光防腐政策也寄予了无限的期望。

公职人员"吃空饷","在编不在岗","拿钱不干事",事出有因,在制度上有必然性。首先,干部人事管理制度执行不力。长期病事假,超假不归,擅自离岗,受到刑事处罚,为什么管理部门没有按照规定及时调整薪酬发放?显然是管理者不负责任,而管理者之所以不负责任,是因为对负责任与不负责任者的激励与处罚机制扭曲、疲软,行之不力。现行干部人事管理制度再不完善,也有对发生任职变动者调整薪酬福利待遇的基本规定,问题是这些规定没有得到及时、有效的执行,对规定执行者又没有相应的制约机制。

其次,"编制"制度落后,脱离现实"需求"。"正式工领工资不上班,临时工干活没编制";在浙江永康公示的192人中,"借用、借调、抽调人员有23人"。为什么机关事业单位要雇用"临时工"?为什么上级部门要"借用、借调、抽调"下面单位的人员?因为有工作需要做但人手不够;那为什么不招聘?因为没有"编制"。"编制"是什么、为什么?从战略人力资源管理角度看,"编制"只是一个服务于事业发展的规划环节,要根据事业发展中对人力资源的需求做出规划和部署。"编制"为满足人力资源需求服务，为实现事业发展目标服务。如果"编制"被"编制者们"拍脑袋决策，如果"编制"沦为"编制者们"博弈权利的手段，那结果自然是"编制"与"需求"脱节。观察和研究发现，受到"编制"无理制约的组织大有所在。"编制"是必要的，但"编制"要追随"需求"的变化而变化。"编制"制度有必要发生战略人力资源规划导向的创新。没有创新就没有发展。

再次，公共权力的配置和行使制度不合理。公共权力，以上级党委组织部门任命的方式配置给某些公职人员，而获得公共权力的人员，特别是"一把手"，在行使权力的过程中有十分宽松的自由度，没有严格的要求和原则，缺乏有效的激励与制约机制。规划中清清楚楚，文件里白纸黑字，讲话时明明白白，但现任是现任，前任是前任，下一任是谁管不着。群众没有实际的监督权，上级平时不监管。掌握权力者，可以想怎么干就怎么干，上级喜欢什么就干什么，领导满意就有升迁机会，调令一下，拍屁股走人。这是机关事业单位权力配置与行使的实际状态。在这样的体制下，出现"少数人""吃空饷"问题，自然不是什么大不了的事，而关键是"吃空饷"过去不是上级和领导关注的事。今后有领导、媒体、民众的"关注"，吃空饷问题自然手起刀落、迎刃而解。

最后，"所有者"缺位，没有人对单位的未来负责。中国建设社会主义市场经济，最大的问题是产权问题。公有制的产权主体，表面上明确，实际上缺位。全民所有、集体所有，形式上是人人有份，但实际上人人无权，所有各项权能的行使最后落到了一期一期上级组织任命的"代理人"——单位"一把手"的股掌之上。是否实现公共资产——有形资产和无形资产——的"保值增值"，主要由"一把手"及其领导班子成员的法制观念、党性原则、职业道德和个人素质决定。公共财政的所有者缺位，监督不力，形成了公职人员"吃空饷"的经济基础。国家的钱，大家的钱，不要白不要；拿到单位，装到腰包，才是自己的钱。"吃空饷"问题，在非公有制企业里不会发生，在所有者在位的非营利组织里也不会出现。资产的所有者不仅名义上清楚，而且所有者的监督直接、到位，在制度上杜绝了"拿钱不在岗、在岗不工作"现象发生的可能性。

涉及数千万人利益的中国事业单位改革，成功与否最大的决定因素，就在于构建有效的所有者代理人直接、到位的监督机制。

（原文发表于《中国报道》2012年第6期）

下基层更需要管理智慧

王建民

开展好干部下基层工作,"不扰民,不添乱,接地气,收实效",需要热情、忠诚和自信,更需要管理智慧,这需要从四方面着手:一是计划周密;二是组织合理;三是领导有方;四是控制得力。

一、轰轰烈烈下基层容易背离中央初衷

如果领导一讲话,上级机关文件一下发,下级组织不管三七二十一,不分青红皂白,立刻开展轰轰烈烈的"下基层"活动,没过多久,"万名公务员下基层""百万干部下基层"等报道就会出现在媒体上、写在报告里。而事实上,中央的要求高瞻远瞩、高屋建瓴,需要逐级细化为中长期规划、年度计划和行动方案。

要做到"计划周密",有必要逐一回答六个问题:谁需要下基层?下基层干什么?什么时间下基层?下到基层待多久?下基层期间的待遇如何安排?下基层后的收获如何考察和评价?在明确所有问题答案的基础上,制订出详细计划,具体到个人和事项,排出时间进度表,提出绩效评估指标,说明监督检查办法,明确事前事后的待遇安排等。

下基层的主体不同,所担负的责任、到达的目的地、到基层后的深入程度和工作周期自然各异。中央领导视察基层,有政治性、示范性和导向性作用,目的地的选择是多方力量博弈的均衡解。省(部)级领导班子成员,要深入主管工作的一线了解情况,应该到最困难、最复杂的地方去,时间不会太长。直接针对基层情况制定政策和部署工作的负责人,需要经常性地到基层了解情况,获得尽可能全面的信息。组织部门为了培养和锻

炼年轻干部，可以把他们派遣到艰苦的地方去，和人民群众"同吃、同住、同劳动"，停留较长一段时间。

二、组织合理方能为民而不扰民

"组织合理"，意味着在派遣干部下基层工作中，按照既定计划，把各项物质和非物质的要素，组合为一个结构、布局、模式、机制都具有合理性、可行性和科学性的工作系统，实现工作的整体性、协调性和有效性的有机统一。实践中，首先要把干部下基层工作纳入一级组织重要工作的范畴，让相关部门和人员认识到，下基层不是可轻可重、可有可无的工作，不是为了响应领导讲话或应付上级部门检查的"应景之作"，而是有事前周密计划和实施部署的重要任务。其次要设计合理的组织派遣结构，即对被派遣人员、地点、方式、周期和待遇等，要按照一定的比例和构成做出安排。再次要把系统化的下基层工作部署用较大强度的制度框架规范起来。最后要按照在既定结构下形成的机制，系统推进机关干部下基层工作有序进行下去。

在一些地方，由于管理学意义上的"组织"环节没有安排好，造成了不少困扰。如某兵团开展"万名机关干部下基层"活动，不到半年就有5000多人下到"兵团职工家里"。如此多人到家里，一拨接一拨，温暖没有送来多少，倒是添了不少麻烦。

三、领导有方是关键所在

在现行国家制度环境中，"领导有方"无论针对什么人和事都能够产生决定性的影响。主要领导及其班子成员是否具有强劲的领导力，体现在三个方面：一是描绘愿景的能力；二是制定和实施战略的能力；三是动员下属执行力的能力。"愿景"在某种意义上等价于最近的热词"梦"，就是要把努力工作为了什么和要构建出什么景象表述出来，让大家理解和认可。有了"愿景"，还需要找到实现"愿景"的途径和办法——进行战略管理和动员。

具体到机关干部下基层这项由中央组织、部门推动的系统工程而言，领导者或上级部门也要注意创新和优化领导模式，讲究经济性和科学性。

避免"一声令下、轰轰烈烈""立竿见影、虎头蛇尾"之类缺乏"科学和技术含量"的做法，代之以富含公共管理和战略管理智慧的新方式。领导方式不正确，很容易误导下属和下级组织发生不良连锁反应。如某市级组织要求下属县级组织上报100名"机关干部下基层"人员名单，但该县级组织包括领导和司机在内只有40多人，怎么办？工作中出现的许多问题，主要原因通常在于领导方式不当或领导能力不强上。创新领导方式，优化领导机制，才是解决问题的关键所在。

四、控制不得力则前功尽弃

"控制得力"是管理智慧最后的也是最重要的环节。这个环节的工作做不好，周密的计划、合理的组织、有方的领导都可能前功尽弃、化为泡影。管理学语境中的"控制"，是指在工作计划的实施过程中，要进行事前、事中和事后的信息获取、信息反馈、信息处理与指标调整，以确保既定计划和目标的顺利实现。

干部下基层的工作中发生这样或那样的问题，很大程度上与"控制"不"得力"有关。对下基层人员基本是粗放式、简单化管理，或者根本就没有真正意义上的管理。对于谁需要下基层、下基层干什么、下基层期间的活动如何监督、下基层后需要带回什么东西等许多选择，没有建立认真、科学的评估、反馈和总结机制。被安排下基层的人员可能感受到的是不受领导重视而被"下放"，因而产生抵触、困惑、不满等不良情绪。而对工作没有事后评估，布置工作时大张旗鼓，下基层后不闻不问，从基层回来后不理不睬，自然会使"被下基层"的干部失去对体验基层生活、了解基层情况的兴趣。

（原文发表于2013年3月5日人民日报社《人民论坛》杂志总第396期）

治理公款吃喝：制度刚性与国外经验

王建民

据某网站的"不完全统计"，中国的公款吃喝支出，1989 年为 370 亿元，1994 年突破 1000 亿元大关，2002 年达 2000 亿元，2005 年突破了 3000 亿元大关，2010 年和 2011 年，每年至少 1 万亿元。

美国《商业观察》一篇文章称，中国官方用于吃喝的支出每年高达数百亿美元，几乎相当于中国的国防支出。日本 TBS 电视台称，看来中国不是军事大国，而是"公款吃喝大国"。

"上百个红头文件，为啥管不住公职人员一张嘴？"是可忍，孰不可忍。中国智慧，"可上九天揽月，可下五洋捉鳖"，难道真的管不住公款吃喝的嘴？

一、构建刚性制度才是治本之策

解决公款吃喝问题，关键是要对问题有智慧的认识。理论与实践证明，制度创新、构建钢铁般坚硬的制度网络，是做好人员、事务和活动管理的根本出路所在。制度是规制行为正式和非正式的规则。法律、法规、政策等明文规定是正式或比较正式的有"硬度"的规则，而习俗、民风、口头要求、讲话精神等属于非正式的"软性"规则。"软""硬"兼施，必有所成。

制度是资本，制度资本的价值仅次于人力资本而大大高于物力资本。换句话说，人才比制度重要，而制度比金钱重要。正因为如此，制度资本的投资和获取难度极大。简单程序、小范围投票、一纸文件、几次讲话，不可能形成有意义的制度安排。即使强制"出台"也会因为难以被当事者接受而无法落实。

制度创新与建设要像引进"外资"一样，借鉴国际先进经验。在很大程度上，制度借鉴远比资本引进重要。引进新的制度安排，要在了解内容、分析功能、明确适用条件的基础上，根据本国实际情况和需要，制定出新的制度方案，再经过充分讨论和广泛征求意见与建议之后，由立法机关或政府部门颁布、实施。一旦实施，任何人都得遵守，一个例外，就会让制度的严肃性和权威性丧失，刚性结构轰然倒塌。

用刚性制度治理公款吃喝问题才是治本之策。要通过建立严格的制度实现三个目的：管住钱、管住人和管好环境。刚性的制度要发挥三方面的行为约束和规范作用。一是"吃不到"。让想大吃大喝的公职人员无法从公共财政中获得支持，无法报销餐费，想吃就自掏腰包。二是"不敢吃"。让大吃大喝、铺张浪费，涉嫌违纪、违法公款吃喝的人不敢吃。不只是不敢用公款吃喝，接受权力觊觎者或利用者的宴请也不可以。三是"不想吃"。即使有机会和条件，也会出于自身健康、高质量生活追求和社会资源节约的考虑，而放弃不当的、过度的吃喝。

二、瑞典、美国、日本等"三管齐下"治理公款吃喝

刚性的制度建立和完善，需要借鉴国外经验。瑞典用"火眼金睛"保证公费支出高效透明。政府各部门的公务资金额度由中央政府决定，政府部门的所有决策和执行都要受到议会的严格监督。议会下属的部门和机构在监督政府时各有分工，一双双"火眼金睛"使得政府各部门都力求做到最佳，尤其是在公费支出上更加严格律己。这样，瑞典政府官员公款大吃大喝的事根本不可能发生。

在美国，国会和地方议会制定了很多相关法律控制和监管公款吃喝，如著名的"牙签法案"。规定企业或者说客不得摆宴席请官员吃饭，举办"酒会"可以，酒会上所有的食品都只能用"牙签"或者用手拿着吃，不得有正式的饭菜。在美国餐馆消费需要纳税20%，而纳税和小费不能报销，即便是美国总统请客吃饭花费10万美元，总统也得自掏腰包付2万美元的税和1万多美元的小费。

日本为解决公款吃喝问题于1996年专门颁布了一项法令，法令规定，

每次宴请要经过三层审查才能通过预算。到年底，请谁吃喝要向议会报告，还要向纳税人公开：请的谁、吃的什么、喝的什么、谁作陪、达到什么效果等，一一记录、逐项审核；审核不过，就得宴请者自己掏腰包。另外，从1994年起，日本各地陆续建立了民间行政观察员制度，对政府行为进行监督，检查纳税人的钱到底是怎么用的，他们时常向政府提意见，要求公开财务。

所谓"他山之石"无须多谈，形式可能有异，但内在逻辑和目的相同。简而言之就是"三管齐下"——"管住钱、管住人和管好环境"，让意欲大吃大喝的公共权力行使者"吃不到""不敢吃"和"不想吃"。

三、完善和坚决执行刚性制度管住吃喝的嘴

对照国际经验，可以认为我们之所以"上百个红头文件，管不住一张嘴"，一定是在"管钱、管人和管环境"方面做得不到位。对"公款"的配置与使用管理与监督不到位，对党员干部的管理和监督不到位，对社会环境的建设与管理不到位，根本上是制度建设不到位。领导讲话和批示虽能够即时发生效力，迅速掀起治理风潮，但是，事实证明，在一段时间后，领导讲话和批示常常会被有意或无意地抛到脑后，而制度化或法制化所产生的作用力更为强大和持久。

第一，通过法制化堵住公共财政的漏洞。"三公消费"公开透明是必要手段，但还远远不够。变通支出的办法有很多，比如行政部门直接支配的调研费、课题研究费等完全可以转化为吃喝、游玩的费用；还有各种"专项经费"的立项、分配和使用环节也大有文章可做。因而，应当制定或完善公共财政管理的法律、法规，明确"三公消费"标准和公务员个人公务消费额度，严格报销制度，逐步实现电子化支出和结算，杜绝发票造假行为。用法制化堵住漏洞，切断公款吃喝的支付渠道。

第二，重点管好党内中高级领导干部。制定《中国共产党纪律处分条例实施细则》，细化内容，加重处罚，严格"执法"，维护党纪尊严，对公款吃喝违规违纪的党员干部实行"一票否决"制。一旦被纪检监察人员查获，或遭到检举后查实，无论职务多高、背景多硬都一律依规、依法处理，并以"污点"记录在案，5~10年内不得提拔重用。尤其要管好"一

把手",俗话说得好,"兵熊熊一个,将熊熊一窝"。"一把手"不守规则,危害极大,只要把全国处级以上党的领导干部管好,不再用公款大吃大喝,也不再接受权力交易者的宴请,天下一定太平。这可能有点难度,其实,最难的问题是谁来监督、需要多少人来监督和谁来监督监督者。

第三,厉行节约,严禁铺张浪费。通过经济的和非经济手段治理过度吃喝行为在内的资源浪费行为。即使花自己的钱,消耗和浪费的也是社会的资源。对此,可借鉴美国经验,加收20%餐饮消费税。消费税与餐费分项收取,让消费者清楚地知道消费餐饮付出的"额外"费用。还可以试行公众和媒体实名有奖举报餐饮浪费制度,将餐后剩余的饭菜酒水拍照举报,由相关部门对餐馆和消费者做出高额罚款处罚,将罚款的50%奖励举报者。

第四,加强和优化公众自媒体监督机制。国家和地方领导人及纪检监察部门要高度重视民众通过微博、博客、微信、录音、录像等技术手段,对公职人员进行的自媒体监督,收集公众利用自媒体方式的举报信息,继续肯定和鼓励网民的实名举报行为。

总之,通过法制化形成有硬约束力的正式规则系统,辅之以工作作风和精神文明建设中形成的对党员干部行为软约束的非正式规则体系,"软""硬"结合,可以演化出钢铁般强化制度的系统网络,逐步实现根治公款大吃大喝问题,而在这一过程中,监督者有效发挥作用则是关键所在。

(原文发表于2013年3月18日人民日报社《人民论坛》杂志总第398期)

附录一

坚决刹住公款吃喝的恶劣风气

王建民

公款吃喝，每年消耗纳税人数千亿元的血汗钱。中央发出100多个文件和通知，就是管不住这无数张吃吃喝喝的大嘴。

吃喝没错，是动物本能的需要。错在大吃大喝，特别是用"公款"胡吃海喝！公款吃喝，之所以势如破竹，大行其道，主要有四方面的原因。

一是国人素有"大吃大喝"的传统。逢年过节，迎来送往，亲友相聚，都要杀猪宰羊、烧鸡炖鹅，集中实力大吃大喝一番。日子不富裕，平日里清汤寡水、粗茶淡饭，大人孩子都盼着过节、喜庆的日子。日子相对富裕了，首先要满足的当然是吃喝了；不要自己掏腰包的吃喝机会更是趋之若鹜。于是，山珍海味，美酒佳酿，变着法儿、想着招儿大吃大喝起来，一发不可收拾，形成了一道道酒囊饭袋、脑满肠肥的风景线。

二是权利交易的市场选择。有权利就有腐败。绝对权利，绝对腐败；相对权利，相对腐败。权利腐败始于交易，交易需要场合。源于崇尚吃喝的传统，顺理成章，手握权力的人被请上了餐桌。调查发现，公款吃喝活动，早已从"为了吃喝"的初级阶段，发展到"和谁吃喝"的较高级阶段。多位当事人说现在流行的段子是，"吃什么无所谓，关键是和谁吃"，"喝多少不重要，重要的是让关键的人喝满意"。研究表明，人的需求是不断升级和无限发展的，现在的需求得到满足，不久后新的更高的需求就会出现。这便是公款吃喝的档次越来越高、成本越来越大的基础原因所在。

三是官场人际沟通的需要。说句公道话，在中国为官并不易。权利边界不清晰，责任常常无限大，节日假日常加班，工资也不算高。可官场人也是人，人是社会性动物，对情感交流和信息共享充满期待。到办公室去拜访，既不清净也不安全，往往三番五次见不着面。但再伟大的人物也得吃饭，对吧？所以"老朋友""新朋友""老同事""新下属"，请你一起聚聚，吃个便饭，怎么拒绝得了？大家手里都有权有利，你来我往，交换个不亦乐乎。吃喝当然不算事,费用一定有名目。

四是财务管理有漏洞。不反对吃喝,也不反对必要的、适度的吃喝——工作餐,反对的是动用"公款"的大吃大喝。问题的关键在于这"公款"哪儿来?没有来源,"公款"吃喝就发生不了。所以,根本的原因还是在公共财政的管理上有漏洞。

公款吃喝,铺张浪费,败坏党风,违反规定,触犯法律,危害甚大!坚决刹住这股恶劣的风气,势在必行,刻不容缓!有效或可能有效的办法有四个,不妨一试。

第一,严管领导。无论官场还是商场,无论好事还是坏事,领导的行为都影响深远。领导吃鱼翅、喝茅台,天天美味佳肴,夜夜莺歌燕舞,下属情何以堪?上行必然下效,吃喝玩乐之风一定越刮越猛。领导的好恶,总是会成为下属行动所围绕的重点。别有用心和有利欲谋之人,一定会投领导所好——上半身和下半身的兴趣,不断满足其欲望,进而将其掌控,随叫随到,为其所用。

第二,强化法治。100多个文件和通知所提出的要求都被置若罔闻,那法治就成为必要之举了。常有人说境外、国外的公务员守规矩、素质高,其实不然,那是法治严厉和完善的结果。规则是集体表决制定的;一旦有人违规,就会受到严厉惩罚,成本大大高于收益。应该就"公务"活动的支出等问题,起草合理、明确、可行的法规,公开征求相关公务员和人民群众的意见与建议,经国家权力机关审议通过后严格执行。类似"四菜一汤"之类的规定,没有明确的金额限制,为善于投机者留下了巨大的可操作空间。

第三,严肃纪律。党纪、政纪、警纪、军纪等纪律一定要严肃、严格、严厉。纪律是规范个体行为以实现集体利益的规则,要求成员必须遵守。政党成员必须遵守党纪,行政官员必须遵守政纪。警察有警纪,军人有军纪。有纪律不遵守,党将不党,政必腐朽,乱警乱军,一塌糊涂,一败涂地。一个连"吃喝"规定都不能遵守的政党或组织成员,如何担当得起为政党、为组织的责任?这样的违纪成员,应该受到严厉的处罚。

第四,宣传教育。公款吃喝,尤其是公款大吃大喝、胡吃海喝,不仅是铺张浪费、违纪违法、祸国殃民的行为,而且害人害己。有多少公款吃喝的受害者，步入"三高"患者行列，死于心脑血管疾病；死于酒精中毒，死于酒后驾车；陷入设于吃喝中的陷阱，权钱交易、腐败堕落，断送前程，走上不归路。通过大力的宣传教育，使国家工作人员自省、自觉、自律，无疑是刹住公款吃喝恶劣风气的重要手段。

附录二

上百个红头文件

——为啥管不住公职人员一张嘴（关注公款吃喝④·问诊专家）
入刑治罪惩治"嘴上腐败"须与强化财政透明、财政监督同步
（2012年2月7日 人民网－《人民日报》，编辑：倪光辉）

嘉宾：
- 国家行政学院法学部副主任　杨小军
- 北京师范大学管理学院教授　王建民
- 权力腐败始于交易，交易需要场合，加之吃喝传统，于是，手握权力的人被请上了餐桌。"吃什么无所谓，关键是和谁吃"，"喝多少不重要，重要的是让关键的人喝满意"。
- 财务制度的缺陷是公款吃喝的重要原因。我国现行的财务制度是允许公款吃喝的。公款吃喝可以在所谓会议费、出国费、培训费、调研费、科研费等合法的项目下报销。
- 大多公款吃喝禁令本身道德倡导性内容过多，具体责任追究等细节性规定少，缺乏可操作性。
- 将公款吃喝纳入刑法范围，能让更多的公款吃喝者有所顾忌与收敛。但是，公款吃喝入罪还必须与财政透明和财政监督的改革同时进行。

编辑：不少人称，如今公款吃喝之风已经登峰造极。放眼望去，几乎就没有不公款吃喝的场合：上级有上级的吃喝，下级有下级的吃喝；发达地区有发达地区的吃喝，贫困地区有贫困地区的吃喝。无论因公因私，只要能纳入名目，全部公款埋单。公款吃喝泛滥，究竟原因何在？

杨小军：吃喝之风，弥漫社会，既有自古以来的习俗，更有官场的风气，二者相互影响，彼此作用，共同发酵，散发出浓烈的腐败之味、乖戾之气、愚昧之态、谄谀之风。比如：上级来人检查考核，要吃吃喝喝搞好接待；向领导请示汇报工作，要吃吃喝喝聊表敬意；到上级争取项目资金，要吃吃喝喝搞好协调；兄弟单位交流学习，要吃吃喝喝尽地主之谊；

出门在外招商引资,要吃吃喝喝表现诚意。而公款吃喝又大多与职务腐败密切相关,极易演变成"灰色腐败"。

王建民:公款吃喝大行其道,其实是权力与利益交易的市场选择。权力腐败始于交易,交易需要场合。源于崇尚吃喝的传统,顺理成章,手握权力的人被请上了餐桌。"吃什么无所谓,关键是和谁吃","喝多少不重要,重要的是让关键的人喝满意",而人的需求是不断升级的。这便是公款吃喝的档次越来越高、成本越来越大的重要原因之一。

编辑:据有关方面不完全统计,中国公款吃喝开支1989年为370亿元,1994年突破1000亿元大关,2002年达2000亿元,2005年突破了3000亿元大关。如此触目惊心的数据,令人痛心。对此百姓一片鞭挞之声,党政部门也频发禁令。然而,各种名义的公款吃喝行为却屡禁不止。

杨小军:习俗风气,只是一个方面的原因,制度支持才是重要因素。如果没有公款吃喝财务制度的保障,官员们吃自己的饭,喝自己的酒,无论如何也不会发展到如此程度。财务制度缺陷是公款吃喝的重要原因。我们的财务制度是允许公款吃喝的。公款吃喝可以在所谓会议费、出国费、培训费、调研费、科研费等合法的项目下报销。

王建民:公款吃喝背后,存在巨大的利益链条,形成一种腐败"文化",成为有些干部跑门子、拉选票、建立所谓"人脉"关系的主要方式。而公款吃喝的费用之所以能够顺利通过财务部门、审计部门等的审核与监督,是发票在"漂白"这些庞大的黑色账目。财务报销制度的不完善,在纵容着公款吃喝。

杨小军:此外,监管失策负有重要责任。贪污是犯罪,这个问题在法律上早已解决;公款吃喝就是一种浪费,这种浪费也应是犯罪,却一直没有很好地解决。尽管我们下发过多份文件,试图遏制公款吃喝,但不仅没有什么效果,反倒是吃喝之风更甚。究其原因,是监管失策。正因为监管失策,才会有无处不在的大吃大喝。

编辑:据统计,从新中国成立至今,我国出台的相关禁令多达上百项。相关部门对于公款吃喝消费的规定越来越细,但"言之谆谆,听之藐藐",吃喝之风却有日趋泛滥、蔓延之势。上百个红头文件为啥管不住一张嘴?

杨小军：上百个红头文件来遏制公款吃喝之风，说明我们的态度是坚决的，也是高度重视的，但同时也说明这些文件并没有真正管用。要想管住公款吃喝之风，不能再用一般性要求、反复强调等办法，而应当用制度和法律手段进行治理。

王建民：不少公职人员认为，"不贪污不受贿，吃吃喝喝有啥罪？"而相关的规章制度本身也存在漏洞：一方面，大多数禁令文件本身道德倡导性内容过多，具体责任追究等细节性规定少，缺乏实际可操作性；另一方面，财政预算存在不透明、预算执行弹性空间大等特点，各级公务接待标准也较为模糊，从而在客观上为各地公款吃喝的超标违规提供了制度便利。

杨小军：我们并不缺少遏制公款吃喝的文件，缺少的是保障这些文件规定能够严格执行的法治环境和法治文化。如果从以下几个方面着手落实，根治公款吃喝的目的终会达到。

首先，改革财务制度。其一，所有财政资金使用单位（包括全额拨款和差额拨款单位）、国有企业和国有控股企业等，其财务制度中增设专门的公款吃喝科目，把所有专门、包含、隐藏在各个其他财务科目中的吃喝内容，单独列出来，统计汇总，让吃喝之事和吃喝费用暴露出来。其二，给公款吃喝设定财务上限。包括每餐上限和总额上限，限制大吃大喝。其三，财务科目中的吃喝项目，必须附上参与吃喝的全体人员名单和吃喝的菜单，否则财务上不能报销。这样做，目的是要避免吃喝财务制度的模糊化，使吃喝之事、吃喝之人具体化、明细化。其四，公款吃喝原则上禁止用酒水，绝对禁止香烟和其他物品。

其次，阳光照射监督。吃喝费用、吃喝之人和吃喝之菜单等信息公开，接受监督。阳光是最好的防腐剂，也是治理吃喝之风的最好方法。我们一直采用的机关内部监督措施和方法，实践证明并不管用。要管用，必须公开，向全社会公开，接受公众监督。

再次，实行行政问责。要遏制公款吃喝，关键是要遏制领导干部的吃喝。对于违反相关制度、参与吃喝的领导干部和负责批准的领导干部，实行行政问责，追究其违规、失职责任。同时发挥新闻媒体的监督作用。

编辑：数年前，一位全国人大代表向全国人大常委会提交了《关于遏制过度应酬、公款吃喝的建议》，认为"公款吃喝者侵占和浪费了社会财产，应当对此通过立法定罪"，并建议修改刑法设立"挥霍浪费罪"。2009年10月，浙江省舟山市中级人民法院以贪污罪、受贿罪判处岱山县高亭镇中心卫生院院长傅平洪有期徒刑11年，傅平洪用公款供个人吃喝玩乐的44万余元，也被法院全额认定为贪污款。这起案例打破了"刑不上吃喝"的惯例。通过"严刑重典"惩治公款吃喝可行吗？

杨小军：用"严刑重典"惩戒公款吃喝，国外早已有之，我国也有司法先例。法律责任追究是治理公款吃喝的重要"杀手锏"。具体来说，可在三个方面入法入罪：一是设立公款吃喝罪。对超出公款吃喝限制且数额较大的公款吃喝，可以考虑纳入刑法范围，严厉惩治公款大吃大喝。参与吃喝之人，均可定罪入刑，或者是对其中级别最高的官员定罪入刑。二是对于超出公款吃喝上限但数额不大的，可在法律上规定由参与吃喝之人自己负担；已经报销入账的，负责退赔。三是对公款吃喝财务造假之人以贪污罪定罪量刑，予以惩治。就公款吃喝报销的情况看，不少都是以其他名义科目报销的。如果对公款吃喝治理措施更加严厉，造假之事可能会更多，必须堵塞漏洞，严厉惩治财务造假之人。

王建民：当文件和通知所提出的要求都被置若罔闻，那法治就成为必要之举。一旦有人违规违法，就要让其受到严厉惩罚，使违法成本大大高于收益。在"职务消费是个筐，什么都能往里装"的社会背景下，专门设立"公款吃喝罪"，将公款吃喝纳入刑法规定范围，无疑能让更多的公款吃喝者有所顾忌与收敛。

杨小军：当然，设立"公款吃喝罪"还必须与强化财政透明和财政监督同时进行。惩治公款吃喝之风，根本问题是权力的运行方式，要把行政审批的大权彻底搬回办公桌上，而不是酒桌上。在公款吃喝入罪前，首先必须对不同级别、不同层次、不同领域的政府官员的职务消费情况，进行细致具体的界定。所以，我们要冷静地看到，这个立法过程本身是个较为复杂的过程，而且面临着一些现实的挑战。

"好干部"内涵与干部队伍建设

李永瑞 吴璇 葛爽❶

国家富强、民族振兴、人民幸福的"中国梦"能否最终实现，干部队伍建设是关键。在世情、国情、党情发生深刻变化的新形势下，建设一支政治坚定、能力过硬、作风优良、奋发有为的执政骨干队伍，是发展中国特色社会主义的关键所在。在2013年全国组织工作会议上，习近平总书记就干部队伍建设对各项事业推进和实现的决定性作用进行了深入的阐述，进而提出了"信念坚定、为民服务、勤政务实、敢于担当、清正廉洁"的好干部"二十字标准"，强调各级党委要"坚持正确用人导向""努力做到选贤任能、用当其时，知人善任、人尽其才，把好干部及时发现出来、合理使用起来"。

然而，好干部"二十字标准"能否在实践上转化为干部队伍建设对应的干部选拔、任用和考核等具体工作环节的操作标准，正确理解其操作内涵乃是前提和关键。

一、好干部"二十字标准"的内涵解析

1. 资料收集与整理

本研究以中国共产党历史网上收录的"习近平总书记系列重要讲话"为研究素材。截至2015年5月31日，该网站共收录了习近平同志就任总

---

❶ 李永瑞，男，心理学博士后，北京师范大学政府管理学院副教授、硕士生导师；吴璇为北京师范大学政府管理学院硕士研究生；葛爽在北京师范大学获得管理学硕士学位，现任职于中国移动通信集团公司。

书记以来的系列讲话及对应的权威学习材料408篇，共计79.47万字。研究小组对收集到的408篇材料逐一进行阅读，发现"建设一支宏大高素质干部队伍"等16篇材料专门针对干部队伍素质和当前干部队伍建设，"以全球视野谋划和推动创新"等71篇材料则从不同侧面程度不等地提及了干部队伍素质和当前干部队伍建设，这两部分一共是87篇材料，共28.14万字。

2. 数据编码与关键资质涌现

研究小组遵循规范的数据编码程序，对习近平总书记有关干部素质和干部队伍建设的87篇讲话稿进行了开放式编码。开放式编码是指在阅读文本时不受任何既有模型或框架的限制，完全根据讲话内容提炼"好干部"的关键资质。

在此以2013年6月28日，习近平总书记在全国组织工作会议上所作的《建设一支宏大高素质干部队伍，确保党始终成为坚强领导核心》重要讲话片段为例。"党的干部必须坚定共产主义远大理想、真诚信仰马克思主义、矢志不渝为中国特色社会主义而奋斗"是对干部的理想、信仰和奋斗目标提出的明确要求。从行为科学的角度来分析，理想、信仰和奋斗目标分别对应了党政干部的认知、情感和行为层面的具体要求及彼此之间相互递进的因果关系，即只有在认知层面上"坚定共产主义的远大理想"，才能在情感层面"真诚信仰马克思主义"，继而在行为层面上表征为"矢志不渝为中国特色社会主义而奋斗"的自动自发。在知、情、行三者之间，行胜于知、先知后行，行与知在方向上具有同步性和同向性，同时情对知与行之间的关系起到调节作用，因此将该段落编码为"政治认同"——此处"政治"就是共产主义的远大理想、马克思主义的信仰和中国特色社会主义的奋斗目标，"认"就是意识层面的认知达到"坚定"之预期，"同"就是"真诚"情感的强化调节作用能有效促进党政干部从知到行的"矢志不渝"；"全心全意为人民服务，求真务实、真抓实干，坚持原则、认真负责，敬畏权力、慎用权力，保持拒腐蚀、永不沾的政治本色，创造出经得起实践、人民、历史检验的实绩"是对干部的领导角色和政绩观的要求，领导干部的角色定位就是"为人民服务"而不是为自己和个别人服务，因为这种服务是"全心全意"的，所以对应的政绩观必然要从"实践、人民和历史"角度来进行检验，因此，党政干部的一切行动和出发点当从历史并全局的角度服务并服从于人民群众利益最大化，因此编码为"公共导向"。依次类推，将"求真务实、真抓实干"编码为"求是务实"；将"坚持原则、认真负责，敬畏权力、慎用权力，保持拒腐蚀、永不沾的政治本色"编码为"自律守则"。

87篇重要讲话经开放式编码完成后，最终得到了公共导向、求是务实、自律守则、政治认同、学习导向、包容开放、战略思维、坚韧顽强、人际影响、问题解决、法律意识、热情、审辨思维、诚信、勤俭节约、组织协调、积极主动17项干部队伍素质相关的关键资质及其在87份文稿中出现的频次（见表1第一列和第二列）。

3. 关键资质行为表征澄清

开放式编码涌现出的关键资质若要转化为干部队伍建设的可操作性标准，则需要对各关键资质对应的具体行为表征进行澄清。据此，笔者结合关键资质涌现来源讲话稿的背景，关键资质涌现的上下文及不同文本之间的相互补充和交互验证，归纳总结了各关键资质对应的好干部的行为表征（见表1）。

表1 关于干部素质和队伍建设重要讲话的好干部行为表征

编码条目	频次	好干部的行为表征
公共导向	88	在工作和生活中，以国家和人民群众的现实利益需求满足和未来发展促进为出发点，切实践行群众路线，公而忘我，不以权谋私
求是务实	61	善于把握客观规律，以科学的态度和精神面对党和国家的各项事业，能结合所负责工作或管辖地的实际情况确定切实有效、符合人民群众长远利益的工作思路、政策规制和解决方案
自律守则	57	在无人监督的情况下，能够严格要求自己，克制自己的行为，约束自己的欲念，自觉遵守党纪国法
政治认同	56	自觉坚持四项基本原则，拥护党的领导，自觉以党的要求来要求、规范自己的行为，能自觉将个人的人生目标和人生价值的实现与党和国家的发展要求紧密结合起来
学习导向	18	心态开放，对新事物怀有探究之好奇心，能够通过学习来提高工作能力，也善于从所犯错误中学习，不断提升工作质量

续表

编码条目	频次	好干部的行为表征
包容开放	13	对不同意见持淡定、主动倾听态度，乐于接受新事物，并以此来促进工作效率和效果提升
战略思维	12	在分析和解决具体问题时，能着眼于党和国家的长远利益，对具体问题对应的背景和前因后果能进行深入的分析和推理，继而从防洪而非抗洪的角度拟定对应的解决方案，实施的效果常常超过预期目标
坚韧顽强	12	遇事心态乐观，工作专注恒毅，能直面并主动寻求适宜方式化解工作和生活中所遇到的压力和挫折
人际影响	11	根据同事、下属等工作对象的认知特征选择适宜的沟通方式，确保其价值诉求与需求调适与党和国家各项事业的发展和要求保持一致
问题解决	11	在面临复杂或不确定的情形时，能快速、准确地澄清问题的本质、综合集成一切有效管用智慧，按照党和国家对经济社会发展的价值评判标准圆满地解决问题
法律意识	11	主动了解并敬畏、遵守国家法律，在开展各项工作时能自觉遵从法治思维
热情	10	能自动自发地以拼搏进取、奋发有为的精神状态对待各项任务和工作
审辨思维	8	面对具体问题时，决策判断视角独特，能洞悉不同决策所依赖的不同前提条件和假设
诚信	7	对待党和人民忠诚守信，能够做到言必信、行必果，表里如一、言行一致，待人处事襟怀坦白，光明磊落
勤俭节约	7	工作勤劳，生活节俭，不讲排场，不比阔气，始终保持艰苦奋斗的工作作风
组织协调	7	根据工作任务完成需要，能充分发挥有限自有资源的杠杆作用，最大限度实现人、财、物的匹配和组合，保证预期目标的顺利完成
积极主动	7	能自觉履行岗位职责，自愿付出超出工作预期和所在层级需要的努力

4. 好干部标准对应的关键资质

基于表1中对好干部17项关键资质的行为表征描述，笔者发现，这

17项关键资质总体上可归属于习近平总书记提出的好干部"二十字标准"对应的五个维度:"政治认同"强调党政干部要坚定并坚守共产主义、马克思主义和中国特色社会主义的政治信念,因此可归属于"信念坚定";"公共导向"体现了党政干部公而忘私、为人民服务的价值诉求,可归属于"为民服务";"求是务实""学习导向""包容开放""战略思维""审辨思维"五项关键资质均强调党政干部在开展具体工作的过程中要勤于思考、勤于政务、脚踏实地、实事求是,因此可归属于"勤政务实";"坚韧顽强""人际影响""问题解决""热情""组织协调""积极主动"六项关键资质强调了党政干部在对待常规工作或是急难险重的问题时应该体现出的责任感和担当精神,因此可归属于"敢于担当";"自律守则""法律意识""诚信""勤俭节约"四项关键资质要求党政干部要遵纪守法、言行一致、拒绝腐败,因此可归属于"清正廉洁"。基于习近平总书记有关干部素质和干部队伍建设的87篇讲话稿涌现出的17项关键资质与好干部"二十字标准"的逻辑归属关系及各维度频次加总与权重比例如表2所示。

表2 好干部"二十字标准"的五个维度与17项关键资质的逻辑归属关系

维度	初级概念	频次加总	权重
信念坚定	政治认同	56	14.14%
为民服务	公共导向	88	22.22%
勤政务实	求是务实、学习导向、包容开放、战略思维、审辨思维	112	28.28%
敢于担当	坚韧顽强、人际影响、问题解决、热情、组织协调、积极主动	58	14.65%
清正廉洁	自律守则、法律意识、诚信、勤俭节约	82	20.71%

二、当前干部队伍建设的关键点

习近平总书记提出的好干部"二十字标准"是对党政干部执政的方向(信念坚定)、理念(为民服务)、态度(勤政务实)、责任(敢于担当)和修身(清正廉洁)的期盼,反映了干部队伍建设的理想状态。显然,当前干部队伍素质与这五个方面的理想状态的差距并不是等距的。

这种理想与现实之间的差距,从现象学的话语分析角度看,可用单位时间或单位文本内某一主题词出现的频次来加以表征：越是被话语者重复或引用，就证明该主题词的现实重要程度越高，与期盼的理想状态的差距也越大。按照这样的分析，从表2中可以看出，当前干部队伍建设的理想与现实的差距大小以及重要性依次是勤政务实（28.28%）、为民服务（22.22%）、清正廉洁（20.71%）、敢于担当（14.65%）、信念坚定（14.14%）。这从当前我党正在紧锣密鼓地开展的三严三实（勤政务实）、群众路线（为民服务）和反腐倡廉（清正廉洁）的干部队伍建设与素质提升工作得到旁证，也证明当前我党干部队伍建设工作正在正确的轨道上阔步前行！

此外，从表2中可以看出，包含"求是务实""学习导向""包容开放""战略思维"和"审辨思维"的"勤政务实"是习近平总书记有关干部素质和干部队伍建设的重要讲话中被强调最多的维度，这说明当前我党的干部队伍建设的关键点在于"勤政务实"。

事实上，"为民服务""信念坚定""敢于担当"和"清正廉洁"离开了"勤政务实"的桥梁和中介作用，都会成为无源之水、无本之木。党政干部"为民服务"的效率和效果，取决于他们在"勤政务实"上的敬业和投入，"信念坚定"需要通过"勤政务实"和"为民服务"来转化、来落地，"敢于担当"本身就是"勤政务实"地"为民服务"的具体体现，而"清正廉洁"是检验党政干部是否"勤政务实"地"为民服务"的决定性标准。因此，在干部选拔、培训、任用和考评等各个环节和方面，在兼顾"信念坚定、为民服务、勤政务实、敢于担当、清正廉洁"五个方面的同时，对于当前来说尤其要重点突出"勤政务实"维度，方能收到标本兼治之效。

（原文《当前干部队伍建设的关键点》
发表于2015年11月7日《中国国情国力》）

"顶层设计"的内涵、逻辑与方法[*]

王建民　狄增如[❶]

内容提要：中国深化改革的"顶层设计"，是历史性重大变革的开放的复杂巨系统工程。设计的客体可以归纳为目标模式、体制机制、重点领域、重大工程和关键项目五个总维度；每个总维度又可分为若干个子维度。客体之间具有层次性和相关性。不同层级客体的设计，由不同层次的主体完成。设计的逻辑具有客观性、合理性、可行性、多主体博弈、可接受性和动态性六项特征。设计方法可采用定性的"战略—系统方法"和定性与定量相结合的"综合集成方法"。

关键词：深化改革；顶层设计；复杂巨系统工程；战略—系统方法；综合集成方法

2010年10月，中共中央十七届五中全会通过《中共中央关于制定国民经济和社会发展第十二个五年规划的建议》，提出"更加重视改革顶层设计和总体规划"[❷]。这项政治建议，经过2011年3月召开的第十一届全国人大第四次会议的审议和批准，转化为国家"十二五"规划纲要中的行

---

[*] 本文为王建民教授承担国家质量监督检验检疫总局"公益性行业科研专项经费项目"，《标准化系统工程方法及应用研究》子任务：《标准化"战略—系统方法"管理模型研究》部分成果（项目编号201310201-05）。原文发表于《改革》，2013年第8期，总第234期，第139-146页。

[❶] 狄增如，男，北京师范大学系统科学学院院长、教授、博士生导师，博士后合作导师。

[❷] 参见《中共中央关于制定国民经济和社会发展第十二个五年规划的建议》（2010年10月18日中国共产党第十七届中央委员会第五次全体会议通过）"十、加快改革攻坚步伐，完善社会主义市场经济体制"第一段："改革是加快转变经济发展方式的强大动力，必须以更大决心和勇气全面推进各领域改革。更加重视改革顶层设计和总体规划……"

政要求。❶

"顶层设计"概念提出以后，立刻引起经济学、公共管理学、社会学等领域专家学者的高度关注和热烈讨论。一时间，各种观点在平面和电子媒体上大量发表。但是，迄今为止关于"顶层设计"问题的论述，均以概念性、宏观性和原则性为主，几乎没有就其"源于系统工程"和如何在实际工作中落地操作深入探讨。政策制定者和执行者也没有开展明确的"顶层设计"实践。

有鉴于此，本文打算深入到系统工程中研究，界定内涵，梳理逻辑，提出实际作业方法，并尝试应用举例。

一、"顶层设计"的内涵

2011年9月，《改革》杂志社专题研究部撰文《顶层设计的宏观情境及其若干可能性》，对截止到当时的观点进行了全面综述。[1]之后也有文章发表，但都没有超越这篇综述中总结的观点。如果说有的话，那就是有专家提出了建立"国家改革委员会"[2,3]，作为深化改革顶层设计"总指挥部"的建议。

什么是针对"改革"的"顶层设计"？从高尚全、迟福林、吴敬琏、常修泽、竹立家、胡鞍钢和李稻葵等专家直接或间接的表述中，可以归纳出大体一致的认识，即就深化"改革"的目标模式、框架结构、重点领域、方式方法、作业机制和成本收益等方面的问题，在国家最高决策层主导下，做出战略性和系统化的总体安排与部署。不少专家提出了有差异性的或更具体的观点，比如，顶层设计是指最高决策层对改革的整体设计；[4]"顶层设计需要有国际视野和人类关怀"，要明确"主体"和"客体"；[5]"顶层设计"与"摸着石头过河"不是相互排斥的关系，而是相互结合的，将二者有机结合，是"中国经济改革的一个突出特点"；[6]中国的改革不应该靠顶层设计，顶层设计顶多是方向，不能过分依赖，各地差

---

❶ 参见《中华人民共和国国民经济和社会发展第十二个五年规划纲要》（2011年3月第十一届全国人民代表大会第四次会议审议通过）："第十一篇 改革攻坚 完善社会主义市场经济体制"第一段："以更大决心和勇气全面推进各领域改革，更加重视改革顶层设计和总体规划……"

异大，必须因地制宜进行改革；[7] 改革需要有顶层设计和实施方案，要设立"国家改革委员会"。[8,9]

竹立家对"顶层设计"概念内涵的界定最为具体，提出顶层设计这概念来自"系统工程学"，字面含义是"自高端开始的总体构想"。顶层设计是指理念与实践之间的"蓝图"，具有"整体的明确性"和"具体的可操作性"特点。认为"这一工程学概念被西方国家广泛应用于军事与社会管理领域，是政府统筹内外政策和制定国家发展战略的重要思维方法。"[10]

在比较和分析国内学者代表性观点的基础上，深入到国内和国际多学科文献中检索和研究，可以对"顶层设计"概念的渊源和含义做出判断和阐释。

首先，系统科学和系统工程专家认为"顶层设计"概念运用很少见，类似的表述是"总体设计"，源于钱学森提出在国家国防尖端技术科研部门建立"总体设计部"（或"总体设计所"）。❶[11]在 CNKI 检索标题中含有"顶层设计"的文章，2008—2012 年五年间有 1191 篇，其中 2011—2012 年两年发表 1066 篇占五年总篇数的 89.5%。涉及的学术领域主要是行政管理和经济体制改革。

其次，如果按照大多数研究者的理解，将"顶层设计"等价于英文 Top‐down Design，检索 CALIS 外文期刊网❷，标题中包含 Top‐down Design 的文献，2008—2012 年五年间有 17.7 万篇。涉及的知识领域主要包括商业信息、计算机科学、化学信息、岩石力学与矿业科学、建筑学、材料科学等，以"硬科学"为主。

再次，在维基百科中，"top‐down design"是相对于"bottom‐up design"，合并为"自上而下—自下而上设计"（top‐down and bottom‐up design）一个词条解释。"自上而下—自下而上设计"，是信息处理和知识分类（knowledge ordering）的战略性方法，可以作为一种思维和教学方式。主要应用领域包括：产品设计与开发、计算机科学（软件开发、编程等）、

---

❶ 原载于《论系统工程》（新世纪版），钱学森等著，上海：上海交通大学出版社，2007年第1版。

❷ CALIS 外文期刊网，是面向全国高校广大师生的一个外文期刊综合服务平台。收录10万余种高校收藏的纸本期刊和电子期刊信息。

纳米技术（Nanotechnology）、建筑学、生态学、神经系统科学（Neuroscience）和心理学等。[12] 所谓"自上而下方法"（top-down approach），也称为"阶梯式设计"（stepwise design）或"演绎推理"（deductive reasoning）方法，在许多情况下是"分析或解析"（decomposition）的同义词。而"自下而上方法"（bottom-up approach），是一种归纳推理（inductive reasoning）方法，常作为"综合"（synthesis）的同义词。[13]

自组织和国家管理中，"自上而下—自下而上"是一种决策思维方法。"自上而下"是由高层做出决策，然后自上而下逐级贯彻执行；"自下而上"是由基层大众参与集体做出决策。"自上而下"方法的优点是效率高、视野宏观，易于将外部性内在化；缺点是上层的强制性有时难以为下层所真正理解和接受，可能发生消极怠工现象。在现代共产主义国家（如中国），高层做出框架性决策，允许甚至鼓励下级提出意见和建议或自行决定，这样既不违背大原则又可以获得专业化建议和专业知识作为决策基础。[14]

最后，综合以上观点，可以就针对中国全维度、基础性和科学化制度变迁中的"顶层设计"概念内涵与外延做出界定。中国深化"改革"即制度变迁中的"顶层设计"，是指在高层领导下，以基层建议和专业论证为基础，就目标模式、体制机制、重点领域、重大工程和关键项目等，做出战略性、系统性和实践性总体安排与部署。

"顶层设计"对于中国深化改革具有必要性和科学性。"顶层设计"中的"顶层"具有相对性；一项"设计"的"顶层"，可能是另一项"设计"的"低层"。"顶层设计"的客体有层次性；客体不同，主体各异。"顶层设计"的客体，即"设计"的对象或内容；主体，即决策和执行"设计"活动的组织、部门和个人。

中国深化改革的"顶层设计"，是具有历史性重大变革的复杂巨系统工程，所涉及的客体可以归纳为五个总维度，每个总维度下又可以分为若干个子维度。五个总维度是：

（1）目标模式——"深化改革"行动的未来模式或愿景。在一定程度上符合"中国梦"的内涵和意境，即"国家富强、民族振兴、人民幸福"。[15] 可以认为目标模式维度的"顶层设计"基本完成。

(2）体制机制——实现目标模式的战略管理结构以及由管理结构所决定的运行机制，"结构追随战略"❶。这一维度的设计，主要解决采用什么样的战略结构和什么样的机制实现既定目标的问题。

（3）重点领域——国家重点建设的领域，即"五位一体总体布局"。包括五个子维度：经济建设、政治建设、文化建设、社会建设和生态文明建设。这是最重要和最复杂的"顶层设计"客体。每个子维度的重点建设领域都由为数众多的复杂巨系统或复杂系统组成。子维度之间的相关性、作用机制以及其结果也在设计之中。

（4）重大工程——基于重点建设领域而规划和实施的各类重要的大规模建设与发展工程，比如国家"十二五规划纲要"中的"战略性新兴产业创新发展工程""环境治理重点工程""水利和防灾减灾重点工程""教育发展重点工程""重大人才工程""医疗卫生重点工程"和"文化事业重点工程"等。[16]

（5）关键项目——基于实现重大工程既定目标而部署和执行的具体工作任务。关键项目的内容涉及研究开发、生产建设、质量安全、推广应用以及社会管理等方面。比如就"战略性新兴产业创新发展工程"可以设计出大批"项目"；根据"环境治理重点工程"需要，可以就如何治理"雾霾"设立项目。

五个总维度的客体之间具有层次性和相关性。上一层级客体的设计是下一层级客体设计的前提条件；下一层级客体的设计服务于上一层级客体设计目标的实现，有基础性和必要性。

不同层级客体的设计，由不同层次的主体完成。目标模式、体制机制、重点领域和重大工程层次的主体，主要是对这一层次客体具有领导决策和管理执行权利与职责的集体或个人，包括党和国家领导集体、中央和地方政府领导班子及其成员、相关部门和单位管理者等。关键项目设计的主体，则主要是项目承担者。

---

❶ "结构跟随战略"（Structure follows strategy），称为"钱德勒命题"，由美国艾尔弗雷德·D. 钱德勒（Alfred D. Chandler）提出。钱德勒在研究美国企业组织结构和经营战略的演变过程时发现，企业组织结构是随着经营战略的变化而变化的（2013-4-5MBA智库百科"钱德勒的结构跟随战略"：http：//wiki.mbalib.com/wiki/...）。

二、"顶层设计"的逻辑

"顶层设计"需要符合一定的逻辑。何为逻辑?❶ 在一般意义上可以理解为设计活动所遵循的规律、依据的原理和工作的原则。符合逻辑,是有效完成设计任务并顺利实现设计目标的前提条件和根本保证。表1所示为"深化改革"顶层设计的要素与逻辑。

表1 "深化改革"顶层设计的要素与逻辑

主体	(总维度)客体名称	客体含义	逻辑
国家领导集体	第1层级:目标模式	国家发展的未来模式或愿景	符合国情和人民愿望,顺应国家与世界发展潮流
国家领导集体主导下的部门和行业管理者	第2层级:体制机制	实现目标模式的战略管理结构以及由管理结构所决定的运行机制	国家与社会发展规律,以及对国家与社会发展进行战略管理的理性认识与实现原理
中央和地方相关领域领导者与管理者	第3层级:重点领域	国家重点建设的领域,即"五位一体总体布局":经济建设、政治建设、文化建设、社会建设和生态文明建设	经济、政治、文化、社会和生态自身发展规律及其相互作用机制
主管部门和机构管理者	第4层级:重大工程	基于重点建设领域而规划和实施的各类重要的大规模建设与发展工程	工程立项的合理性、可行性和科学性,以及工程管理的有效性原则
项目承担者和管理者	第5层级:关键项目	基于实现重大工程既定目标而部署和执行的具体工作任务	项目设计的必要性、科学性和可行性

在表1中,简要说明了五个层级的总维度客体"顶层设计"所遵守的逻辑。第一层级"目标模式"的设计,要符合国情和人民愿望,顺应国家与世界发展潮流;第二层级"体制机制"的设计,根据国家与社会发展规

---

❶ 关于"逻辑"的含义,参见:(1)维基百科"逻辑"词条(2013-04-07: http://zh.wikipedia.org/wiki/%E9%80%BB%E8%BE%91);(2)百度百科"逻辑"(2013-04-07: http://baike.baidu.com/view/1838.htm)。

律以及实行战略管理的认识与原理；第三层级"重点领域"的设计，系统性、规律性和原则性要求更高，需要不断认识和遵循五个重点建设领域自身的发展规律及其相互关系；第四层级和第五层级"重大工程"与"关键项目"的设计，可以利用信息处理、模型构建和数据分析等手段与工具论证必要性、合理性和可行性。

五个层级总维度客体"顶层设计"依据的逻辑有所不同，但总体而言都应该具备六项特征——客观性、合理性、可行性、多主体博弈、可接受性和动态性。

客观性，是指在设计中要深入了解和研究实际情况，使设计方案尽可能符合社情民意，符合客观规律，符合时代潮流。否则，必然事倍功半，劳民伤财，南辕北辙，一败涂地。

合理性，是指设计蓝图基于现实、满足需求、预期理性，符合创新与发展规律，符合科学性原理，符合有效性目标。未经深度思考和系统设计的政策，往往前后矛盾，左右冲突，漏洞百出。违背合理性原则的设计，不但发挥不了期望中的作用，反而会在不合理导致的混乱中造成更为严重的损失。

可行性，指出重要的现实性问题。设计的目的在于"落地"，在于把可能性变成现实性。"顶层设计"方案切实、有效、经济，便于落实，易于施工，即为可行性原则。不符合可行性原则的设计蓝图，无论多么精致和具有科学性，其价值必定大打折扣。如果勉强实施或强制推行，势必会造成公共财政的浪费。

多主体博弈。深化改革的"顶层设计"，是极其宏大的复杂巨系统工程——"软"性的社会复杂巨系统。设计工程的难度之大，不仅让习惯于"硬"性系统工程研究客体的复杂系统研究专家感到难以理性描述，而且使得一些社会系统研究专家也认为是"无法完成"的任务。[1] 有鉴于此，

---

[1] 中国问题研究造诣颇深的哈佛大学教授、《邓小平时代》作者傅高义（Ezra F. Vogel），在接受"凤凰财经"记者采访时指出，"顶层设计"中国的改革"不现实"，"很多人把邓小平称为中国改革的总设计师，设计师都会有一个近距离的蓝图，但是这个并没有"。"我觉得设计师这个词并不太合适，我认为不是他（邓小平）一个人去考虑全部的问题。"转引自 2013 年 4 月 7 日凤凰财经李磊：《傅高义：邓小平也曾怕改革太快有人搞运动》（2013 - 04 - 07，凤凰网：http://finance.ifeng.com/news/special/2013boao/20130407/7868122.shtml）。

"顶层设计"中有必要实行多主体博弈原则,即由领导者、管理者、多学科专家以及其他利益相关者等主体参与设计过程的博弈——经历足够多次的"研讨—设计—论证"环节,在获得多数人支持的基础上再确定设计方案。

可接受性,指设计方案不仅要获得多数设计参与者的支持,而且要易于为纳税人或普通民众所理解和接受。无论什么样的"顶层设计",只有在得到"人民群众"的认可和支持的前提下,才能够体现出意义和价值。"长官意志""拍脑袋决策"的存在,必然会损害国家改革与发展事业。

动态性,指"顶层设计"方案要建立评估反馈机制,根据实际工作中的反馈信息及时修正和调整。不同层级的客体,需要不同程度的"动态性"。从第一层级到第五层级,"动态性"依次增强。"目标模式"也需要动态调整,但更需要长期的稳定性和相对的确定性。"重点领域"中的经济建设等子客体,受内部和外部因素影响很大,需要保持较高程度的"动态性"。不确定性程度越高,动态性要求越强烈。"毕其功于一役"的"顶层设计",没有存在的根据和理由。

三、"顶层设计"的方法

深化改革的"顶层设计"需要采用具有实用性、科学性和有效性的方法。制度创新、政策制定和工程项目建设不同于学术研究,落地生根、切实可用是头等大事。实用的方法以科学性为基础,才可能获得事倍功半和马到成功的使用价值与价值。

什么方法可以在"顶层设计"中采用?基于对国情和社情的认识,长期的管理学和系统学的专业实践,以及前期的研究基础,可以确定"战略—系统方法"❶ 和"综合集成方法"具有应用价值。前者主要属于定性方法,后者定性和定量并举以定量化为主要特点。五个层级总维度客体的设计主体不同,所遵守的逻辑有差异,设计中应该采用不同性质的方法。

---

❶ "战略—系统方法",由王建民在参加"特种设备科技协作平台"课题《基于战略思维和系统思想优化特种设备安全与节能监管体系方法研究》的研究中提出。王建民根据"综合运用战略思维和系统思想"的观点,提出、论证和构建了"战略—系统方法"与"战略—系统管理模型"。

第一层级和第二层级客体设计以定性为主；第三层级客体设计定性与定量相结合；第四层级和第五层级客体设计以定量化为主。

所谓"战略—系统方法"，是指综合运用战略思维与系统思想，分析问题、认识问题和解决问题的一般工作方法。战略思维有四个维度：使命感、全局性、竞争性和规划性；系统思想的四个维度：整体性、关联性、结构性和动态性。"综合运用战略思维与系统思想"，是指在工作中坚持五项原则——战略导向原则、整体推进原则、纵向联动原则、横向协作原则和竞争发展原则，即在战略高度认识事物、规划工作，以系统优化和整体推进为导向，协调指挥，有效执行，纵向联合行动，横向协同作业，在激烈的竞争中实现科学发展。❶

"战略—系统方法"对深化改革的"顶层设计"有思维方式上的指导意义。无论哪一个层级维度的设计，都需要兼顾战略思维与系统思想，坚持"战略—系统方法"五项原则，进而形成实现"顶层设计"逻辑六项特征要求的基础。在实际的设计中，全面体现客观性、合理性、可行性、多主体博弈、可接受性和动态性特征，有多种具体的公共管理方法和手段可以利用。设计的主体和客体已然明确，问题的关键在于如何树立新观念，如何保证主体到位、切实承担责任、规避"任期制"导致的短期行为，如何真正做到广泛听取人大代表、政协委员、利益相关者和专家学者的意见和建议，如何科学、有效地管理整个"顶层设计"过程。所说非所做，所做无所思；无视规划的长期性和发展的逻辑性，领导一换做法全变；条块分割，部门利益最大化；有战略性，无系统性……诸如此类现象的存在，必然使"顶层设计"成为"政治口号"和表面文章。

第三层级"重点领域"客体的选择反映了战略性，更为重要的是在设计中如何体现系统性，形成具有"五位一体"特征的布局。针对"经济建设"的"顶层设计"，必须同时考虑"政治、文化、社会和生态文明建设"。基于系统思想考虑，在五个领域的建设中，"政治建设"已经成为关键而紧迫的环节；公共权力的配置、行使和规制模式亟待创新。

---

❶ 参见王建民执笔国家质检总局"公益性行业科研专项"《标准化系统工程方法及应用研究》（201310201-05）子课题《标准化"战略—系统"管理模型研究报告》。

针对第四层级"重大工程"和第五层级"关键项目"的"顶层设计",最有应用价值的方法是钱学森创立的系统学"综合集成方法"(Meta – synthesis)。

钱学森认为,系统学以"系统"为研究对象;系统在自然界和人类社会中是普遍存在。太阳系是一个系统,人体是一个系统,家庭、企业和国家都分别是一个系统。系统有简单和复杂、开放与封闭等之分。如果系统中的子系统种类多,有层次结构,子系统之间的关联关系又很复杂,可称为复杂巨系统。如果这个系统又是开放的,就可称作"开放的复杂巨系统"。社会系统是一种特殊的开放的复杂巨系统。图1所示为钱学森对系统的分类。[17]

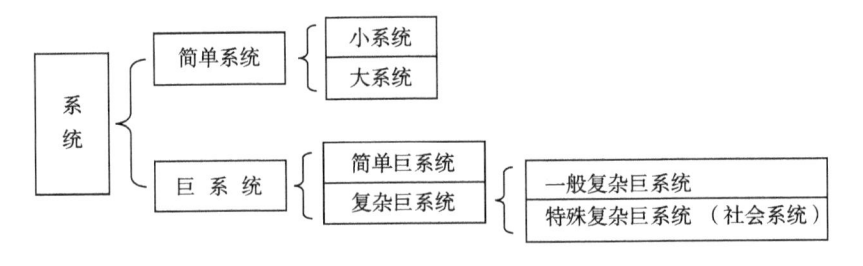

图1 钱学森对系统的分类

深化改革的"顶层设计",每一项工作都具有开放的一般复杂巨系统特征。在钱学森创立的系统学语境中,社会系统作为开放的特殊复杂巨系统,其复杂性源于:(1)系统的子系统间有多种信息交换方式;(2)子系统的种类多,各有定性模型;(3)各子系统中的知识表达不同,以各种方式获取知识;(4)系统中子系统的结构随着系统的演变而发生变化,所以系统的结构是不断改变的。[18]

如何研究开放的复杂巨系统?钱学森认为:实践已经证明,能用的、唯一能有效处理开放的复杂巨系统(包括社会系统)的方法,就是定性定量相结合的综合集成方法。这一方法是在社会系统、人体系统和地理系统三个复杂巨系统研究实践的基础上,提炼、概括和抽象出来的。"综合集成方法"的应用步骤是:

(1)提出假设:科学理论、经验知识和专家判断力相结合,提出经验性假设(判断或猜想);

(2)构建模型:经验性假设是定性认识,不能用严谨的科学方式证明，但可用经验性数据和资料以及几十、几百、上千个参数的模型对其确实性进行检测；

（3）模型检验：模型必须建立在经验和对系统的实际理解上，经过定量计算，反复对比，多次修正，形成结论；

（4）得出结论：得出在现阶段认识客观事物所能达到的最佳结论，从定性理解上升到定量认识。

在实质上，定性定量相结合的"综合集成方法"，是将专家群体（各种有关的专家）、数据和各种信息与计算机技术有机结合起来，把各种学科的科学理论和人的经验知识结合起来，分析和解决复杂问题的方法。如图2所示，为钱学森提出的运用"综合集成方法"分析问题的模型。[19]

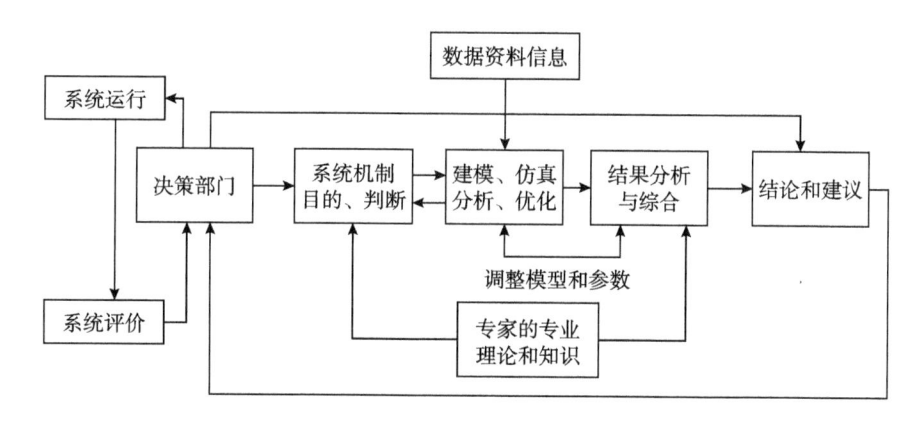

图2 钱学森"综合集成方法"模型

在"综合集成方法"的应用中，需要运用计算机技术处理复杂巨系统中的各种数据和各种信息，实现"人"与"机器"的有机结合。"综合集成方法"是人—机结合获得与处理信息、知识和智慧的方法；构成一个高度智能化的人—机结合与融合体系，发挥综合优势、整体优势和智能优势。图3为"人—机"结合思维方式示意图。[20]

20世纪70年代，"综合集成方法"在"财政补贴、价格、工资综合研究"中应用，取得成功。[21]首先由经济学家、管理专家、系统工程专家等，依据他们掌握的科学理论、经验知识和对实际问题的认识，共同对上述所研究问题的系统经济机制（运行机制和管理机制）进行讨论和研究，明确问题的根源所在，对解决问题的途径和方法做出定性判断（经验性假设）。

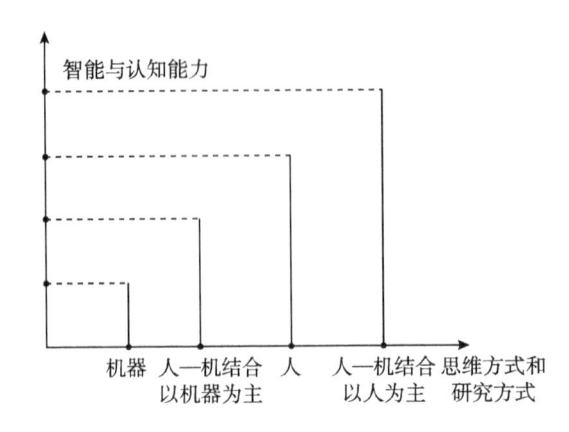

图3 "人—机"结合思维方式

然后，基于系统思想把问题纳入系统框架，界定系统边界，明确状态变量、环境变量、控制变量（政策变量）和输出变量（观测变量），确定系统建模思想、模型要求和功能。接下来构建系统模型，即指将一个实际系统的结构、功能、输入—输出关系用数字模型、逻辑模型等描述出来。模型构建，既需要理论方法又需要经验知识，还要有真实的统计数据和有关资料。

构建系统模型之后，借助计算机进行"系统仿真"，即对系统的实验研究。根据系统仿真数据，进行系统分析。在分析的基础上进行系统优化，以便获得期望的功能的最优、次优或满意的政策和策略。通过系统优化获得的定量结果，由经济学家、管理专家和系统工程专家共同再分析、讨论和判断。必要时修正模型、调整参数，重复上述过程。多次重复，直至各方面专家达成基本一致意见，最后再做出结论和政策建议。

在这项研究中，系统建模分别运用115个变量和方程描述，其中包括14项环境变量和6项调控变量；237个部门的产业关联矩阵。进行了105种政策模拟。平均模拟误差和预测误差都在3%以内，满足研究的精度要求。[22]

四、"顶层设计"综合集成方法应用举例

通过上述研究可以确定，深化改革的"顶层设计"，特别是"重大工程"和"关键项目"两个层级客体的设计，比如"战略性新兴产业创新发

展工程""环境治理重点工程"和"水利和防灾减灾重点工程"的"顶层设计",是一项开放的复杂巨系统工程。解决这一工程问题的最好方法,就是钱学森所创立的"综合集成方法"。

如何运用"综合集成方法"进行"顶层设计"?在上一节,简要地介绍了我国学者在"财政补贴、价格、工资综合研究"方面的成果。本节介绍一则具体应用的典型案例——比利时布鲁塞尔自组织理论应用研究小组建立的"美国人口分布的空间结构系统"。[23,24]

"综合集成方法"的第一步是结合科学理论、经验知识和专家的判断力,对于系统结构和演化机制做出定性的分析判断。影响人口空间分布的原因很多,需要从系统、全局的角度去研究,而定性地分析各因素之间的关联与作用,建立人口演化系统的定性结构框架,是应用系统模型方法的基础。总体来说,基本上可以把影响人口变化的因素划分成三种不同的机制。第一种影响人口分布的机制是自然机制,即人口的出生率和死亡率。其大小与经济发展水平有关,与民族的文化程度、生活习惯有关,另外还受国家政策的影响。对于美国这样经济发达的国家,人们对生育的认识有所改变,生育水平下降,人口自然增长基本上维持在一个较低的水平上,形成所谓"稳态社会"。所以,出生率的变化虽然很复杂,但在近似情况下,在美国基本上可以看成一个常数,不会因地点的不同而发生变化。

影响人口变化的第二种机制是迁移,这是影响人口分布的主要因素,特别是在美国。已有的人口迁移静态模型不能很好地反映人口迁移的动态情况,系统分析必须采用动态模型来讨论迁移率的具体形式,特别是要关注经济因素对迁移的作用。在美国历史和现实中,东西部各区域人口的变化与经济发展密切相关。可以从以下四个方面分析经济中心和人口聚集地的形成机制和特点。首先是经济集中作用。一个地区经济的发展会利用其工作机会和更高的待遇吸引劳动力。而劳动力的增多,企业生产的扩大,又会产生对商品需求、服务需求的增加,通过这种人口与经济的正反馈机制形成经济与人口聚集中心。其次是基于自然资源优势的市场竞争机制。一个地区的经济发展,必须利用这个地区的资源优势,发展这个地区的自然优势产品,这样才能发挥经济的集中作用,形成人口中心。再次是经济多样化。经济的集中机制强调经济发展对人口集中的作用,而经济多样性则着重分析经济之间的内在联系。由于经济生态所产生的关联，某一经济产业的发展，必定会导致相关产业的建设与发展，相互促进而形成经济的良性循环，并加快人口的集中。最后是经济的控制作用。美国一些大的经济财团，具有雄厚的资金，他们可以按照自己的意愿，采取特殊的措施，有目的地发展某些地区，使之成为人口的吸引中心。这些地区往往不是经济自然发展的中心，而是一些人为的中心。这种机制对于研究人口集中作用有很大意义。人口迁移除了以上经济原因外，也要考虑气候、环境等其他因素，甚至人的年龄也会影响迁移率。

各地人口的变化除了自然增长和迁移两种机制外，还必须考虑该地区生态、水、能源、食品供给等其他客观条件对人口发展的影响，他们构成了对人口增长的环境制约因素。虽然许多区域的人口数目远远没有达到该区域的环境负载能力，但是在进行人口与经济发展的中长期规划时，这些因素必须纳入系统分析之中。

从以上分析中可以看出，某区域人口变化主要由自然增长和迁移决定，而气候环境、资源禀赋等自然因素以及产业经济发展等社会经济因素是与人口发展相互制约、相互影响的重要环节。为了直观地反映人口、经济系统内各部分之间的关系，可以画出逻辑关系框图，如图4所示。这样的系统框图可以清晰、定性地描述系统内各因素之间的关系，奠定构建系统定量演化模型的基础。

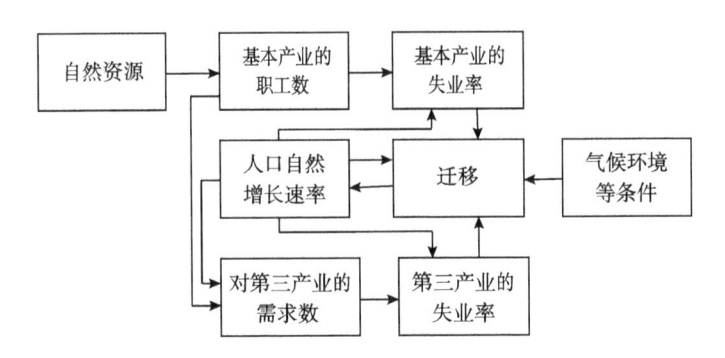

图4 人口经济耦合系统关系框图

在以上系统分析和定性模型框架的基础上，接下来综合集成分析需要开展的就是建立定量模型并对模型机制和演化行为进行检验。可以利用微分动力系统方程描述系统的演化行为。模型把美国本土分成42个区域，除东北部有几个州面积较小、人口分布情况也类似从而合并成一个区域外，其他大部分以每一个州作为一个区域。区域 i 的总人口 P_i 分为在业人口 X_i 和未就业人口 n_i 两类，即 $P_i = X_i + n_i$。为了让大家初步了解系统动力学模型的基本形式以及基于动力学模型的分析方法，在此简要展示和介绍模型的形式与意义。

区域 i 的在业人口 X_i 随时间的变化可写为：

$$\frac{dX_i}{dt} = \varepsilon n_i (J_i - X_i)$$

式中，ε 为在业人口变化速率常数；J_i 为 i 区域工作岗位数。上式表明，在业人口的增长取决于工作岗位数 J_i 和在业人口数 X_i 之间的差以及区域内的失业人口数 n_i，即有多少个多余的工作空额可以由失业人口来填补。而区域 i 的失业人口 n_i 的变化率可以如下表示：

$$\frac{dn_i}{dt} = \lambda_i P_i - \frac{dX_i}{dt} + MG_i^{in} - MG_i^{out}$$

其中，等式右端第一项为该地区总人口的自然增长。总人口的自然增长率减去在业人口的变化率即为失业人口的变化率。对失业人口来讲还需要考虑人口的迁移。MG_i^{in} 表示迁入此地的人口，MG_i^{out} 表示迁出此地的人口。而人口迁移量由其吸引力的大小决定：

$$MG_i^{in} = \xi \sum_{j \neq i} n_j \frac{V_{ij}}{\sum_k V_{kj}}$$

$$MG_i^{out} = \xi n_i \sum_{j \neq i} \frac{V_{ji}}{\sum_k V_{jk}}$$

式中，ξ 为比例常数，V_{ij} 表示区域 i 对区域 j 的吸引力。区域吸引力的界定是建立模型的关键，它由影响人口迁移的关键因素决定。区域 i 对区域 j 居住人的吸引力为：

$$V_{ij} = \left(\frac{J_i f_i}{X_i}\right)^\alpha P_i e^{-\varphi d_{ij}}$$

吸引力 V_{ij} 的大小与两区域之间的距离有关，同时取决于区域 i 的总人口数 P_i（反映了人们喜欢在一起居住的社会行为以及区域的自然环境条件），以及该区域是否有工作机会的情况。f_i 为区域 i 环境适宜度调整因子，参数 α 为信息量置信程度因子，反映了人们了解信息以及是否根据信息做出决策的情况。而工作岗位的变化则由有限制增长的演化方程——Logistic 方程描述：

$$\frac{\mathrm{d}J_i}{\mathrm{d}t} = KJ_i\left(1 - \frac{J_i}{M_i}\right)$$

其中的核心变量为区域 i 工作岗位的发展潜力 M_i，它与区域 i 各产业的发展、资源环境条件有关，同样可以由相应的方程或函数给出，在这里就不再一一细述。

至此，人口与经济耦合演化系统的模型就建立完毕。其中包含了许多微分方程和函数关系。对这样一个复杂的演化系统通常很难进行理论分析，一般的做法是利用计算机数值计算方法进行模拟。

最后，进一步开展人机结合，综合专家的理论知识和经验，检验模型并提供决策支持。首先，需要通过对历史发展历程的拟合确定模型中各参数的参数值。在实际应用中，比利时布鲁塞尔小组先根据1950年到1970年美国各州在业人口和失业人口的统计数字（见图5"美国各州1950—1970年人口相对变化率"），通过计算机模拟确定模型中的各个参数。这一过程非常重要，一方面可以确认模型机制是否与系统演化实际相符，另一方面可以对模型中的各参量的政策意义有定量的了解。在此基础上，就可以在给定政策参数条件下对美国各州未来的人口发展进行预测（见图6"美国各州1980—2000年人口增长速率预测值"），并作为政策实验室，对各种政策对人口发展的影响进行情境模拟和决策支持。

这一小组利用以上模型给出来的预测结果，经过专家分析，认为由于模型系统地考虑了各因素对人口变化的影响，比其他方法得到的预测结果要好，得到了美国政府的承认，并把结果作为政府制定有关政策的依据。

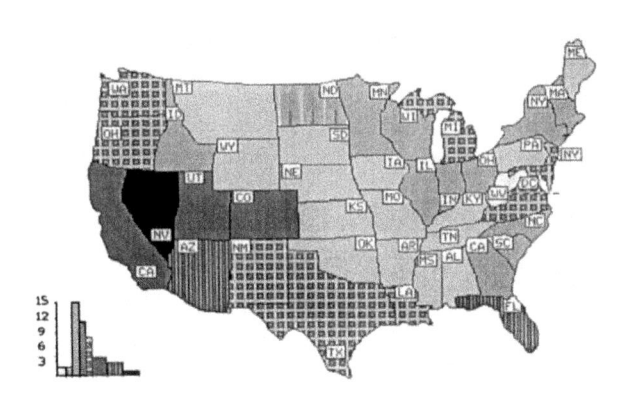

图5　美国各州1950—1970年人口相对变化率

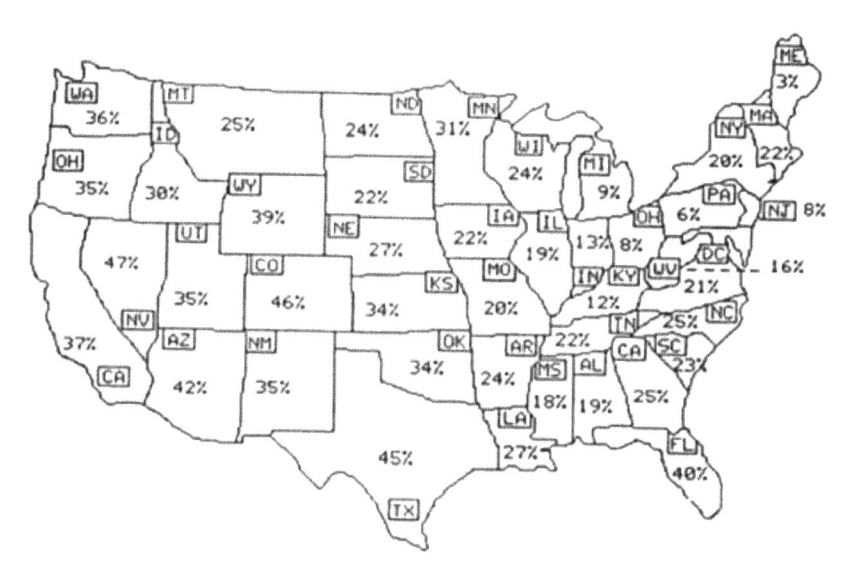

图6　美国各州1980—2000年人口增长速率预测值

以上关于美国人口空间分布结构发展演化的研究，展现了综合集成分析方法的基本程序和关键环节。在实际问题的研究处理中，当问题涵盖领域更加多样化和复杂化时，"顶层设计"的综合集成方法将越发显示出其重要性和必要性。例如，中国许多大城市的环境污染问题，包括去冬今春北京连续出现的严重的雾霾天气，使环境污染和可持续发展问题成为政府和社会共同关注的话题。环境和可持续发展毫无疑问是一个系统性问题，需要综合考虑气候、环境、经济、城市建设、交通等各个领域，不从系统的角度，采用综合集成的方法进行"顶层设计"和整体思考，就不可能提出正确的解决线路和方案。

参考文献

[1] 罗重谱．顶层设计的宏观情境及其若干可能性［J］．改革，2011（9）：12－17．

[2] 财新网．多位经济学家建议设立改革委员会［EB/OL］．［2013－02－18］．http://review.cnfol.com/130218/436,1702,14407075,00.shtml.

[3] 贺铿．没必要成立"国家改革委员会"［EB/OL］．［2013－02－22］．http://www.rmlt.com.cn/News/201302/201302220905035001.html.

[4] 迟福林．改革的新形势与顶层设计［J］．决策，2011（8）：11－13．

[5] 常修泽．顶层设计需要有国际视野和人类关怀［J］．群言，2011（11）：21－22．

[6] 胡鞍钢．顶层设计与"摸着石头过河"［J］．人民论坛，2012（3）（下）：28－29．

[7] 李稻葵．中国的改革不应该靠顶层设计［EB/OL］．［2013－03－11］．http://www.rmlt.com.cn/News/201303/201303110919015343.html.

[8] 吴敬琏．改革需要有顶层设计和实施方案［J］．财经界，2011（5）：58－59．

[9] 李颖、张丹．经济学家吴敬琏等呼吁：设国家改革委监督改革执行［EB/OL］．［2013－03－29］．http://politics.people.com.cn/n/2013/0218/c100120512128.html.

[10] 竹立家．改革需要什么样的"顶层设计"［EB/OL］．［2013－03－29］．http://www.rmlt.com.cn/News/201101/201101241844382553.html.

[11] 钱学森，许国志，王寿云．组织管理的技术——系统工程［J］．上海理工大学学报，2011（6）：520－525．

[12] Wikipedia．"Top－down and bottom－up design"［EB/OL］．［2013－03－30］．http://en.wikipedia.org/wiki/Top－down_design.

[13] Wikipedia．"Deduction & Induction, Research Methods Knowledge Base"［EB/OL］．［2013－03－30］．http://en.wikipedia.org/wiki/Top－down_design.

[14] Wikipedia．"Top－down and bottom－up design"［EB/OL］．［2013－03－30］．http://en.wikipedia.org/wiki/Top－down_design.

[15] 新华社．习近平在十二届全国人大一次会议闭幕会上发表重要讲话［EB/OL］．［2013－04－04］．http://lianghui.people.com.cn/2013npc/n/2013/0317/c357183－20816399.html.

[16] 新华网．中华人民共和国国民经济和社会发展第十二个五年规划纲要［EB/OL］．

[2013 -04 -06]. http: //news. xinhuanet. com/politics/201103/16/c_121193916. htm.

[17] 许国志. 系统科学 [M]. 上海: 上海科技教育出版社, 2000: 23.

[18] [19] [21] 钱学森. 一个科学新领域——开放的复杂巨系统及其方法论 [J]. 上海理工大学学报, 2011 (6): 526 -532.

[20] [22] 于景元. 创建系统学——开创复杂巨系统的科学与技术 [J]. 上海理工大学学报, 2011 (6): 548 -561 +508.

[23] Peter M. Allen. Cities and Regions as Self - organizing Systems: Models of Complexity [M]. Amsterdam, Netherlands: Gordon and Breach Science Publishers, 1997.

[24] Peter M. Allen. Population Growth and Environment as a Self - organizing System [J]. Discrete Dynamics in Nature and Society, 1999 (3): 81 -108.

"组织内监察员"制度：
国际实践与中国借鉴*

王建民 钱诚 王晟泽[1]

内容提要：存在于许多国家的各类组织中近50年的"组织内监察员"机构，是一种有利于化解内部矛盾、促进组织和谐、维护组织利益的制度安排。在中国制度环境中加以借鉴，具有一定的必要性与可行性。基于这项制度安排，可以构建中国人力资本密集型公共组织的内部和谐模式，设立"自律监察员"制度，以"独立、中立、公正、保密和非正式"为准则，实现"了解诉求，平息抱怨，解决争端，征求意见，促进沟通，实现和谐"的使命。实施新模式，需要组织最高决策者具有远见卓识，需要得到上级领导机关的支持和组织内大多数成员的理解与信任，是一项涉及组织人事管理制度的重要事件。

关键词：组织内监察员；和谐组织；和谐社会

一、引言

2004年秋季学期，笔者王建民在哈佛大学肯尼迪政府学院访学时注意到，在该学院和哈佛大学的学校层面，都设置有一种称为Ombudsman的管理制度。当时，就这一制度咨询了多位教师和管理人员。在此期间，还听取了一位美籍华人高级管理经理的介绍，该经理说在美国政府部门和企

---

* 这篇文章的主要内容发表于《甘肃行政学院学报》2010年第4期。
[1] 钱诚，男，管理学博士，人力资源与社会保障部劳动工资研究所助理研究员；王晟泽，女，在北京师范大学获得管理学硕士学位，现任职于北京纵横机电技术开发公司人力资源部。

业，普遍采用这种"自律自检"性质的制度。

2009年，在北京参加的一次人大代表会议上，笔者询问了毕业于哈佛大学的清华大学李稻葵教授，有关Ombudsman的问题。2010年9月7日，在北京师范大学和来访的哈佛大学教授汤尼·赛齐（Tony Saich）讨论了Ombudsman在哈佛大学的工作情况。2010年9月18日，在北京听取了伊顿公司（Eaton Corporation）❶亚太地区"申诉咨询专员"（Ombuds for Asia Pacific region）乔维双（Sophia Qiao）女士，对伊顿公司实施Ombudsman制度的介绍，并收到了伊顿公司的一份报告——《申诉咨询办公室报告》（*Report - Office of the Ombuds*）。

2009年以来，我们对Ombudsman制度问题进行了比较深入的研究。文献检索发现，国内有几位专家讨论了起源于欧洲的Ombudsman制度。专家们对Ombudsman的译法有所不同，有"议会行政监察专员"[1]"议会监察专员"[2]"行政监察专员"[3]"监察专员""督察专员""监察使"和"申述专员"[4,5]等多种。❷这些学者讨论了Ombudsman制度的历史形态和实践——由议会或政府任命的监督、调查公共权利行使的合法性、合理性和有效性的专职"监察员"。但是，这些学者所讨论的是由上层权力机关授权的"组织外部的"监察员制度。他们没有注意"组织内的"监察员制度——Organizational Ombudsman，没有认识到组织外和组织内监察员制度的区别。在实践方面，国内企业或其他类型的组织，除联想集团在并购IBM PC业务之后保留了IBM公司的Ombudsman制度外，❸还没有发现有哪个组织引进了这一制度。

我们把Organizational Ombudsman直译为"组织内监察员"制度，也有

---

❶ "伊顿公司是一家多元化的动力管理公司，2009年销售额达119亿美元。伊顿公司在许多工业领域都是全球领导者，包括电源品质、输配电及控制系统；工业设备和移动工程机械所需的液压动力元件、系统和服务；商用和军用航空航天所需的燃油、液压和气动系统；以及帮助卡车和汽车提升性能、燃油经济性和安全性的动力及传动系统。伊顿公司现有约7万名员工，产品销往150多个国家和地区。"（参见公司网站介绍：http://www.eaton.com.cn/about_us.htm）

❷ 参考了王晟泽硕士学位论文开题报告《组织内监察员制度及其在中国公共部门的应用研究》文献综述。

❸ 根据伊顿公司亚太地区申诉咨询专员乔维双女士介绍。

人称为"申诉员"制度或"申诉咨询专员"[1]制度。通过对这项制度长时间的关注与研究,以及对中国大型营利和非营利组织所面临的制度环境长期的体验与认识,我们认为这项50年前兴起于美国、如今盛行于欧美和亚洲许多国家的制度,对于有志于促进内部和谐、提升绩效水平、实现战略目标的中国大型企业、高等学校、科研院所和医疗卫生机构的领导者而言,具有一定的借鉴意义。

本文向学界同人介绍"组织内监察员"制度的要点与实例,尝试性探讨这项制度在较大规模的人力资本密集型公共部门组织中试行的必要性与可行性及其基本模式。介绍与讨论中如有不妥之处,敬请同行专家和实务人士批评指正。

二、制度的要点与实例

这是一种称为"Ombuds"的制度安排,在美国、加拿大以及欧洲一些国家的企业组织、高等学校、政府机构和非政府组织中广泛存在——设立有Ombuds Program或Ombuds Office,任命Ombudsman,严格按照既定规范和程序开展工作。[2]

Ombudsman一词源于古瑞典语umbuds man,意为"代表"。[3]现代的用法始于1809年,瑞典议会首次任命了"瑞典议会监察员"(Swedish Parliamentary Ombudsman)。[4]后来,在其他国家把议会或政府任命的监督考察公共权力行使者行为的人称为Ombudsman,一般译为"监察员""监察专

---

[1] 据伊顿公司乔维双女士介绍,他们公司经过认真讨论,采用了"申诉咨询专员"的说法。认为"申诉+咨询"体现工作性质,更易于为员工所接受。我们认为,从研究者的角度,根据其源于和实际发挥的作用,应该译为"监察员"。

[2] 数年前王建民在哈佛大学肯尼迪政府学院(Harvard Kennedy School)访学期间注意到了这种制度安排。之后,访谈了多位专家和有关人员,并主要通过网络媒体研究了哈佛大学(Harvard University)、麻省理工学院(MIT)、普林斯顿大学(Princeton University)、斯坦福大学(Stanford University)国际监察员协会(International Ombudsman Association, IOA)、亚洲监察员协会(Asian Ombudsman Association)等组织的实践和经验。

[3] 之所以把umbuds man称为"代表",有一种说法是umbuds man作为中间人,调解并代表"加害方"向"受害方"奉送赔偿,比如有价值的动物。参见:Mary P. Rowe, *What Is It Like To Be An Organizational Ombudsman?*, published in Perspectives on Work, The IRRA's 50th Anniversary Magazine, Vol. 1, No. 2. (http://web.mit.edu/ombud/publications/perspectives-on-work.pdf)。

[4] 根据《维基百科》对Ombudsman的解释(http://en.wikipedia.org/wiki/Ombudsman)。

员"。借鉴组织外部的监察员制度，20世纪60年代在美国的一些组织中试行Organizational Ombudsman制度❶。这是一种在本质与功能上与外部监察员制度有相似之处，但在工作方式与工作目的上截然不同的新型组织管理技术——"组织内监察员"制度。❷ 这项制度的要点可以概括为以下五项：

第一，设立公开正式的工作机构。在实施内部监察员制度的组织，都以"项目（Program）"或办公室（Office）形式，设立公开正式的内部监察员工作机构。比如哈佛大学的大学内部监察员办公室、肯尼迪政府学院的内部监察员项目，❸ 以及麻省理工学院、普林斯顿大学、斯坦福大学的内部监察员办公室等。❹

第二，任命代表性、专业化"监察员"。各组织通常会选择年龄、性别和资历具有一定代表性的在职人员兼任"监察员"职务，或者聘任专职的"监察员"。哈佛大学肯尼迪政府学院，按年度任命兼职的"监察员"，在过去几年均为五名。❺ 各组织选拔任用的"监察员"，均需要接受严格的专业化训练。国际监察员协会（International Ombudsman Association，IOA）

---

❶ 根据《维基百科》对Organizational Ombudsman的说明（http://en.wikipedia.org/wiki/Ombudsman）。

❷ 事实上，Organizational Ombudsman并不是国家或行政治理意义上的担负"监察"责任的"官员"，而是作为协调员、联络员、中间人或沟通专家，听取抱怨、申诉、投诉、意见和建议，上传下达，化解矛盾，解决冲突，和谐组织人际关系。可见"组织内监察员"的译名并不能充分达意。但是，在获得更恰当的翻译之前，遵从约定俗成原则，本文将暂时接受"组织内监察员"的译法。

❸ 参见（1）哈佛大学的大学内部监察员办公室网址（http://www.universityombudsman.harvard.edu/）；（2）哈佛大学肯尼迪政府学院的内部监察员项目的网址（http://www.hks.harvard.edu/about/admin/ombuds-program）。

❹ 参见（1）麻省理工学院的内部监察员办公室的网址（http://web.mit.edu/ombud/）；（2）斯坦福大学的内部监察员办公室网址（http://www.stanford.edu/dept/ombuds/about_us.html）；（3）普林斯顿大学的内部监察员办公室网址（http://weblamp.princeton.edu/~puombuds/OmbudsOffice/index.php）。

❺ 现任监察员是：（1）埃莉诺·艾尔（Eleanor Ayres，女，30岁以下，教授助理，监察员项目协调员）；（2）曼特·埃尔坡（Matt Alper，男，50岁左右，学术研究管理助理院长）；（3）海蒂·哈特－哥曼（Heidi Hart-Gorman，女，约40岁，公共部门领导力中心运营和财务副主任）；（4）劳拉·约翰斯顿（Laura Johnston，女，约40岁，豪斯尔非营利组织研究中心项目主管）；（5）唐娜·利维·乌雷（Donna Levy Wray，女，约50岁，高级管理人员教育培训项目资深主管，联任多届的监察员）。（2010年10月5日参见哈佛大学肯尼迪政府学院网页：http://www.hks.harvard.edu/about/admin/ombuds-program。各位监察员的年龄是我们根据相关信息的判断，仅供参考）

针对监察员的不同需求，设立各种专业化开发项目（Professional Development programs），提供"监察员101课程"（Ombudsman 101 Course）、"监察员101补充课程"（Ombudsman 101 PLUS Course）、"中级课程"（Intermediate Course）、"高级课程"（Advanced Course）和"专门课程"（Specialized Courses）。[6]参加国际监察员协会的培训课程，并通过一系列任职资格考试，可以获得国际监察员协会的认证，获得"国际监察员"证书。❶

第三，明确职业道德和行为准则。所有组织内部的监察员，均需严格遵守国际监察员协会提出的职业"道德规范"（The IOA Code of Ethics）[7]和基于道德规范而制定的"行为准则"（IOA Standards of Practice）。[8]要求在从业中严格遵守四项原则：（1）独立性原则（INDEPENDENCE）；（2）中立和公正性原则（Neutrality and Impartiality）；（3）保密性原则（onfidentiality）；（4）非正式原则（Informality）。[7]

第四，全方位讨论"非正常"事项。组织内监察员可以和申述人讨论任何对组织中人和事感到不满意、不快乐的问题和冲突等"非正常"事项。哈佛大学肯尼迪政府学院的监察员可以讨论的问题包括：雇用问题、歧视、性骚扰、教师—学生误解、管理者—雇员关系紧张、人际沟通困难和不公平待遇等。[9]麻省理工学院监察员办公室的使命（Mission）是"帮助人们表达关注之事，解决争端，管理冲突，提高沟通技能。"[10]在伊顿公司《申诉咨询办公室报告》中，向员工强调指出：如果在工作中遇到问题或产生疑虑，或者遇到什么事情不知道向谁求助，都可以致电申诉咨询办公室专员进行讨论。[11]

第五，全天候服务全体成员。组织内监察员一般都可以随时接受所有组织成员的实名或匿名"非正常"信息，或者直接到办公室面谈。麻省理工学院监察员办公室表示，"如果你不知道去哪里说某件事，或者你想秘密地讨论某件事，或者想不留姓名谈谈对某事的忧虑之情"，欢迎来面谈、来电话或发来匿名信息。完全可以在下班时间来电话或匿名留言。[10]哈佛大学肯尼迪政府学院的内部监察项目，为本院"学生、访问学者、教师和

---

❶ 根据伊顿公司"申诉咨询专员"乔维双介绍，她经过两年的学习和考试，获得国际监察员协会的认证。难度比较大。必须是"监察员"的从业人员才有资格申请。

行政后勤人员"服务。[9]伊顿公司派驻中国上海的申诉咨询专员乔维双，负责亚太地区分公司的"内部监察"事务。她在工作时间随时可以听取来自员工的匿名或实名来电，讨论员工关心的问题。下班时间，可以在录音电话中留言。

这项制度安排在实际工作中发挥着重要作用。一位曾在美国地方政府部门和企业担任管理职务的美籍华人霍华德·宇文博士认为，❶ 这项制度具有组织内部管理者"自律自检"性质，对组织成员不良行为的发生有抑制作用，对组织管理政策的实施绩效有良好反馈效应，对组织内部人际关系的协调有显著效果，因而被美国各类组织广泛采用。根据哈佛大学一位教授介绍，如果教师有不良行为被学生投诉，一旦查证核实，将对这位教师的职业生涯产生严重影响。

许多时候，组织成员对组织中的人和事产生不满情绪，主要源于信息不对称或信息失真。在不满情绪发生初期，通过保密的、非正式的途径表达出来，及时获得保持"独立、中立和公正"立场的"监察员"的帮助，对于消除不满因素、促进组织和谐，具有十分重要的意义。

需要特别指出的是组织内监察员制度所遵循的独立性原则，对于保持这项制度的有效运行具有决定性作用。如何保持"独立性"？麻省理工学院的做法具有典型性：监察员办公室，完全独立于其他业务部门的管理开展工作；直接向组织最高行政长官（the highest authority in an organization）——校长——报告工作。❷[12]

通过实例更易于说明"组织内监察员"工作的特殊性和重要性。以伊顿公司申诉咨询专员乔维双的工作情况为例。乔维双2006年进入伊顿担任电气集团亚洲业务部人力资源经理。之前，她在人力资源领域工作了16年，拥有国际知名机构认证的培训师资格，曾任伊顿卓越经营测评官。

---

❶ 在哈佛大学访学期间，于2005年1月对时任美国一家制药公司（Transkaryotic Therapies INC.，www.tktx.com）公司监管事务部（Regulatory Affairs）资深主任的美籍华人霍华德·H.宇文（Howard H. Yuwen）博士进行了采访。获得大量关于这项制度的价值与绩效的信息。

❷ 组织内的监察员制度保持"独立性"的一个基本设计是：完全独立于组织内其他部门开展工作；直接向组织最高行政长官报告工作。比如，院系一级的监察员向院长或系主任报告工作，校级监察员则向校长报告工作。

· 57 ·

2008年乔维双被公司总部任命为亚太地区申诉咨询专员之后，开始向中国大陆、香港和台湾地区的伊顿员工介绍申诉咨询办公室工作情况，先后向所负责地区内30多家工厂的一万多名员工进行了宣讲。乔维双每到一地的分公司巡视，会提前通告分公司全体员工，提供可靠的联系方式，耐心接受来电来访。乔维双独立于分公司开展工作，不接受来自分公司任何方式的关照与福利。通过保密、中立、公正和非正式的方式，乔维双作为"申诉咨询专员"工作的目的在于：（1）保护人力、财务和其他资产安全；（2）维护公司声誉；（3）了解公司系统内遵守法律和规章情况；（4）促进道德、公平和价值驱动的工作环境建设以符合伊顿公司的业务道德操守和核心价值观。[1]

乔维双认为，总部派遣的申诉咨询专员到分公司巡视，实际上能够发挥监督分公司工作的作用。曾发生多起案例：申诉咨询专员在巡视中接到分公司员工举报，其所在公司管理人员有违规、违纪或损害公司利益的行为。后经公司纪检部门查证核实，当事人被开除。申诉咨询专员在接到举报等信息时，并不直接处理，而是要提交公司纪检、人力资源等相应部门处理。对举报人的信息严格保密；同时处理部门也不允许提及信息来自申诉咨询办公室。

在伊顿公司的《申诉咨询办公室报告》中，描述了申诉咨询专员工作的"模拟场景"。试举三例：

场景一："我担心自己可能遭到裁员。会发生什么情况？"

约翰已在伊顿工作了15年。受经济危机的影响，他所在的工厂订单减少。谣言四起，称厂里将会缩减人员编制。约翰想知道，假如终止聘用关系，他有权获得哪些离职福利，但他不想询问自己的上司或人力资源部的任何人，于是他联系申诉咨询办公室寻求指导。

申诉咨询专员和约翰进行了讨论，为他提供约翰所在工厂适用的相关离职福利的各种已知信息。专员告知约翰，伊顿进行裁员必须遵循特定的流程，并且公司尽全力遵照伊顿的理念和价值观对待员工。约翰了解到，一旦宣布裁员，公司将与员工另行沟通，详细阐释员工享有的离职福利。

---

[1] 根据伊顿公司《申诉咨询办公室报告》中的"申诉咨询办公室的宗旨"。

专员还说，如果约翰进入裁员名单而且仍有疑问，他应当咨询人力资源经理。同时，申诉咨询办公室仍可为其提供指导。[11]

场景二："我在伊顿公司的带薪或无薪假期内，能否为其他公司工作？"

捷克是伊顿制造工厂的熟练技师。由于经营状况欠佳，他即将开始休假。他的朋友开了家公司，希望在捷克暂时离开伊顿临时休假的时候可以雇用他。捷克不知道这是否违反公司政策，因此联系申诉咨询办公室寻求指导。

申诉咨询办公室提醒捷克，伊顿道德准则对这个问题有明确规定。无论捷克考虑在外做任何工作，都不得与其在伊顿的工作存在关联。他不能受雇于伊顿的竞争对手、供应商或客户。捷克还获知，他在接受朋友聘用前应事先获得上司的批准。申诉咨询专员同时提醒捷克，一旦假期结束回到伊顿的工作岗位，受雇于朋友的工作不得影响他在伊顿的表现。[11]

场景三："工作中碰到问题，但我不认识人力资源经理。我该怎么办？"

对于一些本应由人力资源经理或各级管理部门解决的问题，员工经常会向申诉咨询办公室寻求讲解和指导。有时员工是为了保密或其他原因不愿与人力资源部交流，不过更多是因为对其不熟悉，或者自己或同事曾与人力资源部的其他同事有过不愉快的共事经历。

在这些情况下，申诉咨询办公室可以为他们提供讲解和指导。办公室还会向员工解释人力资源部门职员的工作以及接受其服务的重要性。申诉咨询办公室还可在员工的同意下，帮助处理他们与人力资源部门职员之间的问题。[11]

根据乔维双介绍，伊顿公司申诉咨询专员深受总部信任，薪酬福利水准高，工作自由度大，没有量化的工作绩效评估。根据伊顿公司《申诉咨询办公室报告》统计，2008年至2009年6月，公司申诉咨询办公室共接受申诉和咨询2000多次。电话咨询者，38%为生产人员，21%为非管理层技术或专业人员；14%为经理或主管；10%为高级经理或行政主管；8%为办公辅助人员；2%为退休人员；其他人员占7%。申诉咨询者中，31%的人在公司服务不到5年；27%的人，工作5~15年；23%的人超过15年。

一年半时间接受2000多次，平均每个工作日4~5次，工作量不大。向员工广泛宣传申诉咨询工作的方式和作用，也是专员工作的主要组成部分。申诉咨询的内容五花八门，多数与工作环境、薪酬福利、内部管理等有关。

研究发现，实行"组织内监察员"制度的组织，除了工作性质、工作原则和工作方式保持基本一致之外，具体在人员选配、工资待遇和工作时间等方面，并没有统一的模式。各组织或机构，会根据具体情况和主要目标做出安排。如果一段时间来电来访的案例多，可能会增加监察员的人数；如果来电来访数量持续下降，则可以考虑减少工作人员。专职的组织内监察员，通常深得组织领导层信任，管理工作经验丰富，对组织内部情况十分了解，享受优厚的薪金福利待遇。在美国，已经出现了专业的组织内监察员服务事务所，承揽组织内监察事务。

这项制度最显著的特点，在于以保密的和非正式的方式，直接为组织最高领导者"一把手"服务。以不留名、不留"案底"、不公开信息和不直接解决问题的方式，大大减少员工的后顾之忧，使员工畅所欲言，真实地表达自己的感受，诚恳地提出意见和建议，秘密地提供危害组织利益的人和事的线索或信息。组织"一把手"或相关部门管理者，在接到内部监察员办公室通报的情况之后，能够以秘密的方式及时解决问题，把不利于组织和谐、绩效保持和利益增进的不良事态，"扼杀在摇篮之中"。有效地把不满、矛盾、冲突以及违规违纪言行等问题，消除在萌芽之中，化解在组织内部。有利于减少不良事态蔓延至组织外部的可能性，有利于减少成本高昂的针对组织管理者或法人的诉讼案件。

保密性、非正式性和接受"一把手"直接领导，既是这项制度的特点，同时也是实现制度目标的难点。主要原因是对"一把手"和"监察员"，在思想境界、战略眼光、管理能力、专业素养和职业道德等方面，有很高的全方位的要求。同时，对于实行这项制度的组织，也需要满足多项条件，比如合理的法人治理结构，比较健全的管理制度，重视维护组织中成员的合法权利，具有增进组织绩效、维护组织利益的强烈愿望和共同目标。

三、借鉴的必要性与可行性

在中国，10年"文化大革命"掀起的派性斗争，以及对公民个人直至国家主席非法、无序、疯狂的人身攻击和政治迫害，摧毁了整个民族纯朴、善良、友爱、互助的文化传统，恶化了组织内部的人际关系和国家的安定团结。30多年的改革开放，经济和社会发生了翻天覆地的变化。但是，由于经济发展不平衡和贫富差距的不断扩大，政治体制、行政体制、社会体制等非经济体制改革的严重滞后，法制不健全，制度不完善，拜金主义泛滥，以及潜在的历史性、结构性矛盾或问题的日益凸显，致使组织中以致全社会人与人之间的关系，普遍偏离了信任、理解、宽容和合作的理想轨道。国家最高领导集体已经意识到了问题的严重性，做出了构建和谐社会的战略部署。

在此背景下，我们发现并首次向国内学术界和管理者，介绍这种有助于促进组织与社会和谐的制度安排，无疑可供讨论和借鉴。对于在中国制度环境中借鉴这种制度安排的必要性和可行性，可以从五个维度予以说明。

第一，实现组织和谐建设目标的需要。国家实施和谐社会建设，实现"民主法治、公平正义、诚信友爱、充满活力、安定有序、人与自然和谐相处"[13]的战略目标。在这一战略实施过程中，促进人际关系的和谐既是目标又是基础。紧张的、充满矛盾和冲突的人际关系，不利于社会稳定，无助于其他各项工作的开展。现代社会的运行与发展，以组织活动为基本的和主要的形式。组织活动的质量对现代社会的发展起着决定性的作用。因此，社会人际关系的和谐，主要意味着组织内人际关系的和谐。没有组织和谐，就没有社会和谐。和谐的组织内人际关系，是保持组织活力、提升组织绩效、实现组织目标的根本保证。只有在和谐的高绩效组织的积极参与和长期努力之下，社会和谐的战略目标才有可能实现。

第二，弥补现行"冲突"管理制度的不足。在中国现行的公共部门组织内，比如政府部门以及高等教育、科学研究、医疗卫生等组织中，如果成员之间发生"冲突"或出现"矛盾"，只有在十分严重时"找领导解决"一条途径。如果管理者与被管理者之间产生"冲突"，也是只有在十分严重时"找领导解决"一条途径。如果被管理者对组织最高管理者有不满情绪，那基本上没有途径反映。只有当这位最高管理者出现严重违纪、违规行为时，找最高管理者的上级"领导（纪检、监察部门）"举报才有可能受到关注，但举报"领导"的代价往往十分巨大。"找领导解决"是"冲突"或"矛盾"的公开化、严重化，回归和谐化的成本很高。组织成员之间发生轻度、中度甚至比较严重的"冲突"或"矛盾"时，基本上没有组织提供解决机制，需要自行寻找解决办法或积郁在心、自我消解。显然，中国公共部门组织内管理"人际冲突"的制度安排供给不足，难以满足组织成员对于平息怨气、化解矛盾、解决争端、实现和谐的需求。

第三，节约组织内人力资本的管理成本。在公共部门组织的生产或服务活动中，人力资本作为主体性生产要素发挥着决定性的作用。组织人力资本以组织成员为载体，是凝聚在组织成员人体中的知识、技能、能力和态度的集合。❶人力资本以人为载体，在产权性质上具有特殊性。[14,15]人力资本占有权主体和运用权主体的唯一性，以及收益权残缺时使用价值的自贬性，决定了管理的复杂性——获取、使用、激励和保持组织高质量人力资本是具有技术性、科学性和艺术性的复合化系统工作。发展于西方社会的"组织内监察员"制度，理论和实践证明有利于消除组织内不和谐因素，降低成员之间的交易费用，促进人力资本使用价值和价值的保值与增值，进而节约组织的人力资本管理成本，具有现实性和可行性。

第四，"组织内监察员"制度为人类共有的制度资本。在西方国家，有许多制度是在一群怀有共同理想和价值的人结成组织开展活动，在经过数以百年计的长期博弈过程中形成的职业"范式"——组织成员共同接受和自愿遵守的从业规范与行为准则。不可否认的事实是参与组织创立和制度博弈的人，一定会受到同化在自己思想中的某种宗教的或政治的价值观的影响，但是就组织管理——无论是公共组织还是私人组织的管理而言，组织中成员所追求的是绩效、效率或成本节约，在这些方面的活动并不涉及政治或宗教因素，所创造的非正式的和正式的规则，并不体现"资本主

---

❶ 关于"人力资本"概念内涵的最新界定，参见王建民著《研究生人力资本研究》（科学出版社2009年版）第1章第2节"研究生与研究生人力资本"。

义"或"帝国主义"的意识形态,以及代表政治利益集团的政治性。就像企业组织的治理模式、高等教育和科研机构中人力资本的激励制度、大学中的教学管理制度和学生社团的管理章程❶一样,"组织内监察员"制度也没有意识形态倾向或政治利益因素。这项制度安排是人类社会共同的制度资本,在中国社会主义市场经济环境中为构建和谐社会战略服务,具有可行性。

第五,实施"组织内监察员"制度的预期收益大于成本。在政府部门以及高等教育、科学研究、医疗卫生等公共组织中设立"组织内监察员"制度,可以预期,对于组织中成员表达诉求、不满、抱怨等情绪,提出不同意见和建议,将成为一种极具价值的渠道。这种制度安排的价值主要在于其独立、公正、保密和非正式的特征。申述者可以匿名和不留记录方式表达诉求和不满。这样就有利于形成畅所欲言的局面,使得组织最高负责人在接到"监察员"的报告之后,能够客观、全面和比较充分地了解组织中成员对有关政策和措施的评价,掌握组织中人际关系的动态,有利于管理者及时平息抱怨、发现问题、化解矛盾,把潜在的冲突消除在萌芽之中,为组织内人际关系的和谐,工作绩效的保持和提高,创造极为有利的条件,从而达到增进组织收益的目的。

建立这项制度的成本并不高。机构方面,可以利用现有的思想政治、工会或心理辅导等性质的设置。把虚化的没有发挥实质性作用的机构,在性质和名称上作出调整,使其发挥实际作用即可。人员方面,从品质高尚、善于沟通、人际关系融洽的在职人员中选拔。2000人左右规模的组织,一般需要有3~5人。支付补贴是仅有的人员成本。

四、借鉴的基本模式设计

置身于组织外部防止公共权利滥用的正式的"监察"制度,在中国的政党、人大、政府和政协机关的治理结构中已经存在并正在不断完善之

---

❶ 对哈佛大学肯尼迪政府学院的调查发现,该学院1000人左右学生的教学管理手册有150多页,学生组织自我管理的章程有近40页。对教学工作和学生活动有详细的制度安排作为行动原则和行为规范。这些制度安排是组织中成员数十年不断建设和完善的结果。

中。中国共产党纪律检查、巡视制度，政府监察制度、信访制度，人大代表视察制度，政协委员调研提案制度等，均属于"外部监察制度"。针对的主要是国家工作人员的违规、违纪和违法问题，严重事件或情况的申述问题，以及对政府工作的监督检查问题。外部的监察、查处和申述案件的增多，在一定程度上是组织内部权利制约机制与人际和谐机制不健全的表现。基于已经阐述了在中国制度环境中具有可行性的"组织内监察员"制度，在中国公共部门组织内构建新型的"冲突"管理制度，应该成为国家实施和谐社会建设战略的一项重要内容。

借鉴西方国家"组织内监察员"制度的有益经验，可以建立符合中国制度环境的新模式。新制度安排，可以在使命、结构、人员、运行等方面充分体现中国特色，但是在制度名称、奉行原则和工作内容上，应该和国际监察员协会（IOA）的要求基本保持一致，这样便于和国际组织成员交流经验，不断提高专业化水平和工作绩效。

现阶段在中国公共部门试行"组织内监察员"制度，应该考虑首先在较大规模的人力资本密集型组织进行，比如重点高等学校、国家科学研究院（所）以及公立非营利医疗机构等。在这类人力资本密集型组织，人力资本所有权和运用权主体，对于使用权主体的人力资本管理政策和实施方式的公正性、合理性和有效性，往往会有更多的意见、建议、评价和要求。在这类组织中，人力资本整合使用的频率很高，这使得组织中人力资本所有权主体之间发生摩擦、矛盾和冲突的可能性大大增加。政府部门也属于人力资本密集型组织，但其中的层级、权限和利益结构相对清晰，公开发生不和谐事件的成本很高，因而可能性较小。此外，在政府公务员管理中实施新制度安排，涉及公共权利的领导、配置、行使、监督和建议等一系列党政机关的组织人事管理问题，复杂性程度高、影响范围大、实施困难多，可以在其他公共部门组织获得成功经验之后再行研究推广。

在高等教育、科学研究和医疗卫生组织中建立"组织内监察员"制度，有以下几方面的思考和认识：

（1）使命：在战略管理视角，一项组织管理制度的设计应该有其使命（mission）。在中国人力资本密集型公共组织内部建立这项制度安排的使命，应该界定为"了解诉求，平息抱怨，解决争端，征求意见，促进沟通，实现和谐"。

（2）机构：在组织内部建立自律自检、自我规范性质的监察机构，可以称为"自律监察办公室"，英文译文可以采用 Ombuds Office for Self - regulation。❶ 这一名称强调自我约束、自我规范特点，联系国际通行的称谓，言简意赅，应该具有合理性和可行性。在具体的高等教育、科学研究和医疗卫生组织中，可以具体称为"××大学（学院或系）自律监察办公室"、"××研究院（所）自律监察办公室"或"××医院自律监察办公室"。

（3）人员：这是最为关键的因素。"自律监察办公室"可以根据组织规模和工作量情况选择 3~10 名"监察员"，英文称为 Ombudsperson。组织内"监察员"的胜任特征，首先是个人品德——诚实、正直、守信、耐心、善解人意；其次是职业道德——作为"监察员"应该遵守的道德规范；再次是专业能力——作为"监察员"应该具备的专业化工作技能；最后是代表性，即能够反映组织中成员的性别、年龄、职位等特点，以创造比较有利于沟通或接受信息的条件。"监察员"以兼职工作为主，应该提供固定的办公室，公开联系方式。但是，如果组织规模不是超大型，组织内部的矛盾也不是特别突出，可以不设专职人员。人选产生，应该公开、广泛征求全体组织成员的意见和建议，在此基础上再由组织中领导班子作出决策。

（4）准则：中国公共部门组织中的"自律监察员"，同样应该严格遵循国际监察员组织推行的行为准则——独立、中立、公正、保密和非正式。第一，"自律监察员"独立开展工作，不接受组织中任何个人或部门的干预，直接向组织中最高行政负责人报告工作。第二，从促进组织和谐、维护组织利益出发，始终保持中立和公正的态度，平等对待冲突的任何一方，以同理心帮助遭遇不良情绪或事件困扰的成员走出困境。第三，要根据工作原则和当事人的要求，为提供抱怨、不满、问题、困难、意见

---

❶ "Ombuds Office" 中的 ombuds，根据麻省理工学院（MIT）的经验，也可以替换为 ombud, ombudsperson, 或 ombudsman（http：//web. mit. edu/ombud/index. html）。这四个词具有基本一致的含义，可以通用。

和建议信息的当事人严格保守秘密。第四，以非正式的方式开展工作。一般不规定工作时间，凡有需要均可及时沟通；不以公开方式处理问题、提供证言或参与讨论。

（5）机制：在每一个组织中，一般都可以设立"自律监察办公室"，受理针对整个组织的信息。组织中的每个二级组织或部门，也可以根据需要设立。二级组织中的"自律监察办公室"，不受上一级"自律监察办公室"领导，直接向二级组织最高行政负责人报告工作，或者根据需要向二级组织领导班子全体成员通报情况。最高行政负责人及其领导班子成员，要高度重视"自律监察员"反映的信息或发现的问题，做到尽快回复、及时解决。

五、实施"自律监察"制度的五点建议

实施组织内"自律监察"制度，需要组织最高决策者具有战略眼光和责任意识，需要得到上级领导机关的支持和组织内大多数成员的理解与信任，是一项涉及组织人事管理制度的重要事件。本文只是理论意义上的研究成果，是否能够变为现实，取决于实际部门的认识水平、创新意识和实践能力。为此，提出五点建议，供决策者参考。

第一，升华观念，充分认识"自律监察"制度的合理性与有效性。

组织内"监察员"制度在西方国家已经有近40年的发展历史，实践已经证明了其合理性和有效性。美国北伊利诺伊大学（Northern Illinois University，NIU），自1969年成立大学监察员办公室（NIU Office of the Ombudsman）以来，向2.5万名教师、职员和学生提供了服务。根据该校最新统计，❶在2006—2007学年，有1080名学校成员联系了监察员办公室。通过监察员的咨询和建议，降低了人员的流失率，减少了通过正式机构表达不满和诉讼事件的发生，强化了学校运行管理。[15]

制度是最有价值的资本。优质的制度资本，对于人力资本和物力资本

---

❶ 这是可以通过网络检索到的北伊利诺伊大学（Northern Illinois University）的最新《北伊利诺伊大学监察员办公室年度报告·2007》（Northern Illinois University · office of the ombudsman annual report · May 14, 2006—May 12, 2007）（http://www.niu.edu/ombuds/annual.shtml, 2009-11-21）。

的保持与获取，对于组织的绩效与发展，对于国家的进步与繁荣，往往具有决定性的作用和影响。制度的建立与完善，需要卓越的智慧和长期的实践。满足制度需求的理性选择，首要的是考察现有可供给制度安排的价值和使用价值。在此基础之上，再根据自身的制度环境和制度目标，建立符合要求的新制度。就像开展学术研究，首先需要了解前人或他人的研究成果一样，建立新制度首先需要考察他人的做法与经验。具备这样的观念，不仅有利于节约制度建设成本、提高制度实施绩效，而且有助于提升决策者的认知水平和领导能力。

第二，全面比较，进一步明确"自律监察"制度与现有制度的相似性与差异性。

有比较才有鉴别，有鉴别才能够实现认识的深化与升华。比较组织内"自律监察"制度，与现有的纪律检查、工会活动（如解决劳动争议等）、思想政治工作以及近几年在一些大学中出现的心理咨询服务等制度安排，可以发现其中的基本的相似性和十分凸显的差异性。"自律监察"制度与其他制度安排都具有相似的"问题解决"功能。理论上或者一定程度的实践上，纪律检查机构调查处理领导干部的违规违纪问题；工会组织帮助解决劳动者合法权益受到侵害的问题；思想政治工作者解决组织中成员树立"正确"的政治方向问题；心理咨询服务解决心理异常问题。

这几项制度安排"问题解决"功能的程序和效果又各有不同。组织内的纪律检查是正式的十分严格的制度，处理的是关系到个人前途与命运的大问题。但这些"大问题"实际发生或被发现的概率很低，纪检机构存在与否似乎与组织中绝大多数人无关。工会的活动，印象中主要是活跃职工生活之类，真正帮助解决"劳动争议"的问题，迄今为止很少发生。思想政治工作机构，主要是组织政治学习等活动；少数组织中的心理咨询机构，尚没有证据表明具有真正的心理疏导作用。这意味着组织现存的"问题解决"制度，基本不能满足组织成员以一种安全、保密的方式表达不满情绪和不同意见的需求。

"自律监察"制度的设计正可以满足这方面的需求。以一种保密的、匿名的并可以要求不留记录的非正式的方式，表达自己对组织中个人、事情或政策的不满、困惑、意见或建议，能够及时得到"自律监察员"耐心、细致、公正、客观的回应、安慰、释疑或帮助，无疑有助于消除组织中的不和谐因素。还有十分重要的一点是这项制度的存在目的，在于帮助组织中决策者或管理者自己，不是来自外部或上级的监督、检查、评价，而是出于自己的需要，制度实施的结果是提升自己的管理绩效。

第三，深度沟通，逐步取得大多数组织成员的理解与信任。

"自律监察"制度以服务组织中成员为出发点，以促进组织和谐为目的。这一制度安排只有得到组织中大多数成员的理解与信任，才能够产生实际的作用。作为制度建设的创新之举，有必要向全体成员详细阐明目的、意义、作用和程序，让大多数成员对这一新制度安排有比较全面和深入的了解。通过反复宣讲和实际工作，逐步让组织中成员理解并相信"自律监察"制度使命——"了解诉求，平息抱怨，解决争端，征求意见，促进沟通，实现和谐"——的合理性与有效性，体验并认可"自律监察员"工作准则——"独立、中立、公正、保密和非正式"——的真实性与可靠性。

在不断的深度沟通中，得到组织中大多数成员的支持，是保证这项制度顺利实施的必要条件。自上而下、简单通告式的行政化行为，违背这项制度的设立初衷与作用机制，势必大大削弱其有效性以致存在的意义。柔性的非正式的矛盾和冲突疏导、化解机制，只有在温和、同理、持久的交流与协调中，才能够保证效用、得到加强。

第四，创新管理，上级主管部门应该下放试行权利给予鼓励与支持。

组织内"自律监察"制度，可以列入国家有关部门干部人事管理创新计划。政府机构、高等学校、科研院所、公共医疗单位等人力资本密集型组织，对这项新制度安排的需求最大。这些组织的上级主管部门，应该深入研究这项制度的有效性和可行性，创新观念，解放思想，在了解和引进国外先进制度资本方面，迈出新的切实的步伐。

上级主管部门对下属组织的管理，无论采取什么方式，目的都旨在保持和提高下属组织的绩效。组织绩效寓于个人绩效之中。对于人力资本密集型组织而言，个人绩效的获得取决于个人所承载的人力资本的使用价值。而人力资本使用价值和价值的保持与增加，在人力资本产权语境中，决定于人力资本运用权主体行为的合理性与有效性。实施"自律监察"制度，对于人力资本运用权主体行为的合理化与有效化具有十分积极的作用。如果认识到这一点，上级主管部门势必会下放试行这项新制度的权利，对下属组织的和谐化进而高绩效化发展予以鼓励与支持。

第五，担当责任，为国家实现社会和谐战略目标做贡献。

社会和谐寓于组织和谐之中。没有组织和谐，就没有社会和谐，没有国家和谐。在社会主义和谐社会建设进程中，作为国家实现公共服务价值的"代理"组织，应该积极响应"委托"组织的价值主张和战略目标，担当应尽责任。

通过组织内"自律监察"制度促进组织和谐发展，就是担当国家责任的一种体现。每一个组织都追求内部和睦、协调、合作、发展目标，整个国家就有希望走上"和合"之道。"《管子·兵法》上说：'和合故能谐'，就是说，有了和睦、团结，行动就能协调，进而就能达到步调一致。协调和一致都实现了，便无往而不胜。人内心和谐，就是主观与客观、个人与集体、个人与社会、个人与国家都要和谐。"[16]

六、结论

综上所述，在国际上许多国家和多种组织中实施的"组织内监察员"制度，对于化解人际冲突、发现内部矛盾、促进组织和谐、强化监控机制、实现组织目标，具有重要的作用。这项制度安排，在中国制度环境中有借鉴价值。在人力资本密集型公共组织内——高等学校、科研院所和大型医疗机构内，试行"自律监察员"制度，应该具有必要性和可行性。即使在实践上有适用性、可行性或有效性的严重质疑，但理论和应用研究的意义应该不容否认，毕竟这是在国内第一次的介绍和讨论。

实际上，这一制度安排只是一项"一把手"管理技术，是帮助组织中最高领导者或管理者，排忧解难、强化管理的有效手段。利用这一机制，有助于及时发现问题、解决矛盾、规避危机，防止内部问题外部化，对个人或组织造成更大损失。只要"一把手"有战略眼光或获得上级授权，就可以在自己组织内试行。

制度是最有价值的资本。无论组织还是国家的制度创新，无论大制度还是小规则，都应该先了解其他组织或国家的经验。就像学术研究一样，只有充分检索文献资料,深入分析现有成果,才能够知道自己的基础是什么、起点在哪里、可以到哪里去,才有可能创造出有价值的作品。借鉴先进制度,是构建有效制度体系的理性选择和智慧表现。

智慧的中国人民,正是借鉴了西方的马克思主义,才取得新民主主义革命的胜利;正是学习了前苏联的"斯大林范式",才取得社会主义建设的初步成功;正是引进了资本主义的市场机制,才使得社会主义经济获得活力和走向繁荣。虽然"组织内监察员"制度只是一项功能简单的具体管理技术,但是深入研究和借鉴推广,也许能够为和谐组织与和谐社会建设事业带来难以估计的价值。

参考文献

[1] 安媛媛. 试论引入议会行政监察专员制度对我国的现实意义 [J]. 人大研究, 2004 (12): 38-40.

[2] 沈跃东. 瑞典议会监察专员制度 [J]. 人大研究, 2004 (7): 45-46.

[3] 朱立言, 陈宏彩. 行政监察专员制度: 社会和谐的路径选择 [J]. 湖南社会科学, 2006 (5): 27-31.

[4] 沈跃东. 论监察专员制度对经济、社会和文化权利的保障 [J]. 福建论坛·人文社会科学版, 2007 (4): 128-131.

[5] 沈跃东. 完善信访制度的宪政之维 [J]. 福建师范大学学报, 2008 (2): 21-27.

[6] The International Ombudsman Association. Professional Development & Events [EB/OL]. [2010-01-02]. http://www.ombudsassociation.org/training/.

[7] The International Ombudsman Association. The IOA Code of Ethics [EB/OL]. [2010-01-02]. http://www.ombudsassociation.org/ethics/.

[8] The International Ombudsman Association. IOA STANDARDS OF PRACTICE [EB/OL]. [2010-01-02]. http://www.ombudsassociation.org/standards/IOA_Standards_of_Practice_Oct09.pdf.

[9] HARVARD Kennedy School. Ombuds Program, What kinds of conflict are brought to an ombudsperson? [EB/OL]. [2010-01-02]. http://www.hks.harvard.edu/about/admin/ombuds-program.

[10] Massachusetts Institute of TechnologyOmbuds Office. *Mission* [EB/OL]. [2010-01-02]. http://web.mit.edu/ombud/.

[11] Massachusetts Institute of Technology Ombuds Office. Glossary of MIT Ombuds Principles [EB/OL]. [2010 - 01 - 02]. http：//web. mit. edu/ombud/self - help/glossary. html#independence.

[12] 胡锦涛. 构建社会主义和谐社会 [EB/OL]. [2009 - 11 - 12]. http：//news. xinhuanet. com/ziliao/2005 - 03/23/content_2732356. htm.

[13] 王建民. 人力资本产权的特殊性 [J]. 财经科学, 2001 (6)：28 - 31.

[14] 王建民. 人力资本产权研究 [R]. 中国博士后科学基金会博士后研究报告, 2001.

[15] Northern Illinois University. OFFICE OF THE OMBUDSMAN ANNUAL REPORT·May 14, 2006—May 12, 2007 [EB/OL]. [2010 - 01 - 02]. http：//www. niu. edu/ombuds/annualreports/AR2007. pdf.

[16] 徐京跃. 温家宝贺季羡林 95 岁生日，探讨"和谐" [EB/OL]. [2009 - 11 - 25]. http：//news. xinhuanet. com/mrdx/2006 - 08/07/content_4929559. htm.

中国行政审批制度改革的困境与出路初探

——来自国家层面的经验总结

倪 超[1]

内容提要：党的十八大以来，我国行政审批制度改革明显加快步伐，力度明显，问题也越发尖锐。现阶段，在国家层面，我国的行政审批制度主要面临政府、市场与社会三者关系界定不清，缺乏配套法律法规支持，审批监督机制不完善和组织内部人员思想观念落后及利益集团阻力强大等问题，为了有效解决这些问题，中央政府需要鼓励地方试点，探索政府、市场与社会三者的边界，支持市场型政府的构建；加快行政审批制度相关配套法律的出台；完善审批制度监督机制，使督察组常态化和做好"顶层设计"，战略上优化组织结构，冲破"官本位"意识，合理疏导利益集团阻力。

关键词：法治政府；行政审批；改革；监督机制

自 2012 年党的十八次代表大会召开以来，新一届领导集体继续高举改革开放的旗帜，不断加大改革力度，释放"改革红利"。回顾这 2 年多的发展进程，可以发现，在改革领域我国政府有两个鲜明的特征："收"与"放"。"收"主要表现在我国政府在反腐败、作风建设方面更加严格，对腐败、作风问题采取"零容忍"态度，更加重视法律威严和组织纪律。腐败方面：据统计，截至 2014 年 10 月，共有 38 位省部级及以上干部由于腐败问题，接受组织调查，等待法律制裁。作风方面：党的十八大以来，中

---

[1] 倪超，男，管理学博士，中国航空综合技术研究所助理研究员。

央针对性提出了"八项规定""六项禁令"和"四项作风",严格规范公务人员的作风问题。"放"主要表现在权力下放方面,核心在于简政放权,还市场自由、给社会活力。如上海自贸区的成立、京津冀一体化协同发展战略的落实。

两大特征"收"与"放"都与权力有关,两者围绕权力场进行博弈。在这个权力场中,最值得关注的角就是我国的行政审批制度,自2001年中国政府启动国家层面的行政审批制度改革以来,"收"与"放"就如影随形。本文关注的核心就是我国行政审批制度改革,特别是在现阶段,法治政府建设不断落实的背景下,意义更加重大。首先,理论上,加强对行政审批制度的研究可以满足制度经济学、公共管理等理论的中国化,寻觅到适合中国的政府与市场合理边界的理论依据;其次,实践层面,我国政府当前最为迫切的工作是转变政府职能,在法治的框架内,强化对行政审批制度的研究,实施行政审批制度改革,建立与市场机制匹配的行政执法行为与管理模式,实践意义重大。

文章将在充分考虑我国法治环境的背景下,以我国行政审批制度改革为核心,重点讨论行政审批制度在国家层面的改革进程,指出面前面临的困境,并结合实际提出具有战略性的政策建议。

一、我国政府行政审批制度的改革历程

行政审批是一种方式和手段,方便政府管理社会事物,涉及几乎所有行业。我国现有的行政审批制度源于计划经济体制,政府主要依靠行政审批履行职责,配置国家资源。倪超等(2013)[1]指出这一制度对我国发展经济、管理社会事务曾发挥积极作用,但随着我国经济市场化程度不断提高,这一制度的弊端不断出现,阻碍了市场能动性,限制了竞争,扼杀了活力,导致了各种设租、寻租现象,增加了政府管理成本和社会成本,降低了行政效率,破坏了政府形象。因此,为了能够获得经济二次腾飞、社会和谐稳定,追求"中国梦",实现民族复兴,我国的行政审批制度改革刻不容缓。

我国国家层面的行政审批制度改革起源于2001年10月国务院召开的行政审批制度改革工作会议,自此改革不断深化(见表1)。

表1 行政审批改革历程

时间	改革内容
2001年9月	国务院成立行政审批改革工作领导小组，改革工作启动
2002年10月	取消789项行政审批项目
2003年2月	取消406项行政审批项目，改变82项行政审批项目的管理方式
2004年5月	取消和调整495项行政审批项目，其中取消409项；改变管理方式39项；下放47项
2004年7月	以中华人民共和国主席令第七号颁布出台了《中华人民共和国行政许可法》
2007年10月	取消和调整186项行政审批项目。其中取消128项；下放29项；改变管理方式8项；合并21项
2010年7月	取消和下放行政审批项目184项。其中取消113项，下放71项
2012年8月	取消和调整314项部门行政审批项目，其中取消184项；下放117项；合并13项
2013年5月	取消和下放一批行政审批项目等事项，共计117项。其中，取消71项，下放20项，取消评比达标表彰项目10项，取消行政事业性收费项目3项；与此同时，国务院决定第六批取消和调整314项行政审批项目，取消171项，调整143项
2013年7月	取消和下放一批行政审批项目，共计50项。其中，取消和下放29项、部分取消和下放13项、取消和下放评比达标项目3项；取消涉密事项1项（按规定另行通知）
2013年12月	取消和下放68项行政审批项目（其中有2项属于保密项目，按规定另行通知）。另建议取消和下放7项依据有关法律设立的行政审批项目
2014年2月	取消和下放64项行政审批项目和18个子项。另建议取消和下放6项依据有关法律设立的行政审批项目
2014年8月	取消和下放45项行政审批项目，取消11项职业资格许可和认定事项，将31项工商登记前置审批事项改为后置审批。另建议取消和下放7项依据有关法律设立的行政审批事项，将5项依据有关法律设立的工商登记前置审批事项改为后置审批

资料来源：中国机构编制网。

通过表1可以发现，从2001年启动行政审批制度改革到现今，政府审批改革可以分成三个阶段：第一阶段，2001—2004年，这四年政府改革力度较大，一些审批项目及时取消及下放，效果较明显，市场活力增强，社会参与增多；第二阶段，2005—2012年，这八年国家层面的改革力度相对不够，基本处于停滞发展阶段，政府只是在2007年及2010年对一些审批项目进行了调整；第三阶段，2012年以后，中央政府加快了行政审批制度的改革，在短短的两年时间里，调整了600多项审批项目，力度和密度远远超过以往十几年的改革进程。

总的来说，我国政府在国家层面的行政审批制度改革，成效很大，特别是党的十八次代表大会开完之后，国务院连续释放"组合拳"，在短短的两年时间里，下放和调整众多行政审批项目，一步步向李克强总理2013年在十二届全国人大一次会议所下定的"本届政府要将国务院各部门行政审批事项再削减1/3以上"决心挺进。

二、我国政府行政审批制度改革面临的困境

纵观我国行政审批制度改革的历程，取得了一定的成就，但是需要指出，也存在很多问题，正如高小平（2013）[2]指出，我国现阶段在深化行政审批制度改革上存在的问题主要有：认为政府、市场、社会三者的边界无法界定清楚；担心简政放权会削弱政府集中力量办大事的能力，导致政府威信降低；担心影响政治、社会和公务员队伍稳定等。本文通过剖析国家层面的实践，认为我国的行政审批制度改革存在一定问题，从定位、人员到组织构成等方面都有改进空间。

（一）政府、市场和社会三者边界模糊，从根源上无法厘清政府权责

政府、市场与社会的关系一直是经济学家、管理学家永恒不变的争论焦点，特别是中国，历经计划经济，正在建设社会主义市场经济，三者的关系凸显的更错综复杂。我国开展行政审批制度改革，目的是激活市场与社会的活力，促进我国经济社会的发展，核心在于明确政府、市场与社会的关系，归还原本属于市场和社会的权力。现阶段，国务院不断加快行政审批制度改革的速度和力度，但不可否认，核心问题如政府、市场与社会三者边界在哪？怎么界定？等仍然存在，这对于进一步深化改革，释放红利具有严重挑战。这一问题在国家层面的行政审批制度改革中相当明显，上海自贸区的建设就是一例。

上海自贸区是新一届中央政府彰显改革决心的一大创新，有利于减少

政府审批、依靠市场机制和打破垄断，是新型简政放权模式的探索。但是，自贸区自成立以来，政府、市场与社会的关系界定一直处于模糊状态，引致改革效果不突出、利益团体阻力大，这严重影响了自贸区的快速发展。如："负面清单"管理模式备受世人关注，但2013年9月底官方公布的负面清单（第一稿）却相当冗长，其与现行的《外商投资产业指导目录》高度吻合，宛如一份"正面清单"。而早前被寄予厚望的服务业开放，不仅鲜有突破，甚至现行的《外商投资产业指导目录》中没有列入禁止类的，在负面清单里却列为禁止项目，如禁止直接或间接从事和参与网络游戏运营服务；禁止投资经营性教育机构。

（二）相关行政审批制度的法律条文欠缺，有待完善

2004年7月之前，我国有关行政审批项目的专门法律仍是一个空白，关于行政审批的法律条例散布在其他法律条文中，没有统一。我国第一部专门的行政审批法律《行政许可法》自2004年7月1日才正式实施。《行政许可法》实施以来，我国的行政审批制度改革在一定程度上有了法律保障，但仅有一部法律还不够，不足以解决所有问题。特别是我国正在加快建设法治国家的步伐，在行政审批方面，单一法律的基础明显不够，和依法治国理念不符。

西方发达国家在审批制度改革的法律基础方面，经验相对丰富，日本20世纪60年代以后，开始了大规模的行政审批制度改革，曾先后改了7次，生产力得到了极大提升，回顾这一系列改革，可以发现，日本的政府管制和行政审批制度有严格的法律基础，如《行政程序法》《关于伴随〈行政程序法〉的施行而清理有关法律的法》等。而美国，管制改革之所以能够顺利开展并取得一定效果，与实行法制先行的方案有关。美国政府为了放松管制，制定了一系列法律作为放松管制的依据。如金融证券领域制定《证券交易修正法》取消股票委托手续费管制；《放松存款金融机关管制和通货管制法》取消存在利率管制。交通运输领域制定《搞活铁路业管制改革方案》放松费用管制；《放松航空货运管制法》放松进入管制和费用管制；《公共汽车管制修正法》放松进入和退出市场的条件。电信领域制定《电信法》取消对市场准入的限制，打破旧格局，允许电信企业提

供任何信息形态的服务[3]。可以看出西方发达国家的立法在政府放松管制的过程中具有重要保障作用。

(三) 行政审批制度改革缺乏监督，成效逐级衰减

我国的行政审批改革历经多次，仍然存在监督不力问题，近期中央更是派出多个督察组分赴各地督察，杜绝政令不畅的"堰塞湖"和"肠梗阻"现象[4]。李克强总理2014年8月27日主持召开国务院常务会议，强调引入第三方评估，强化监督，形成制度。这些措施凸显出国家层面已经认识并正在努力解决这个问题，但最终效果如何，仍有待观察。现阶段国家层面的行政审批侧重于合法性，偏重对人的行为的规定，如：对审批对象的条件、是否与现行法律法规相一致等。而对审批机关的规定比较笼统，这会给相关部门针对审批过程中出现的问题，进行责任追究带来困难；且对已审批对象的经营活动的规定缺乏配套监督制度，这给审批对象创造了侵犯公共利益的便捷渠道，可能会导致公共利益受损。

总的来说，中央政府审批监督体制不健全的表现可以概括为三个方面：第一，审批机关对审批项目缺乏有效监督。重审批、轻监管问题一直没有得到有效解决，中央部委中不少部门往往只批不管，一批了事，对项目执行情况缺乏后续监管，导致已审批项目效益不好；第二，对相关审批人员缺乏监督机制，造成寻租腐败问题。我国的监管制度设计不合理，法律规定的有效监督主体，如人大、政协、司法机关等缺乏有效监督途径，难以开展有效监督，甚至有些领导为了一己私欲，在部门内增设法律法规没有设定的审批项目，这种情况更不易形成真正有效的监督体制；第三，责任追究制度不完善，一旦行政审批项目出现问题，有关责任人或组织难以被追责，政府形象大打折扣。

(四) 组织内部人员思想观念落后，利益集团阻力强大

我国的行政审批制度改革已进入深水区，来自组织内外部势力的阻力越来越大。首先，组织内部工作人员思想观念的落后，严重制约了审批制度改革的力度和成效。"官本位"思想在我国具有悠久历史，传统的自然经济和封建等级制度造就了"官本位"观念根深蒂固，特权思想使审批人员对于新生事物具有先天的排斥心理，特别是与自身利益相关，他们把审

批权作为一种实力的象征。

其次，组织内、外部利益集团阻力巨大，干扰审批制度改革进度。国务委员杨晶（2014）[5]承认，"持续深化改革的任务仍很繁重。一些部门目前取消、下放的审批事项中'含金量高'的项目还不够多，特别是束缚企业生产经营、影响人民群众就业创业创新的事项取消下放不够，企业和群众感到还不够'解渴'。从主观上看，简政放权直接涉及权力和利益调整，也有些部门和工作人员自觉不自觉地从现实利益出发，对应该而且能够放的一些审批权不愿放，即使放也尽量放小不放大、放责不放权、放虚不放实、放内不放外。"利益集团的阻力主要来自组织内部执行者及组织外部特殊受规制者的既得利益者。一方面，中央决策者推行行政审批制度改革的目的是简政放权，其中必然会触及执行者的部门利益。这些部门利益既包括必要的工本费、手续费及经常以换发和重新登记各类证件的形式收取隐形费用，还包括由于非行政许可审批项目的存在，自由裁量权的行使等原因使政府拥有大量"设租"区域以截取个人及部门利益。因此，在改革推行过程中，执行者明面上服从上级政令，但暗地里会最大限度地维护自身部门利益，这就给行政审批制度改革带来了制约。另一方面，组织外部特殊受规制者的既得利益者[6]为了自身利益，不仅不愿意接受审批制度的弱化，而且会期望审批机制提高市场准入门槛，维护自身垄断地位。因此，中央政府在大刀阔斧进行行政审批制度改革时，特殊受规制者必然会采取措施制约改革，避免自身利益受损。两方面主体的合力围剿，迫使国家层面的审批制度改革面临严峻挑战。

三、政策建议

在我国建设法治政府的背景下，国家层面的行政审批制度改革面临着严峻形势。问题摆在面前，"开弓没有回头箭"，只有继续深化改革，迎难而上，突出重围，才能完成国家转型、构建服务型政府，促进经济社会和谐繁荣发展。面对行政审批制度改革进程中的困境，本文认为可以有针对地寻找着力点，实施突破策略。

(一) 中央政府鼓励地方试点，积极探索政府、市场与社会三者的边界，支持市场型政府的构建

行政审批制度改革是一项牵一发而动全身的系统工程。为了能够实现改革目的，政府、市场和社会的关系界定是核心。中央政府直接运行新型创新模式的方案不太可取，风险系数太高，而一个行之有效的方案是中央政府鼓励地方政府积极创新，在审批制度改革方面大胆尝试，形成经验，进而推广到全国。近年来，广东顺德、山东泰安和吉林省的尝试都形成了良好社会反响，积累了宝贵经验。

在地方政府不断试点、创新的基础上，政府、市场和社会三者的边界也越发明晰，政府怎么定位？市场空间在哪？社会归宿有哪些？这三个问题的答案慢慢显现。本文认为中央政府一定要鼓励地方试点，在控制风险的前提下，勇于创新，在探索政府、市场与社会三者关系方面总结经验教训，便于中央政府的统筹。

与此同时，国家层面上，中央政府可以尝试在建设服务型政府的基础上，推动市场型政府的构建。让政府主动接触市场，在市场中寻找政府定位，这样有利于行政审批制度改革，提高政府行政效率。市场型政府的界定类似于曼瑟·奥尔森提出的"强化市场型政府"。奥尔森认为政府与市场是一体的，市场繁荣，政府受益；反之亦然[7]。

(二) 加快行政审批制度相关配套法律的出台，建设法治政府，使行政审批有法可依，压缩主观操作空间

建设法治政府已成为中国社会的共识，法治政府的宗旨是"有法可依、有法必依、执法必严、违法必究"。行政审批作为政府职能的一部分，纳入法律规范不可避免。然而我国目前只有专门的一部《行政许可法》规范行政审批制度，这个是远远不够的，且这部法律本身就存在一些问题，杜宝贵、杨学敏（2014）[8]指出《行政许可法》存在行政许可分类不尽合理、行政许可事项限定过于空泛、监管方式不明确等诸多问题。

因此，为了在行政审批领域显现法治政府的宗旨，我国必须加快行政审批法律的增订。一方面，《行政许可法》要尽快修订、完善，弥补法律中出现的漏洞；另一方面，加快制定其他与行政审批制度改革相配套的法

律，为行政审批制度改革保驾护航。此外，行政审批机关要严格遵循相关法律法规进行审批，严禁法律规定之外的审批行为。总之，未来行政审批制度需要始终从法律的高度，用法律的视角来解读、研究和概括行政审批制度改革的经验教训，使成功和成熟的做法合法化，制定有中国特色的行政程序法规，建立能够有效发挥法律权威作用的长效机制，及时构建能够反映时代要求的行政审批程序[9]。

(三) 完善审批制度监督机制，使督察组常态化，承担反腐中巡视组的角色

我国的行政审批制度已经过多次改革，但仍有如此多的问题，一个关键成因就是缺乏监督监察机制。监督行政审批权的任务艰巨而复杂，需要科学周密的制约机制，这样才能保障行政审批权的规范运行。因此必须完善行政审批监督制度，尽快建立长效的监督机制，制约不规范行为。

首先，完善行政审批内部监督机制。要利用以权制权，通过审批权力的适度分散形成制衡。建立健全内部监督机制，对审批程序进行全程监督。明确审批人员的权责，制定严格的惩罚细则，由上级机关或职业监督人员对下级机关的审批人员、审批程序和审批行为实施监督。中央督察组是一个良好实践，可以推广，可以参照中央巡视组定位，日后可以常态化。

其次，要抓紧落实行政审批外部监督机制。不可否认，内部监督存在一定的局限性，要真正落实行政审批监督机制，外部监督机制必不可少。我国的行政审批外部监督主要由专门监督机构与非专门监督主体构成。专门监督机构包括人大、政协、纪检、行政监察、司法机关等，非专门的监督主体包括新闻媒体、人民群众等。需要指出，专门监督机构是常态的，需要强化监督权，督促这些机构认真履行职责。同时，非专门的监督主体的力量也不能忽视，这些主体在我国反腐斗争中作用明显，因此联合他们对我国行政审批进行监督，效果一定不错。

最后，推动行政审批监督机制的法制化。为了能够保证内外部监督主体的监督权力，一定要重视相关监督法律及各类制度的建立和完善。目前我国急需制定一部统一、权威和可操作的行政审批权力监督法。在此基础

上，还需要制定单独的罢免法、追究法、个案监督条例等，配套监督法的实施，实现行政审批监督法制化。

（四）做好"顶层设计"，战略上优化组织结构，冲破"官本位"意识，合理疏导利益集团的阻力

我国国家层面的审批制度改革要获得实质性进展，离不开"顶层设计"，中央政府要具有战略眼光，统筹各部门利益，优化组织结构，培训公务员，有效化解利益集团的集体阻扰。

首先，在充分尊重国务院各部委利益的前提下，继续推动"大部制"改革，将相近的职能或部门整合起来，优化组织结构，降低审批改革的沟通成本。这样有利于提高行政审批的效率，并且可以减少审批改革进程中面临的阻力。

其次，对公务员进行培训，强化服务意识，冲破"官本位"理念。公务员在行政审批管理中承担重要角色，领导、决策、组织、执行、协调，这些能力是每个合格的公务员必不可少的，可以肯定，行政审批制度改革的成败与他们息息相关。要强化对公务员的培训，注重其对"德、能、勤、纪、廉"的全面认识，不断对其灌输服务意识，批判"官本位"传统，使公务员正确定位，认真执行行政审批职责。

总而言之，利益集团阻力强大，为了能够有效推动行政审批制度的改革，中央政府必须做好"顶层设计"，从内部着手，完善自身，冲破利益枷锁，沿着正确的改革之路不断前行。

参考文献

[1] 倪超、徐青. 中国行政审批制度的标准化建构——以新泰市行政服务中心为例 [J]. 安徽行政学院学报, 2013（3）: 85 – 88.

[2] 高小平. 解放思想, 深化行政体制改革 [J]. 中国行政管理, 2013（3）: 7 – 10.

[3] 郑玲. 我国行政审批制度改革研究 [D]. 南京: 南京师范大学.

[4] 第一财经日报. 简政放权改革岂能被人为"截留" [N]. [2014 – 07 – 07]. http://www.gov.cn/xinwen/2014 – 06/17/content_2702088.htm.

[5] 杨晶. 深化行政审批制度改革任务仍很繁重 [DB/OL]. [2014 – 09 – 01]. http://gb.cri.cn/42071/2014/08/27/6891s4669745.htm.

[6] 潘秀珍. 转型期中国行政审批制度改革的利益——制度分析 [M]. 桂林：广西师范大学出版社，2010：78-94.
[7] 曼瑟·奥尔森著，苏长和、嵇飞译. 权力与繁荣 [M]. 上海：上海人民出版社，2005.
[8] 杜宝贵、杨学敏. 中国行政审批制度改革的特点与推进思路 [J]. 行政科学论坛，2014（3）：13-18.
[9] 荣仕星. 关于我国行政审批制度改革的若干思考 [J]. 中共中央党校学报，2004（1）：27-33.

中国公务员的职场去留动机：
职业承诺及其影响因素研究

王　颖　王笑宇[1]

内容提要：职业承诺是指个体对于其所从事职业的态度，本研究通过对在职公务员进行的结构化访谈以及726名公务员的问卷调查发现，我国公务员的职业承诺具有感情承诺、继续承诺和规范承诺三个维度，其中，感情承诺水平最高；影响公务员的职业承诺的因素主要有领导的认同、组织公平感以及工作负荷；不同职务和单位层级、年龄、学历、服务年限的公务员其职业承诺表现出显著差异；进一步的实证分析表明，领导的认同、组织公平感对其职业承诺产生正向影响；工作负荷则会对其职业承诺产生负向影响。因此，可以通过对公务员领导认同感、组织公平感以及工作负荷的影响来提高公务员的职业承诺水平，推进公务员队伍的建设。

关键词：公务员；职业承诺；领导的认同；组织公平感；工作负荷

一、引言

党的"十八大"后，我国反腐工作被提上了前所未有的政治高度，同时"新常态"论断的提出，不仅阐明了"经济新常态"的发展方向，也对"政治新常态"建设提出了要求，加强公权力系统内部人员的清正廉洁建设成为"政治新常态"建设的重要一环。公务员"灰色领域"的利益收入不断减少，而其承受的工作压力较之前相比则有所提高，加之养老保险并

---

[1] 王颖，女，北京师范大学政府管理学院教授、博士生导师；王笑宇，在北京师范大学获得管理学硕士学位，现任职于北京市西城区人民法院。

轨等政策改革使得公务员福利待遇下降。一系列职业环境的变化促使部分公务员心理状态开始发生改变，进而重新审视自己的职业生涯，不少公务员也不再抱定铁饭碗，转而关注新的职业发展机会。与此相对应，一段时期以来，我国多地区出现了公务员离职现象，智联招聘发布的《2015春季人才流动分析报告》显示，政府、公共事业从业人员跨行业跳槽人数比去年同期上涨了34%。另有报道称，虽然2015年的公务员招考人数刷新了历史纪录，但是报名人数和平均竞争比都创下了近五年来的新低。

"辞职潮"与内地新一波官员"下海潮"等一系列现象都表明，新常态下，公务员的职场心态正在发生变化，而了解和分析公务员职场心理变化，对吸引和留住人才，促进公务员队伍建设和提升其在职绩效都非常必要，据国家公务员局的最新数据，中国拥有708.9万名公务员的庞大队伍，而他们的工作绩效和职场动机无疑对提升政府效率和政府形象都是非常重要的。

职业承诺是个体在职业认同的基础上追求职业程度的动机强度，反映了人们与某一职业建立的情感上的联系和对职业的认同，是对职业或专业的投入和对社会规范的内化而导致的不愿变更职业或专业的程度。[1,2]职业承诺能够很好地预测人们对职业的忠诚以及更换职业的行为和工作绩效[3,4]，因此是一个测量和研究职业态度的最合适的变量之一。

本文通过对在职公务员的结构化访谈以及大样本的问卷调查对我国当前公务员的职业承诺结构及影响因素进行探索性分析，在此基础上通过多元回归模型对职业承诺影响因素进行验证分析，从而对中国公务员的职业心理和职业动机的干预提供有针对性的意见和建议。

二、职业承诺影响因素：结构化访谈

本研究抽取了我国不同地区共30位在职公务员进行了深度访谈，其中，河北9人，北京7人，天津4人，陕西4人，广东2人，福建2人，海南1人，西藏1人。访谈问卷采用半开放式问题与开放式问题相结合的方式，主要目的是挖掘影响中国公务员的职业承诺的因素。

（一）领导层面公务员职业承诺主要影响因素

在调查中，当问及"什么使您留在现有的职业之中？"这一问题，受访者提出对于领导的感受、内心所持的对于领导的态度、是否肯定领导的为人、是否认同领导的工作能力和处事方式，是影响个人与职业的联系的重要因素，本文将此部分因素归纳为领导层面中的领导认同。当问及"您对领导的认同或对领导的态度是如何对您产生影响的"时，受访者提到频次最高的词语为"自身工作态度"或"工作积极性"；其次是"职业认同度"，当对领导的工作方式、价值观等表示认同时，个体会更愿意接受领导的指导，更多地参与到工作中来，对直接领导认同的提高也会促进个体对提高对目前自身所从事的工作或职业的认同程度。在下属心中，领导往往在一定程度上代表了组织和职业形象，个人会通过领导的行为来感知和形成对组织和职业的印象和态度。因此，领导认同会进一步上升为对组织和职业的认同感，从而促使个体愿意从事当前的工作。部分受访者表示，领导认同会增强个体对于职业的归属感。当个人感知到的与领导价值观念、意识形态上统一时，会认为自己与领导属于"同一类人"，增强了对领导的归属感，同时也会提高个体对于所处组织和从事职业的归属感，进而提高个体对职业的依赖程度。

（二）工作层面公务员职业承诺主要影响因素

同样地，在调查中，当问及"什么因素影响您对职业的态度？"这一问题，"工作压力大""加班""工作流程繁琐""工作内容重复"等有关工作本身的一些特征也是受访者提到的重要方面，本文将其整合为工作层面的因素，进一步总结发现可归纳为工作负荷角度。在30位访谈对象中，21位表示自身工作负荷较大，5位表示工作负荷一般，4位表示工作清闲无工作负荷。对于造成工作负荷感的原因，受访者分别提到次数较多的为以下几个方面："繁琐性、重复性工作多"；"会议安排多并且会议用时长，占用了大量的正常工作时间，只能利用下班时间完成工作安排"；"会议报告、报表等形式化材料写作工作量大"；"资历轻的公务员需承担大量基础性工作"；"形式化的学习以及考核较多"。工作负荷的影响主要在集中于两个方面。首先，"工作积极性"是受访者提到次数最多的方面，工作负荷会严重挫伤公务员的工作积极性，尤其是在没有薪酬作为补偿的情况下。其次，被受访者提到次数较多的是"工作认同感"，即多数受访者认为过高的工作负荷会降低其对于工作的认同程度。当个体承担了较多的工作任务和工作压力，但是无法从形式化和不合理的工作安排中获得成就感和满足感时，其对于工作的认同程度就会降低，进而影响个体对于工作的依赖感，减少自身对工作的情感付出。

（三）组织层面公务员职业承诺主要影响因素

按照受访者提到的频次排序，日常工作中个体会从"组织对待自己的方式是否与对待他人方式一致"；"获得的薪酬水平是否与自己的付出相吻合，是否与同级别或同期的同事相一致"；"晋升途径是否公平合理"以及'涉及自身利益的事项组织是否重视"我"的想法'四个主要方面来体会自身在组织中的公平感，并调整自身的情感付出。进一步调查发现，受访者提到最多的是"产生消极心态"，即当个体认为在组织中受到不公平待遇时，会产生郁闷和不满情绪，对组织失望，容易产生怨气。这也会进一步极大地降低个人的工作积极性，甚至希望通过脱离当前环境，更换职业来释放不满情绪。"组织认同感"也是受访者提到较多的方面，受到不公平待遇后个体对组织的负面情感增多，认为在同一职业的任何组织中都会是同样的不公平情况且无法改变，进而对公务员这一职业产生消极情感。

三、职业承诺及其影响因素的实证分析

（一）理论假设

领导认同是个体根据领导和下属的关系身份对自我进行定义的一种形式，或是一种归属于领导的知觉[5]，是下属知觉自己与领导的身份交叠的程度。[6]对于领导的认同可以激发下属认知到自我概念中所拥有的与领导相似的价值观，甚至会影响自我概念的行改变。同时，下属认同感一经形成，就会影响下属产生相应的态度和行为表现。[7]

社会认同理论指出，认同是个体形成自我概念的重要过程之一，而这一过程往往需要从与其他个体的关系定位中获得。[8]对大多数人来说领导往往承担着职业代言人的角色。因此，个人对于职业认同的形成多基于对于领导的认同，下属对于领导的情感和态度会直接或间接地影响其对于职业的情感和态度；另一方面，领导认同反映了下属对于领导的个人依赖程

度，[9]领导认同越高则意味着下属对领导的依赖程度越高。不同于西方文化中领导与下属之间关系偏于理性，由于受到儒家文化的影响，东方文化更重视个体与他人之间的关系，上下级之间的相处模式更倾向于家长制，注重忠诚。对于领导的忠诚、信任与依赖会促进个体增强对于团队的忠诚和情感依附，(Shamir，1998)[10]领导认同带来的下属对于领导的职业依附会增强其对所从事职业的职业依附程度，从而增强个体对于职业的职业承诺。因此，本文提出如下假设：

H1：公务员的领导认同与其职业承诺呈显著正相关关系。

工作负荷指的是单位时间内人体承受的工作量，对于工作负荷的主观感知反映了个体处理工作时所需要的能力，当工作需求超过处理能力时，个体就会感知到较强的工作负荷，[11]工作负荷的增加会对个体的身心状态、情感以及态度产生一定影响，尤其会直接影响个体的情绪耗竭。[12]情绪耗竭具体表现为一种职业上的疲劳和厌倦感，同时，当工作负荷增加时，会增加对个体资源的消耗，对其生理与心理造成一定的负担，使得个体易产生疲劳感和消极情绪。而这会使得个体减少自身对于职业的资源投入，从而降低其对组织或职业的职业承诺。[13]

此外，近年来有研究者发现，在公共部门中，个体的工作负荷与其工作满意度联系紧密。高工作负荷会使个体产生紧张感和时间、管理等方面的压力感，这些个体压力感与个体的满意度呈负相关关系，[14]而工作满意度又是影响个体职业承诺的重要因素之一。Meyer (1993)[15]等人的研究结果证明工作满意度与个体的职业承诺、规范承诺都有显著的正相关关系，Irving (1997)[16]等人的研究也同样证明了该结论，并进一步提出工作满意度与职业承诺的相关程度高于规范承诺。因此，本文提出如下假设：

H2：公务员的工作负荷与其职业承诺呈显著负相关关系。

组织公平感指的是组织或单位内的人们对于与个人利益有关的组织制度、政策和措施的公平感受，西方学者对于组织公平感的研究多基于物质资源的分配公平，主要关注与个人与组织基于公平交换原则的工具性关系，[17]公平理论指出，当人们在组织中获得公平体验时，会因为公平合理的结果而心情舒畅；还使得其对组织产生不满情绪，破坏个体对于组织的归属感，当一个人产生了不公平感时会通过发牢骚，泄怨气，甚至放弃工作一走了之的方式进行排解。相反，当个体感到他们能够从组织获得公平的待遇时，就会倾向于在未来工作中好好表现以作为对组织的回报，对于组织产生更强的认同感。因此，个体心理上的不满必然会影响其对于职业的态度和情感认同，降低个体职业的职业承诺。Sieger 等人（2011）[18]的研究也表明，组织公平感与个体的职业承诺呈正相关关系。因此，本文提出如下假设：

H3：公务员的组织公平感与其职业承诺呈显著的正相关关系。

（二）样本与测量

本文以北京市、天津市、吉林省、河北省、陕西省、西藏自治区、福建省、广东省等26个省、直辖市、自治区的在职公务员为样本，通过网络与纸质版两种形式共发放问卷1531份，回收1228份，有效问卷726份，其中449份网络版问卷，277份纸质版问卷。对两种来源的样本进行差异性检验发现，显著性差异存在于样本的年龄、工龄两个方面。网络版本中30岁及以下样本所占比例较纸质版本大，同时工龄较纸质版短。考虑到两种途径所得样本在年龄及工龄上可形成互补，因此在研究中没有对两类样本进行区分。整体来看，男性占61.6%；已婚者占76.6%；50岁及以下的占76%；中国共产党党员比例为71.8%；大学本科及以上占78.7%。职务方面，科级及以上占34.3%。

公务员职业承诺量表采用了 Meyer（1993）[19]所编制的三维职业承诺问卷，同时参考了 Blau 在2003年提出的四维职业承诺问卷，并在此基础上结合访谈内容，对问卷进行了部分删减。对领导认同的测量选用了 Kark 等人（2003）[20]在 Shamir 等（1998）[21]开发的量表基础上进行完善改良形成的量表，Wang 等（2010）[22]，曲如杰等（2010）[23]在研究中都使用了该量表，显示其具有较好的信效度。组织公平感量表采用 Niehoff 等（1993）[24]编制的量表，已有的研究显示其具有良好的信效度。工作负荷量表采用 Kanungo（1982）[25]编制的量表。对以上变量的测量均采用李克特五级量表。

（三）共同方法偏差检验

本研究对共同方法偏差进行检验。本研究对于共同方法偏差的检验采用了两种方法。首先，采用 Harman 单因素检验方法，把所有变量的测量项目一起进行探索性因素分析，设定公因子数为1，结果表明，这一个因素解释变异的 54.77%。在未旋转的因素结构中也未出现一个共同因素。其次，使用潜在误差变量控制法，将共同方法偏差作为一个潜在变量，如果在包含方法偏差潜在变量情况下模型的显著拟合度优于不包含的情况，那么共同方法偏差效应就得到了检验，验证性因素分析结果表明，一因素结构模型的拟合指标都达不到必需的拟合优度，因此共同方法偏差在本研究中通过了检验。

(四) 公务员职业承诺维度检验及差异性检验

1. 公务员职业承诺维度检验

一维模型是指将所有项目均归为一个维度；二维模型是将情感承诺、规范承诺、继续承诺之中两者任意组合作为一个潜变量，另一个维度作为另一个潜变量，共有三种组合形式；三维模型则将感情承诺、规范承诺、继续承诺作为构成公务员组织承诺的三个潜变量；四维度模型则是在三维模型基础上将继续承诺划分为代价承诺与机会承诺两个潜变量，结合职业承诺与规范承诺共同构成了职业承诺。

从检验结果可知，三维模型 GFI、NNFI、IFI、CFI 值均最高，RMSEA 值也低于其他模型，因此，三维模型较一维、二维、四维模型来看是最理想的模型，即公务员职业承诺由感情承诺、规范承诺与继续承诺三个维度构成。

本文在方差齐性检验结果成立的基础上，运用 t 检验对整体样本的感情承诺、规范承诺、继续承诺三个潜变量进行差异性检验，结果显示潜变量均值两两之间均存在差异。其中，感情承诺维度均值最高为 3.64，其次是规范承诺维度为 3.52，最次继续承诺维度均值为 3.31。显示出我国当前公务员职业承诺三维度中，感情承诺程度最高，其次是规范承诺，继续承诺最低。

2. 差异性检验

我们分别从性别、年龄、婚姻、学历、职位等方面对公务员的职业承诺进行了差异性分析。结果表明，规范承诺在年龄、工龄、婚姻状况存在差异。具体来看，年龄在46岁及以上的公务员的规范承诺显著高于其他年龄段公务员；相对应，工龄在26年及以上的公务员具有最高的规范承诺，个体的年龄越大，一般工作年限越长，即在本单位和职业就职时间长，感受到的工作支持感与对组织和职业的认同感较其他年轻公务人员高，根据社会交换理论，年龄大、工龄长的公务员产生的为组织服务，继续留在组织的义务感更高。[26] 就婚姻状况而言，已婚者的规范承诺明显高于未婚者。由于已婚者对于家庭、事业、工作单位等的责任意识更强，更讲求社会准则和规范，善于约束自己，因此已婚者的规范承诺水平更高。

继续承诺在学历方面存在差异，学历高者的继续承诺显著高于学历低者。就我国目前公务员选拔制度来看，学历是考核公务员的一个重要因素，高学历者较之低学历者有更多的升职和自我实现的机会；同时，高学历者在进入职场时对自我和工作的期望值往往高于低学历者，这种期望促使其对工作付出更多，因而高学历者的流动意愿相对较低。此外，受到我国"学而优则仕"的传统思想文化影响，受教育程度高者往往希望走上仕途，成为体制内的一员，因此高学历者的继续承诺较高。

（五）多元回归分析

首先，在控制性别、婚姻、年龄、学历以及职务这些变量的基础上，分别将领导认同、工作负荷、组织公平感作为自变量，分别考察其对职业承诺的三个维度的影响；其次，将领导认同、工作负荷、组织公平感三个变量同时放入到模型中，同时考察三个变量对职业承诺的三个维度的影响。两类模型的检验结果均表明领导认同、组织公平感与感情承诺以及规范承诺呈显著正相关关系，工作负荷与感情承诺以及规范承诺呈现显著负相关关系"。这进一步表明，领导认同、工作负荷、组织公平感是影响组织承诺的变量。

四、建议

第一，领导层面，通过领导者自身能力与领导方式的提升和完善从而获得下属的认同，进而影响其职业承诺。上级领导自身业务上的积累与精通，处理问题的及时与稳妥是令下属认可的关键；上级领导道德情操的高尚，品行的端正产生感染力号召力，是获得下属领导认同感的重要途径，领导者通过自我学习提升业务能力和自我修养，才能更多地获得下属的认同。

第二，进一步深化政治体制改革，完善公务员的工作流程。通过访谈我们了解到，目前我国公务员所感受到的工作负荷主要来自过于繁琐的工作内容。程序化、形式化的工作尤其是准备与参加各种会议占用了公务员大量的工作时间，致使部分公务员只能通过加班来完成其他工作任务。因此，着眼于公务员系统的工作流程进行优化，提高工作效率，为公务人员在工作时间内完成工作任务提供时间保障，可能降低公务员的工作负荷的有效途径。

第三，完善公务员绩效评估体系，增强个体的分配公平感。先需要选择客观公正的考核标准，保证考核的真实性与有效性，不同地区、部门的不同岗位可在结合其特点和职责的基础上，设立个性化的绩效考核项目，建立定量与定性相结合的双重考核指标体系。

第四，拓展上下级沟通渠道，建立有效的对话机制，增强个体互动公平感。有效沟通机制的建立不仅能够提高下属对上级的认同感，同时也是确保个体获得互动公平的关键。主动有效的沟通是组织内部成员相互了解的基本方式，也是领导掌握下属思想动态的重要途径，建立有效的沟通机制和对话机制，尤其是在与个体工作有关的内容上及时沟通，可以使下属充分感受到领导和组织的关心和尊重，从而促使其获得互动公平感。

参考文献

[1] Laurel R Goulet, P Singh. Career Commitment: A Reexamination and an Extension [J]. Journal of Vocational Behavior, 2002, 61 (1).

[2] 龙立荣，方俐洛，凌文铨等. 职业承诺的理论与测量 [J]. 心理学动态, 2000, 8 (4): 39-45.

[3] Meyer, J. P., Allen, N. J. A three-component conceptualizationof organizational commitment [J]. Human Resource Management Review, 1991 (1).

[4] Morrow, P. C., & Wirth, R. E. Work commitment among salariedprofessionals [J]. Journal of Vocational Behavior, 1989 (34).

[5] Pratt M G. To Be or Not to Be: Central Questions in Organizational Identification [J]. Thousand Oaks: SAGE Publication. 1998.

[6] 李晔,龙立荣.组织公平感研究对人力资源管理的启示[J].外国经济与管理,2003(2):12-17.

[7] Kark R, Shamir B, Chen G. The Two Faces of Transformational Leadership: Empowerment and Dependency [J]. Journal of Applied Psychology, 2003, 88 (2).

[8] H Tajfel, JC Turner. The Social Identity Theory of Intergroup Behavior [J]. Psychology Press, 2004: 276-293.

[9] Yan Zhang, Chao C. Chen. Developmental leadership and organizational citizenshipbehavior: Mediating effects of self-determination, supervisor identification, and organizational identification [J]. The Leadership Quarterly, 2013 (24).

[10] Shamir B, Zakay E, Breinin E, et al. Correlates of Charismatic Leader Behavior in Military Units: Subordinates Attitudes, Unit Characteristics, and Superiors' Appraisals of Leader Performance [J]. Academy of Management Journal, 1998, 41 (4): 387-409.

[11] C. D. Wickens. Engineering psychology and human performance [J]. HarperCollins Publishers, 1992.

[12] Maslach C, Jackson SE. Burnout in organizational settings [J]. Applied Social Psychology Annual. 1984 (5): 133-153.

[13] Cropanzano, P., Rupp, D. E., and Byrne, Z. S. The Relationship of Emotional Exhaustion to Work Attitudes, Job Performance, and Organizational Citizenship Behaviors [J]. Journal of Applied Psychology, 2003 (88): 160-169.

[14] Peter P. Groenewegen, Jack B. F. Hutten. Workload and Job Satisfaction among General Practitioners: A Review of The Literature [J]. Social Science and Medicine, 1991, 32 (10): 1111-1119.

[15] [19] Meyer, J. P., Allen, N. J., Smith, C. A. Commitment toorganizations and occupations: Extension and test of a three-componentconceptualization [J]. Journal of Applied Psychology, 1993 (78).

[16] P. Gregory Irbing, Daniel F. Coleman, Christine L. Cooper. Further Assessments of a Three-Component Model of Occupational Commitment: Generalizability and Differences Across Occupations [J]. Journal of Applied Psychology, 1997 (83).

[17] 刘亚,龙立荣,李晔.组织公平感对组织效果变量的影响[J].管理世界,2003

(3): 126-132.

[18] Sieger P., Bernhard F., Frey U. Affective commitment and job satisfaction among non-family employees: Investigating the roles of justice perceptions and psychological ownership [J]. Journal of Family Business Strategy, 2011.

[20] Kark R., Shamir B., ChenG. The two faces oftransformational leadership: Empowerment and dependency [J]. Journal of Applied Psychology, 2003, 88 (2): 246-255.

[21] Shamir B., Zakay E., Breinin E., Popper M. Correlates of charismatic leader behavior in military units: Subordinates' attitudes, unit characteristics, and superiors' appraisals of leader performance [J]. Academy of Management Journal, 41 (4), 387-409.

[22] Wang P, Rode J C. Transformational Leadership and Follower Creativity: TheModerating Effects of Identification with Leaderand Organizational Climate [J]. Human Relations, 2010, 63 (8): 1105-1128.

[23] 曲如杰, 何小明, 高利苹, 时勘. 变革型领导与员工创新: 认同的中介作用 [J]. 人类工效学, 2010: 17-19+4.

[24] Niehoff B. P. Moorman R. H. Justice as a mediator of the relationship between methods of monitoring and organizationalcitizenship behaviors [J]. Academy of Management Journal, 1993, 36 (3): 527-556.

[25] Kanungo RN. Measurement of Job and Work Involvement [J]. Journalof AppliedPsychology, 1982 (67): 341-349.

[26] 周浩, 龙立荣. 共同方法偏差的统计检验和控制方法 [J]. 心理科学进展, 2004 (6): 942-950.

我国公务员懒政行为的博弈分析

王艳涛[1]

内容提要： 从博弈论的视角分析公务员是否有偷懒的行为选择，结论是监察到位与否是公务员是否选择懒政的重要因素。在监察情况下，提高惩罚力度、降低工作成本或者降低监察成本都可以降低公务员偷懒概率。激励机制中只有奖励没有惩罚并不能降低公务员懒政的概率，惩罚和奖励同时使用能够有效降低公务员懒政的概率。

关键词： 公务员；懒政行为；博弈；监察

我国公务员群体数量庞大，2013年达到717.1万人，他们在公共行政和公共服务中扮演着核心角色。[1]而据人民论坛问卷调查中心的调查结果显示：71.7%的受访者在办事时经常有"为官不为"的切身体验。[2]从行政法意义上讲，行政不作为是行政权利与行政责任严重脱节的表现，是一种懒政。懒政这种消极的行政行为已经影响到公务员群体的整体形象，受到了舆论的批评，对公务员懒政怠政等"不作为"的治理亟待加强。

一、公务员懒政原因

公务员懒政有客观原因。客观原因主要是单位职能失调以及人员配备失当。目前我国许多地方存在部门之间管辖权交叉重叠、部门内部职责分工不明的状况。职权交叉导致相关部门往往会站在本部门利益角度打算，对于可以增加利益的事务都竞先主张管辖权，而对于带有服务性、需要支

---

[1] 王艳涛，女，管理学博士，北京大学政府管理学院博士后研究员。

出大量成本、具有挑战性的事务则找各种理由进行敷衍塞责；同样，部门内部职责分工不明也给懒政提供了客观环境。而人员配备失当主要指机构臃肿，人员配额超标，造成"三个和尚没水喝"的局面或者想做也没事可做的情况，冗员过多既降低了办事效率，又滋生了严重的享乐淫逸思想，为懒政创造了条件。

尽管不完善的行政环境为懒政提供了客观的条件，但懒政行为毕竟是出于个人选择，从辩证法角度，主观原因才是内因，才是公务员懒政的主要原因。主观原因，主要有三种，可能是怕担责任，可能是能力不强或者动力不足等。[3]也有人将原因总结为"不敢干""不愿干"和"不会干"三种。两种只是说法不同，含义基本一致。这种分析都是只分析了懒政的表面原因，没有分析出不敢、不愿以及不会干等背后的因素。怕担责任就可以"不作为"吗？每个行业每个工作岗位都有自己的职责，为什么公务员"懒政"较之于其他非公务员性质的工作更普遍呢？原因可能有两种：一是公务员责任更大或者是"作为"的风险大于其他工作；二是即使"不作为"，也依然可以在既定岗位得到既定利益。同样，能力不强就可以"不作为"吗？市场竞争的规则是优胜劣汰，能力不足者如果不能适应工作岗位，应该是被淘汰而不是在其位不谋其政。之所以出现能力不强而"不作为"是因为公务员没有相应的切实有效的淘汰措施和制度，能力不足也在体制内终老。相比较而言，因动力不足而"不作为"可能是最为常见的原因。而动力不足一是因为奖惩机制不完善，干得好得不到应有的奖励，不干也没有相应实质性的惩罚；二是因为公务员内在修养不到位，对于所从事工作的使命感不强导致内在动力不足。

总结上面的分析得出公务员懒政的根本原因有：一是可能公务员工作责任或者风险更大；二是缺乏有效的淘汰制度；三是奖惩机制不完善；四是内在修养不到位。其中前三个原因都是制度问题，第四个原因是公务员自身问题。

二、公务员行为选择博弈

在既定的制度环境下，公务员的行为选择是个博弈的过程，是在与环境中的其他人和组织博弈过程中的最优行为选择。因此本文在前文总结的公务员懒政根本原因的基础上,从博弈论的视角对公务员的懒政行为进行分析。通过博弈分析,既可以展现公务员行为选择背后的心理过程,又能通过对博弈过程的分析,探寻影响公务员行为选择的策略。

在博弈的过程中,如果没有对公务员行为的监察,在工作风险大、淘汰制度缺乏并且奖惩制度不完善的情况下,公务员的最优选择一定是偷懒;而在对公务员行为进行监察的情况下,公务员的行为选择需要综合考虑工作的成本、可能带来的风险、惩罚或者奖励等。结合上文公务员懒政的原因,假设工作会花费成本 g,其中包含了直接的成本和风险成本,工作的收益为工资 w,如果偷懒被发现惩罚为 c,e 表示奖励,具体博弈分为以下四种:无监察环境下公务员行为选择、无奖励措施的监察博弈、有奖励措施的监察博弈、公务员在不偷懒和勤奋工作之间的行为选择。

(一) 无监察环境下公务员行为选择

公务员的博弈行为既发生在公务员与公务员之间,也发生在公务员和监督检查者之间。这里首先分析最简单的情况——没有监察情况下的公务员与公务员之间的博弈。在现实中完全没有监察的情况并不存在,但监察非常不到位或者比较弱的现象却非常普遍,所以本文用完全没有监管来极端化这种情况。

模型假设有两名公务员,公务员 1 和公务员 2;公务员 1 和公务员 2 都有两个策略选择:偷懒和不偷懒。而在没有监察的情况下,是否努力工作都一样获得工资 w。所以如果公务员 1 偷懒,公务员 2 也偷懒,双方收益都为 w;如果其中一名公务员偷懒,另一名不偷懒,则偷懒的公务员收益为 w,不偷懒的公务员收益为 $w-g$;如果两名公务员都不偷懒,双方收益都是 $w-g$。以字母 L 表示偷懒,N 表示不偷懒,支付矩阵如表 1 所示。

表 1 无监察博弈

	L	N
L	w, w	$w, w-g$
N	$w-g, w$	$w-g, w-g$

在此博弈中,对于公务员 1,不管公务员 2 选择偷懒还是不偷懒,公务员 1 的最优选择都是偷懒,偷懒是公务员 1 的占优策略;对于公务员 2

情形相同，不管公务员1的选择是偷懒还是不偷懒，偷懒都是公务员2的最优选择。因此，该博弈存在唯一纳什均衡（L，L），支付为（w，w）。也就是说，在没有监管的情况下，公务员的理性选择都是偷懒。显然，这样的结果将对我国的公共行政和公共服务带来严重的后果，这也更加说明监管是必要的，而现实中不存在完全没有监管的情况。

（二）监察环境下公务员行为选择

存在监管的情况下，博弈的参与人分别为公务员和监察者。公务员的策略选择依然是偷懒（L）或者不偷懒（N），监察者的策略选择是监察（I）或者不监察（NI）。

1. 无奖励措施的监察博弈

首先分析无奖励措施情况下的博弈。对于公务员，如果努力工作会花费成本 g，得到工资或者收入 w；如果偷懒被发现则会受到惩罚 c。现实中对于公务员的惩罚措施包括减薪和其他措施如降职等，为了分析问题的方便，这里假设所有惩罚都换算成货币形式，用收入的减少来衡量。对于监察者，公务员如果不偷懒则为其带来的价值为 v，监察要花费成本 h。假设 $c > g$，$c > h$。博弈的支付矩阵如表2所示。

表2 无奖励措施的监察博弈

	I	N
L	w−c, −(w−c)−h	w, −w
N	w−g, v−w−h	w−g, v−w

在此监察博弈中没有纯策略纳什均衡：如果不监察，公务员偷懒的收益是 w，不偷懒的收益是 w−g，公务员严格偏好于偷懒，因此监察者最好监察。另外，如果监察者选择监察，则公务员偏好于不偷懒（由于$c > g$），这意味着监察者不监察更好。因此，监察者在均衡中必须采用一种混合策略，类似地，公务员的选择也必须随机化。

令 x 和 y 分别表示公务员偷懒和监察者监察的概率。给定监察概率 y，如果一个混合策略 x 是公务员的最优选择，一定意味着偷懒和不偷懒是无差异的。所以得出：

$$(w-c) \cdot y + w \cdot (1-y) = (w-g) \cdot y + (w-g) \cdot (1-y) \quad (1)$$

由式（1）可得：y = g/c。即如果 y > g/c，公务员的最优选择是不偷懒；如果 y < g/c，公务员的最优选择是偷懒；如果 y = g/c，公务员选择偷懒和不偷懒是随机的。

同样，给定 x，如果一个混合策略 y 是监察者的最优选择，那一定意味着监管和不监察是无差异的，所以得出：

$$(-w + c - h) \cdot x + (v - w - h) \cdot (1 - x) = (-w) \cdot x + (v - w) \cdot (1 - x) \quad (2)$$

由式（2）可得：x = h/c。即如果 x > h/c，监察者的最优选择是监察；如果 x < h/c，监察者的最优选择是不监察；如果 x = h/c，选择监察或者不监察是随机的。

监察者的最终目标是降低公务员的偷懒概率，提高公共行政和公共服务的质量和效率。根据 x = h/c，y = g/c 的结果可以看出，要想降低偷懒的概率可以采取三种措施：一是增加惩罚的力度；二是降低监察成本；三是降低工作成本 g。增加惩罚的力度可以直接降低偷懒的期望收益，所以偷懒的概率降低，从 y = g/c 也可以看出，惩罚的力度增加，由于偷懒概率降低，监察的概率也降低；降低监察成本，监察的概率就会上升，监察的概率越大，公务员偷懒的概率就越低，如果监察的概率是 1，公务员会以 0 概率选择偷懒；降低工作成本 g，公务员选择不偷懒的代价越低，偷懒的概率就越低，从 y = g/c 也可看出，g 越小，监察的概率降低，之所以监察的概率低是因为偷懒的概率降低了。

2. 有奖励措施的监察博弈

上面的分析中，只考虑到偷懒惩罚，在现实中，只有惩罚措施显然是不合理的也不公平。所以这里考虑加入奖励措施的情形。公务员群体有一般性也有其特殊性，除了金钱奖励外，还有职位提升等其他手段。为了分析问题的方便，我们假设金钱与其他奖励之间是可以替代的，从而将其他奖励方式转会为金钱奖励，并用 e 表示所有奖励之和。假设 c > h 且 e + c > g。加入奖励的博弈的支付矩阵如表 3 所示。

表3 有奖励措施的监察博弈

	I	NI
L	w−c, −(w−c)−h	w, −w
N	w−g+e, v−w−e−h	w−g, v−w

此博弈同样没有纯策略纳什均衡，公务员和监察者都采用一种混合策略。令 x 和 y 分别表示公务员偷懒和监察者监察的概率。给定监察概率 y，如果一个混合策略 x 是公务员的最优选择，一定意味着偷懒和不偷懒是无差异的，所以得出：

$$(w-c) \cdot y + w \cdot (1-y) = (w-g+e) \cdot y + (w-g) \cdot (1-y) \quad (3)$$

由式（3）可得：$y = g/(e+c)$。即如果 $y > g/(e+c)$，公务员的最优选择是不偷懒；如果 $y < g/(e+c)$，公务员的最优选择是偷懒；如果 $y = g/(e+c)$，公务员选择偷懒和不偷懒是随机的。

同样，给定 x，如果一个混合策略 y 是监管者的最优选择，那一定意味着监管和不监管是无差异的，所以得出：

$$(-w+c-h) \cdot x + (v-w-e-h) \cdot (1-x) = (-w) \cdot x + (v-w) \cdot (1-x) \quad (4)$$

由式（4）可得：$x = (e+h)/(e+c)$。即如果 $x > (e+h)/(e+c)$，监察者的最优选择是监察；如果 $x < (e+h)/(e+c)$，监察者的最优选择是不监察；如果 $x = (e+h)/(e+c)$，选择监察或者不监察是随机的。

通过分析 $x = (e+h)/(e+c)$ 和 $y = g/(e+c)$ 同样得出：惩罚的增加、工作成本或者监察成本的降低都能够降低公务员偷懒的概率。但是奖励 e 的增加对于偷懒概率 $x = (e+h)/(e+c)$ 的影响却有所不同。对于 $x = (e+h)/(e+c)$，如果其他不变只是奖励 e 增加，通过计算发现偷懒的概率反而上升；如果 e 和 c 同时增加，则偷懒的概率降低。分析的结果说明，对于公务员如果没有惩罚措施，而单纯通过激励的方式并不能降低偷懒的概率；在增加惩罚的同时增加奖励可以有效地降低偷懒概率，也更符合现实。

（三）公务员在"不偷懒"和"勤奋"之间的博弈

以上分析可以很好地证实监察对于公务员偷懒与否的重要作用，如果监察的概率是 1，公务员的最优选择是不偷懒，偷懒的概率是 0。然而不偷懒是对公务员的基本要求和期望，我们更期望的是公务员不但不偷懒，还能够更勤奋、更努力、更高质量地完成工作，我们用"勤奋"表示这种情况。当公务员在不偷懒和勤奋之间选择时，监察还能起到决定性的作用吗？下面我们对这种情况作简单的引导性分析。

用 H 表示勤奋，NH 表示不勤奋也不偷懒。勤奋会花费成本 g'，g' > g；给监察者带来价值 v'，v' > v。在不偷懒和勤奋之间选择时，惩罚将消失，因为不偷懒本身表示公务员已经能够完成本职工作，那么监察的作用在于对于勤奋的人实施奖励。支付矩阵如表 4 所示。

表 4　公务员在"不偷懒"和"勤奋"之间的博弈

	I	NI
NH	$w-g, v-w-h$	$w-g, v-w$
N	$w-g'+e, v'-w-e-h$	$w-g', v'-w$

在此博弈中，不管公务员是否选择勤奋，监察者的最优选择都是不监察，不监察是监察者的占优策略。而在监察者选择是不监察的时候，公务员的最优选择是不勤奋（$w-g > w-g'$）。通过这个简单的博弈模型可以看出，在更高层次的工作要求上，由于公务员没有偷懒，所以没有了惩罚措施，而在没有惩罚措施的情况下，奖励并不能提高公务员选择勤奋的概率，这和表 3 有奖励的监察博弈得到的结果一致。在这样的情况下，监察与否的意义也没有公务员在偷懒和不偷懒之间进行选择时那样重要。这说明对于更高层次的工作要求，可能主要依靠公务员自身的内在动机来驱动实现，这也正反映了加强公务员思想政治教育、提高公务员素质的重要性。

三、结论与建议

（一）结论

本文从博弈的角度对公务员的行为进行了分析，得出如下结论：在没有监管的情况下，公务员的理性选择都是偷懒；而在监察情况下，提高惩罚力度、降低工作成本或者降低监察成本都可以降低公务员偷懒概率；只有奖励没有惩罚并不能降低公务员选择懒政的概率，惩罚和奖励同时使用能够有效降低公务员选择懒政的概率；公务员在不偷懒和勤奋之间进行选择时，监察并不能起到决定性的作用。

（二）建议

公务员懒政的原因是复杂的，既有公务员自身的因素，也有制度因素。通过上文中的博弈分析可以看出，监察是否到位以及与监察相连的惩罚和奖励措施是治理懒政的基本措施；公务员的内在动机驱动对于公务员行政和服务水平的提高具有根本性的作用。

1. 明确行使公务员行为监察职责的主体

公务员是党和国家各项决策部署、制度规定的执行者和贯彻者，是行政服务的提供者，各级党政机关负责人、组织部门和人事部门、纪检监察机关以及公务员的服务对象——广大人民群众等都对是公务员行为的监察者。[4] 然而公务员懒政行为不同于其他违法行为，具有一定的隐蔽性，机关负责人和组织及人事部门以及纪检监察机关并不能够时时刻刻监督公务员的行为，对公务员懒政行为的日常监督要依靠服务的接受者——广大人民群众。首先要建立人民群众信息反馈平台。所有行政服务的接受者可以通过信息反馈平台对公务员的行为进行评价，并对认为需要改进的地方进行建议。其次，组织和人事部门认真收集和甄别反馈信息，作为重点监察的重要依据。最后，通过重点监察确认懒政事实的，应该给予严惩。

2. 完善奖惩机制

奖惩机制虽不是万能的，却是治理懒政的基本措施，完善的、合理的、全方位的奖惩机制必不可少。惩戒方面，我国目前公务员奖惩制度中存在着重奖轻罚甚至只奖不罚的倾向，对有些存在缺点毛病的公务员视而不见，主要靠自觉。本文有激励的监察博弈中我们分析得出，只有激励没有惩罚并不能降低公务员选择懒政的概率，所以应该具体规定惩戒种类和标准。惩戒形式可以分为三类：精神惩戒、物质性惩戒和职务性惩戒，具体包括批评、告诫、惩罚、处分、辞退、引咎辞职等。

奖励方面，首先，从整体上提高我国的公务员工资。工资是公务员收入的唯一合法来源，而我国公务员工资水平相对偏低，且增长缓慢，依靠工资收入，公务员很难过上与其学历和能力相适应的体面生活，因此造成心理落差，也很难带来职业成就感和满足感。其次，完善公务员激励机制。激励同样包括精神激励、物质激励和职务性激励。这三种激励形式应该综合应用，其中物质激励应该常态化。人们容易强调公务员群体的特殊性，认为物质激励对于公务员不会也不应该起到明显的作用。然而公务员首先是其一般性即跟普通职业一样的性质然后才是其特殊性。物质激励在其他行业都是最为常用也最直接有效的手段，在公务员这个群体中一样可以发挥它的巨大作用。精神激励不同于物质激励，它发挥作用需要公务员主体有很强的职业认同感和对所从事职业的荣誉感，满足了这样的内在，才会真正在乎精神激励。职务性激励属最高激励，对所有公务员都有很强的激励性，但职务性激励大规模、经常性使用受到限制。所以应该综合运用三种激励。

3. 加强公务员思想政治教育，提升公务员行为的内在驱动力

对公务员的思想政治教育要体现人文关怀。传统的思想政治教育主要以灌输为主要手段，在日常的思想政治教育工作中，向公务员灌输的几乎都是空洞的大道理，很少与公务员在思想和情感方面进行交流，忽视公务员情感心理需求，也忽视对公务员感情的培养。首先，应该尊重公务员的主体性。在思想政治教育中，树立平等、民主的观念，以民主方式来解决公务员自身的问题。以公务员而不是思想教育者作为主体，倾听他们内心的声音，帮助他们解决思想认识方面的困惑。其次，思想政治教育应该考虑到公务员的差异性，区别对待。[5]公务员是分不同层级的，针对公务员的层次性，就要求在进行思想政治教育时，从教育对象的特点出发，区分形势、环境、个人情况及所存在的问题的差异，区别对待。

参考文献

[1] 张国清. 惩治懒怠者：中国政治改革将迈出重要一步 [J]. 人民论坛, 2015 (15)：29-31.

[2] 人民论坛"特别策划"组. 官员懒政原因调查 [J]. 人民论坛, 2015 (15)：12-13.

[3] 陈文权, 许可. 治理地方政府官员"懒政"的对策探讨 [J]. 中国行政管理, 2015 (9)：155-156.

[4] 任建民,刘旭涛,刘志光,等.官员懒政的治理对策[J].人民论坛,2015(15):32-43.
[5] 黄春莹.我国政府公务员思想政治教育中人文关怀的缺失及对策[J].辽宁行政学院学报,2010,12(11):31-32.

基层公务员胜任特征模型的实证研究[*]

于海波　晏常丽　许春燕　周霞　薛淑娅[❶]

内容提要：在政府改革日益深入的当今中国，基层公务员的能力建设成为深化改革、提高政府效率的核心问题。在全国基层公务员中发放167份开放式问卷，得到1188条基层公务员的工作表现。在开发编码框架、练习和正式编码后，结果表明，我国基层公务员的胜任特征模型是一个由四个方面构成的C2PM模型：政治素质、个人特质、工作能力、人际处理。这个结果突破了国内的领导理论范畴，符合我国公务员的工作特性。

关键词：基层公务员；胜任特征模型；政治素质；个人特质

在全球化的当今世界，各国综合国力的竞争日趋激烈，行政改革浪潮席卷全球，这对我国公共部门的目标和使命提出了更高的要求，"小政府、大社会"将成为政府转型的方向和目标，公务员是政府最重要的资本和资源，是国家机关的代表，是政府职务的执行者，其素质高低直接关系着党政机关的作风建设，直接反映了国家机关的形象声誉和行政效能，直接影响着政府改革的成败和公众的行为导向。国际大气候、大环境要求我国政府的管理效能要更快地前进，国内新时期、新任务要求公务员队伍的整体素质要更高的提升，因此公务员能力建设已成为政府工作中的一项重要议

---

[*] 本文为教育部人文社会科学研究一般项目和全国教育科学"十一五"规划教育部青年项目阶段成果。

[❶] 于海波，男，北京师范大学政府管理学院教授、博士生导师；晏常丽为北京师范大学政府管理学院博士研究生；许春燕和周霞获得北京师范大学管理学硕士学位；薛淑娅为北京师范大学政府管理学院硕士研究生。

题，迅速提高公务员的能力已成为政府迫在眉睫的大事。

2004年10月召开的十六届四中全会上，党中央总结了我们党55年来的执政经验，提出了加强执政能力建设的指导思想；2013年11月召开的十八届三中全会提出了全面深化改革必须加强和改善党的领导，提高党的领导水平和执政能力。十届全国人民代表大会常务委员会第十五会议，通过颁布了《中华人民共和国公务员法》（以下简称《公务员法》），对提高公务员的素质能力提出了具体要求。遵照《公务员法》的要求，人事部制定了《公务员通用能力标准框架》，把公务员的能力素质具体细化为九项标准。然而此类标准是一个通用标准，对不同层次的公务员来讲其适合性需要探究；而且此标准更多是基于培训需要而划分的，没有经过科学的实证研究。

古语说："官贤则民先受其利，官不仁则民先受其苦"，加强公务员能力建设，是治国理政的一件大事。公务员核心能力建设是一个广阔的课题，它包括许多内容，基层公务员素质模型的建立，能为开展基层公务员能力建设奠定一定的理论基础，从而为建设高效、服务、创新型政府作出贡献。从长远角度来看，加强公务员核心能力素质建设，对于党的执政能力建设和治国理政的水平，对于发展社会主义民主政治和政治文明，都有着深刻而长远的意义。

近年来关于素质模型的研究层出不穷，可谓是"百花齐放"、"百家争鸣"。已有的研究大多集中于企业环境，关注企业的中高层管理者和核心员工，对政府机关公务员的个案分析研究较少少。本研究在尝试在搜集基层公务员关键工作行为的基础上构建基层公务员胜任特征模型，并且给出具体的行为参考，以期为政府机关公务员的胜任特征模型提供借鉴思路。

一、文献综述

（一）概念的界定

胜任特征模型（Competency Model），在国内的翻译不尽相同，如能力模型、资质模型、胜任素质模型、胜任力模型等，就是为完成某项工作，达成某一绩效目标所要求的一系列不同素质要素的组合，包括不同的动机表现、个性与品质要求、自我形象与社会角色特征以及知识与技能水平。胜任特征模型的研究始于20世纪60年代，第一个胜任特征模型的是哈佛大学教授麦克里兰所创办的咨询公司为美国国外服务机构的信息官甄选所开发出来的胜任特征模型，该公司经过多年的积累和总结，提出了21项通用能力模型。基于此研究，对许多企业或政府他们又开发出了具体的胜任特征模型，建立了丰富的胜任特征模型库，同时还开发了大量的胜任特征评价问卷，并配有评价反馈和配套的胜任特征发展指导手册。Hay Group公司也开始关注和建立与管理者的管理能力的素质模型。美国人际决策国际公司在总结以往20多年的研究成果的基础上，开发出管理技能测评系统，明确管理人员的技能结构，并提供相应的技能辅导与培训方法。

核心胜任特征模型的研究成果除应用于企业中外，在公共教育和政府行政管理中也得到了应用。1990年美国发起领导效率工程，主要聚焦在公共管理领域，研究对象包括了2万个管理者、监管者和主管，提出27种领导胜任特征，是迄今为止美国最大的政府胜任特征模型研究项目，对联邦主管的培训和发展有宽广的影响。澳大利亚国家培训局认证的新西兰国家资格证书体系（National Qualifications Framework，NQF）也是这个时代背景的产物。英国政府致力建设英国国家职业资格体系（National Vocational Qualification，NVQs），还为其公务员培训建立了"能力本位"系统，将公务员的胜任特征分为领导和指导、管理与沟通、自己本身三个大层次和九个小层次，是西方国家公务员胜任特征实践中比较有代表性的胜任特征培训体系。

（二）国内外对公务员胜任特征的研究

1. 国外公务员胜任特征的研究

在国外公共部门中，胜任特征模型主要运用于公务员的选拔、培训开发、考核等诸多领域。英国、美国、澳大利亚、法国、荷兰等国政府都非常注重公务员素质模型的开发和建立。下面对美国、英国、澳大利亚三个国家进行详细的介绍评述。

（1）美国。

美国政府采用问卷法、关键事件访谈法、小组讨论法获得公共管理者的工作信息，包括具体的工作任务、工作中所需的知识和技能、完成工作的关键行为等要素，针对基层、中层、高层行政人员建立了不同的素质模型，并配合各项政策和管理使得模型的应用得到保障，表1是美国高级公务员素质模型示例。

表1 美国高级公务员的素质模型[1]

核心任职资格维度	具体能力
领导变革（leading change）	1. 持续学习的能力 2. 创新能力 3. 把握外界环境变化的能力 4. 接受变革的适应能力 5. 服务动机 6. 战略思维能力 7. 前瞻性 8. 克服压力的能力
领导他人（leading people）	9. 冲突管理能力 10. 管理文化差异的能力 11. 廉洁与诚实 12. 团队领导能力
成果驱动（results driven）	13. 责任心 14. 顾客（公众）服务能力 15. 果断力 16. 问题解决能力 17. 技术与专业能力
业务敏锐性（business acumen）	18. 资产管理能力 19. 人力资源管理能力 20. 科技（知识）管理能力
关系建立/沟通 （building coalitions/communication）	21. 说服与协商能力 22. 口头沟通能力 23. 人际互动的技巧与能力 24. 关系建立能力 25. 文字沟通能力 26. 政治洞察力

---

[1] 李明斐：《公务员胜任力模型的构建与检验研究》，大连理工大学博士学位论文，2006年。

(2) 英国。

英国政府制定的高层公务员素质模型包括六种能力：战略性思维、提供目标与方向、创造个人影响、鼓励他人、学习和提升、关注多样性。每一项能力都有若干条积极或消极的行为描述。表2是关于英国高级文官核心能力要素的示例。

表2 英国高级文官核心能力要素❶

能力维度	核心能力
指挥	1. 领导力 2. 战略思考与规划 3. 绩效管理
管理与沟通	4. 员工管理 5. 沟通 6. 财务与其他资源的管理
个人贡献	7. 个性特征 8. 思考力、创造力与判断力 9. 专业知识

(3) 澳大利亚。

澳大利亚政府则提出了五项核心胜任力标准框架：引领组织思考和个人思考、道德及性格表率、有影响力的沟通、培养强有力的工作关系、运行与管理。表3是澳大利亚高级主管领导能力架构的示例。

表3 澳大利亚高级主管领导能力架构❷

能力维度	核心能力
引领组织思考和个人思考 (leads organizational and individual thinking)	1. 战略思维能力 2. 学习能力 3. 逻辑和创新思维能力 4. 目标导向

---

❶❷ 李明斐：《公务员胜任力模型的构建与检验研究》，大连理工大学博士学位论文，2006年。

续表

能力维度	核心能力
道德及性格表率 (exemplifies personal drive and integrity)	5. 职业素养 6. 责任意识 7. 自我完善 8. 乐观主义
有影响力的沟通 (communicates with influence)	9. 表达能力 10. 谈判协商能力
培养强有力的工作关系 (cultivates strong working relationships)	11. 外部关系维护 12. 尊重个人差异性和多元化
运行与管理 (delivers outputs to achieve outcomes)	13. 知识管理 14. 执行能力 15. 监控能力

2. 国内公务员胜任特征的研究

中国自古代就有了官员的选拔与考评，古代人才测评主要考察官员的德、才、勤、绩。自胜任特征模型的概念提出以来，我国对公务员胜任特征也进行了卓有成效的探索。

2003年，国家人事部制定《国家公务员通用能力标准框架》，把公务员的胜任特征具体细化为九项标准，分别是政治鉴别能力、依法行政能力、公共服务能力、调查研究能力、学习能力、沟通协调能力、创新能力、应对突发事件能力、心理调适能力。这一标准框架从整体上对公务员的能力给出了统一的要求，对政府机关构建公务员能力框架具有一定的指导意义。

随后，一些地方政府如广州、重庆等也提出了党政领导干部和公务员的能力标准，也有一些省市如北京、陕西、山西等还对公务员的能力培训需求进行了调查研究。2003年3月至12月北京市委组织部、市人事局与中国人民大学劳动人事学院合作了一个课题"北京市区县局级党政领导人才素质模型研究"。2004年初，上海公共行政与人力资源研究所的相关课题组完成了《上海市国家公务员能力素质标准研究》，针对不同层次的行政人员制订了一套涵盖了100多项能力素质的指标体系，提出了建设能力本位的管理理念。

3. 小结

总之,中西方主要存在两点差异:(1)国外的研究方法更加多样,理论基础更为扎实。国外在进行研究时,大都注意采用行为访谈、关键事件、问卷调查、工作分析等多种方法来完成模型的构建,研究方法相对科学,论据也相对有力。然而,国内研究种对研究方法的重视不够,实证研究更加缺乏,导致所制定的模型概括性较强,然而指导性不足。(2)国外的研究更加注重职位和职级的不同,而国内的研究成果是"大一统"的成果。事实上,不同层级的公务员,其工作对能力素质的要求是不一样的,因此,国外针对具体层级制定的公务员素质标准,能够与部门特点、岗位职级等紧密结合,更加注意了在个例的应用,更有细节意识。

所以,在构建我国公务员胜任特征模型时,需要注意几点。第一,在模型构建中,遵循个性化原则,重视不同层级对需求的影响。第二,采用科学论证方法,运用问卷和访谈形式,逐步构建素质模型。第三,模型给出具体行为示例,使其更具有行为导向,为公务员的从政行为提供参考。因此,本研究将通过实证研究的方法建构基层公务员的胜任特征模型,以便为基层公务员的管理和开发提供可供借鉴的框架。

二、研究方法

(一)被试与研究工具

在全国多个省市基层公务员中发放 167 份开放式问卷,得到 1188 条基层公务员的工作表现,这个调查样本包括华北、华中、华东、西南、西北等地区,具有一定的代表性。

由于本研究是初步探究,所以采用开放式问卷的方法来搜集资料。开放式问卷的题目是:"您认为您身边的优秀公务员有哪些典型的行为,每个人至少写出 8 条。"调查样本为北京师范大学政府管理学院的 MPA 学员,以获取优秀公务员的典型的工作行为信息。

(二)编码过程

本研究采用专家编码的方法来建构模型,具体编码过程分为三步。

第一步，建构编码框架。首先对开放式问卷所得到的行为信息进行总体分析，经过多次专家会议和多次反复，收集到的行为信息可大致分为四个方面：政治素质、工作能力、个人特质、人际处理。由此，在专家充分讨论的基础上，形成下面的编码框架。编码框架如表4所示。

表4 编码框架

素质组	素质项
政治素质	政治敏感性
	依法行政
工作能力	公共服务
	专业方面（经验、知识技能）
	模范带头作用
	调查研究
	学习
	创新
	自我（认识、控制、调节）
	热爱本职工作（敬业）
	公文处理
	执行能力
个人特质	身体素质
	道德素质
	敬业
	积极主动
	廉洁自律
	责任感
	果断
	压力管理、心理素质
	突发事件管理
	全局意识（含计划）
人际处理	沟通能力
	人际关系
	组织协调
	团队合作

第二步，编码训练与正式编码。对编码者进行编码框架的解释和讨论，在确定对行为信息进行主体分析，区别每条信息体现的素质能力是什么，将相似意义的能力描述归为一类，用统一的符合公务员语言习惯的方式提炼、初步归纳和命名。

第三步，编码结果统计。根据频次统计分析，得到本研究的基层公务员的胜任特征模型，它包括四个方面：个人特质、政治素质、工作能力、人际处理。

三、编码结果

（一）编码框架指标的统计结果

表5是编码的总体结果，结果显示，按频次多少或方面的重要，基层公务员的胜任特征模型包括四个方面，依次是个人特质、工作能力、人际处理、政治素质；同时每个方面都是由不同数量的胜任特征指标构成。

表5　公务员胜任特征模型的概况

简写	方面	胜任特征数量	频次
C	个人特质	12	405
P	工作能力	9	382
M	人际处理	4	175
P	政治素质	2	93
综合		27	1055

（二）各指标的频次统计结果

各指标的编码频次如表6所示，结果显示，诸如敬业、学习能力、公共服务、专业、沟通能力、廉洁自率等方面是基层公务员特别需要的，也是特别需要的胜任特征。

表6　基层公务员胜任特征模型指标的编码频次

	素质项	频次
个人特质	敬业	123
工作能力	公共服务	82
工作能力	学习	76

续表

	素质项	频次
工作能力	专业方面（经验、知识技能）	73
人际处理	沟通能力	62
个人特质	廉洁自律	58
个人特质	责任感	49
政治素质	政治敏感性	48
工作能力	创新	46
政治素质	依法行政	45
人际处理	组织协调	45
人际处理	团队合作	41
工作能力	调查研究	35
个人特质	道德素质	34
个人特质	积极主动	33
人际处理	人际关系	27
工作能力	执行能力	23
工作能力	自我（认识、控制、调节）	22
个人特质	突发事件管理	20
个人特质	全局意识	18
个人特质	谦虚谨慎	18
工作能力	公文处理	16
个人特质	身体素质	14
个人特质	压力管理、心理素质	14
个人特质	果断	13
个人特质	宽容大度	11
工作能力	模范带头作用	9

（三）基层公务员胜任特征模型

根据编码专家的一致讨论，我们对基层公务员胜任特征模型的结构按照频次数量划分为关键的胜任特征和一般的胜任特征，结果如表 7 所示。结果表明，对基层公务员来讲，有 18 个胜任特征是关键的，而其他的 9 个是一般的素质要求。

表7　基层公务员胜任特征模型分类框架

	关键（20次，18个）	一般（20次以下，9个）
个人特质	敬业、廉洁自律、责任感、道德素质、积极主动（5）	突发事件管理、全局意识、谦虚谨慎、身体素质、压力管理、果断、宽容大度（7）
工作能力	公共服务、学习、专业、创新、调查研究、执行、自我控制（7）	公文处理、模范带头（2）
人际处理	沟通、组织协调、团队合作、人际关系（4）	
政治素质	政治敏感性、依法行政（2）	

四、分析和讨论

（一）基层公务员胜任特征模型

本研究得出的基层公务员4个方面27个胜任特征的胜任特征模型。

与国外已有的领导理论结果比较，20世纪密西根大学得出领导由PM两个方面构成，本研究结果已经远远超越了其研究结果。其原因还应该归结于文化的不同，在法制文化比较浓厚的西方国家，管理者在工作中只需要重视工作和人两个方面就基本符合工作要求；当然随着企业伦理在西方社会经济发展中的提出，国外在衡量管理和领导时也越来越重视个人方面因素了，这就是本研究所强调的C因素。

与凌文辁等在20世纪80年代得出的CPM理论相比，本研究结果强调了政治素质。这主要是由于对象的不同。凌文辁教授等得出的结果更多是在企业领导人的基础上提出的模型，当然他们的结果已经超越了西方的PM理论。而本研究的结果又超越了他们的结果，特别强调了基层公务员的政治素质这个方面。

与国家现行的公务员9项能力标准模型相比，已经远远超越了其概括的9个方面的素质，而本研究得出的模型是完全的自下而上的思路得出的模型，更符合公务员工作的实际情况。

（二）基层公务员胜任特征模型的应用价值

本研究得出的基层公务员胜任特征模型对于基层公务员的人力资源管

理具有重要的价值，主要体现在以下四个方面。

（1）招聘选拔的起点。基于素质模型的选拔，将候选人素质和岗位需求联系起来，使政府部门能够合理的获取、使用人才提供依据，同时帮助政府部门更加清晰的衡量选拔结果，从而保证人力资源得到合理配置。

（2）培训开发的源泉。经过对员工现状与素质要求之间的差距分析，据此制订相应的培训计划，设计培训项目与课程，并对员工素质的改进与提升提供指导。

（3）绩效考核的指南。素质模型可为考核提供科学、准确、公平的依据，引导考核计划的制定、考核过程的指导、反馈和评估，使得考核结果更加有力、合理，发挥最大的行为引导效果。

（4）职业生涯规划的基点。经过与素质模型的对比和自身素质的反省考量，公务员可以依据自身的素质特点，结合部门需求，培养自身优势，有的放矢的规划个人成长路径。

（三）本研究的贡献和创新性

本研究以开放式调查问卷为主要研究方法，通过频次分析，初步得出了我国基层公务员的胜任特征模型。但是该研究得出的模型，可以继续通过问卷调查和实际应用于基层公务员选拔、培训等方面来进一步验证其科学性；另外，将来也可以通过调查等方法来建构我国基层公务员胜任特征模型的测量问卷，以便为测量其胜任特征提供科学的工具；同时，也可以通过大量的实证研究建构基层公务员胜任特征模型词典，以便真正为基层公务员的人力资源开发和管理提供可操作性的参考工具。

参考文献

[1] 滕玉成，俞宪忠. 公共部门人力资源管理 [M]. 北京：中国人民大学出版社，2003.

[2] 彭剑锋. 人力资源管理概论 [M]. 上海：复旦大学出版社，2005.12.

[3] 方黎明. 政治鉴别能力 [M]. 北京：人民出版社，2005.10.

[4] 蔡芸. 创新能力 [M]. 北京：人民出版社，2005.10.

[5] 何修良. 依法行政能力 [M]. 北京：人民出版社，2005.10.

[6] 卢涛. 应对突发事件能力 [M]. 北京：人民出版社，2005.10.

[7] 鲁法涛. 调查研究能力 [M]. 北京：人民出版社，2005.10.

[8] 任洁. 公共服务能力 [M]. 北京：人民出版社，2005.10.

[9] 徐颖. 学习能力 [M]. 北京：人民出版社，2005.10.

[10] 舒放，王克良. 国家公务员制度教程 [M]. 北京：中国人民大学出版社，2001.

[11] 罗宾斯著. 孙健敏，李原译. 组织行为学 [M]. 北京：中国人民大学出版社，1997.

[12] 赵乃才. 公务员能力培训及其效果研究 [J]. 行政论坛，2002.

[13] 吴建刚. 国家公务员通用能力教程 [M]. 北京：中国人事出版社，2004.

[14] 方永平. 行政处级干部的管理能力结构及其特征分析 [D]. 杭州：浙江大学.

[15] 宋蝉蓉. 企业中层管理人员胜任特征初探 [D]. 广州：暨南大学，2003.

[16] 金杨华. 人力资源胜任特征的情景评价与效度研究 [D]. 杭州：浙江大学. 2003.

[17] 李明斐. 公务员胜任力模型的构建与检验研究 [D]. 大连：大连理工大学. 2006.

[18] 能力为本，制度为先—公务员制度和能力建设座谈会纪要 [J]. 中国行政管理，2003（12）：20-23.

[19] 伏燕，刘兰华. 我国公务员胜任素质建设的制度探索 [J]. 北京行政学院学报，2013（3）：167-170.

[20] 陈芳，鲁萌. "能力席位"视角下公务员绩效考核三级指标体系研究——以湖北省省直机关公务员为例 [J]. 中国行政管理，2013（11）.

[21] 梁丽芝，李磊. 公务员能力建设研究图景及其演进历程 [J]. 中国人力资源开发，2016（16）：48-53.

[22] 章小波，张凯丽. 创新驱动下地方政府人员胜任力模型的构建研究——基于A区政府机关领导与非领导职位胜任力模型的实证分析 [J]. 领导科学，2017（5）.

[23] 王重鸣. 管理心理学 [M]. 北京：人民教育出版社，2001.

[24] 彭剑峰，饶征. 基于能力的人力资源管理 [M]. 北京：中国人民大学出版社，2003.

基于领导力的员工主动性
提升路径及管理策略

董振华[1]

内容提要：提升员工主动性可以使组织有效应对未来不确定性的挑战，可塑的员工主动性行为对组织具有积极意义，在组织内部同时存在着阻碍和促进员工主动性的因素，组织内部的管理者可以借助领导力通过团队和个体层面影响员工的主动动机和能力，进而促进个体主动性目标调节，最终影响作为结果变量的个体工作绩效。

关键词：领导力；员工主动性；提升路径

当今组织面临的环境和任务的不确定性逐渐增加，来自外部竞争的压力使得企业员工要面对来自外部竞争者的挑战，更快的创新速度要求具有创新性想法的理念设计者和实践者都要有较高的主动性，因此为了有效地应对未来不确定性的挑战，组织需要更加重视员工在工作中的主动性。

一、主动性的内涵

主动性可以分为个体差异取向、行为取向和过程取向，在组织中更需要提倡具有可塑性的主动性，即行为取向和过程取向的主动性，因此，在本文中所涉及的主动性主要是指行为和过程取向的主动性。主动性行为是个体自发地、有预见性地改变或改善情境或个体自己的一种行为。在组织

---

[1] 董振华，女，北京师范大学政府管理学院博士研究生。

中员工产生主动性行为的目的是实现情境或个体自身的改变，包括改变情境（引入新的工作方法，影响组织策略，如建言、积极寻求反馈）和/或改变个体自身（学习新技能以应对未来工作需求、创新、主动社会化、承担责任），这些改变强调未来导向和变革导向。过程取向的主动性把主动性分为主动目标生成（愿景和计划）和主动目标努力（执行和反思）[1]，目标生成包括为实现前瞻性目标而设定的愿景及计划；目标努力包括实现目标的具体步骤，如面临困难气馁，对行为及结果的反思。过程取向的主动性主要侧重主动性行为的目标生成及执行过程。

已有研究发现主动性行为有多种不同形式，至少可以分为三大类，分别有各自不同的影响目标。第一大类是旨在掌控或者使内外组织环境发生改变的主动行为，包括掌控行为、进谏行为、个体创新方法的使用、问题预防。第二大类是旨在改变组织战略使其与组织外部环境匹配的主动性行为。例如，个体会向管理者提出影响组织战略的重要议题，让管理者关注外部环境，及早推出新产品和服务，形成竞争优势。第三大类是主动的个体—环境匹配行为，旨在让自己的贡献（技能、知识、价值、偏好）与组织环境更加吻合。例如通过询问或观察的方式来寻求自己的绩效反馈。通过这些行动，个体能够提高自己在组织内的绩效。这类的主动行为还包括员工对工作环境的塑造，以确保其能力和价值得以发挥，实现供给—价值匹配（supplies－values fit），如工作重塑（job crafting），即个体改变自己的任务、角色和关系来获取更多的工作价值感和满足感。已有研究表明员工的主动性行为对组织具有积极意义，如可以提升组织工作绩效[2]，引起组织创新[3]等。

---

[1] Parker, S.K., Bindl, U.K., & Strauss, K. (2010). Making things happen: A model of proactive motivation. *Journal of Management*, 36, 827－856.

[2] Thomas, J.P., Whitman, D.S., & Viswesvaran, C. (2010). Employee proactivity in organizations: A comparative meta－analysis of emergent proactive constructs. Journal of Occupational and Organizational Psychology, 83, 275－300.

[3] Gumusluoglu, L., & Ilsev, A. (2009). Transformational leadership, creativity, and organizational innovation. Journal of Business Research, 62 (4), 461－473.

二、组织内部员工主动性的影响因素

（一）组织内部员工主动性的阻碍因素

虽然员工的主动性对组织具有积极意义，但是，员工在组织内部表现出主动性通常会遇到来自自身、他人，特别是管理者的阻碍。

首先，对个体来说，表现出主动性会具有心理冒险性，过于强调变革会引起他人的排斥，且如果主动的努力一旦失败了，还会招致他人的指责。

其次，管理者会给员工主动性生成带来一定的压力，如在等级性组织中，管理者的权威高于员工，员工要服从管理者的安排，表现出主动性行为会有冒犯管理者的嫌疑。另外，管理者的某些偏见也会阻碍员工的主动性，如管理者的验证性偏差（指人们容易倾向于记忆符合他们价值观的事）使其只关注符合他们自己认知范围的事情[1]，而不去关注员工提出的主动性建议。

最后，由于员工的主动性关注的是长期性发展，但在很多情况下组织只强调对问题的短期应对。例如，Repenning 和 Sterman 的研究发现，管理者一般认为下属努力工作是提升绩效的关键，为了达到这个目的他们会采用严格监督和控制的手段管理他们的员工[2]。所以，由于这些原因，管理者不鼓励、忽视甚至还会阻止员工的主动性。

（二）组织内部员工主动性的促进因素

在员工主动性受到阻碍的同时，已有研究也发现管理者的赏识、鼓励及对新想法、新创意的支持对员工的主动性有促进作用。管理者的支持和授权行为可以预测员工不同形式的主动性行为，如在非评价的气氛中鼓励下属自由表达想法，鼓励员工参与，使员工获取更多信息，对员工的优秀

---

[1] Ashford, S. J., Sutcliffe, K. M., & Christianson, M. K. (2009). Leadership, voice, and silence. In J. Greenberg & M. S. Edwards (Eds.), *Voice and silence in organizations* (pp. 175 – 201). Bingley, England: Emerald Publishing Group.

[2] Repenning, N. P., & Sterman, J. D. (2002). Capability traps and self – confirming attribution errors in the dynamics of process improvement. *Administrative Science Quarterly*, 47, 265 – 295.

绩效给予奖赏，可以预测员工提供的奖励性建议的数量、创新行为、个人主动性及主动性服务绩效[1]。管理者的领导风格对员工的主动性具有积极影响，如变革型领导（树立清晰的愿景，提供个性化支持，激发思维，诚实可靠）与员工创新有积极相关，与组织导向的积极性（提出解决公司问题的建议）以及人际导向的主动性（如帮助和指导新同事）积极相关[2]。

基于上述关于员工主动性影响因素的分析，在组织中，如果管理者希望通过调动员工的主动性提高组织绩效，就需要采取合理有效的策略和方法培养员工的主动性，激励下属产生积极行动的意愿并增强其主动的执行行为。

三、管理者对员工主动性的影响路径

澳大利亚学者 Parker 整合已有研究提出了基于管理者领导力的员工主动性行为生成模型（见图1）[3]，该模型的自变量是领导力，因变量是个体工作绩效，首先领导力可以通过团队层面对个体层面主动性产生跨层级的影响，同时个体层面的领导力对个体层面的主动性也会产生影响；且领导力对个体主动性具有直接和间接的影响，即管理者塑造员工主动性的途径不仅可以借助具体的领导行为，还可以通过工作设计、氛围以及组织管理制度的执行。领导力通过对个体主动动机和主动能力的影响进而促进个体主动性目标调节，最终影响作为结果变量的个体工作绩效，其中，领导力会通过影响个体的三种动机状态（能够做、有理由做和有激情做）以及与工作有关的知识、技能、能力（KSAs）和长远思维，产生对个体主动性目标调节的影响作用。

该模型的提出基于大量的实证研究，每个环节的作用机制都得到了已

---

[1] Rank, J., Carsten, J. M., Unger, J. M., & Spector, P. E. (2007). Proactive customer service performance: Relationships with individual, task, and leadership variables. *Human Performance*, 20 (4), 363–390.

[2] Belschak, F. D., & Den Hartog, D. N. (2010). Pro-self, pro-social, and pro-organizational foci of proactive behavior: Differential antecedents and consequences. *Journal of Occupational and Organizational Psychology*, 83, 475–498.

[3] Parker S K. Leading for Proactivity: How Leaders Cultivate Staff Who Make Things Happen. *Oxford Handbook of Leadership and Organizations*. 2014.

有研究的验证，具有一定的科学有效性，因此，在管理实践中可以借助该模型的作用路径及机制对员工的工作主动性进行干预和提升。

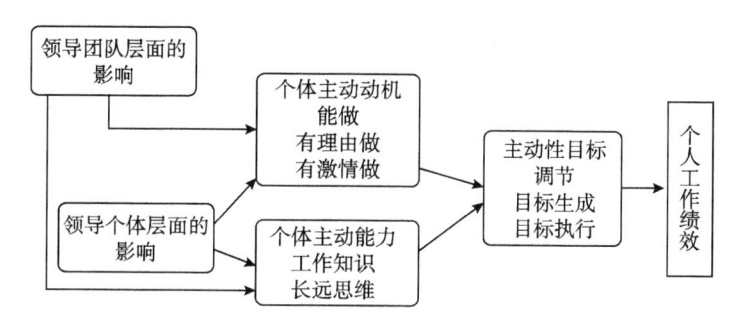

图1 基于领导力的员工主动性行为生成模型

四、基于领导力的员工主动性提升策略

本文将依据上述模型的路径机制，针对管理者的领导力提出激发员工工作主动性的具体管理策略，以期提升管理者的管理有效性，提高员工工作主动性，提高个体工作绩效，最终达到提升组织绩效的目的。

（一）增强员工主动性动机

领导力对主动动机的影响分为团队层面和个体层面，领导力可以通过团队及个体层面塑造员工的主动性动机。领导团队导向的刺激影响整个团队中的所有成员，是一种对个体动机的情境性影响；而领导个人导向的刺激会影响某个具体的团队成员而不是所有团队成员，表示个体对动机的影响。团队层面和个体层面的领导力可以对员工的主动性动机产生直接和间接的影响，即领导者所说或者所做可以直接影响员工的动机，也可以通过塑造团队氛围、设计工作以及组织管理制度的执行间接影响员工的主动性动机。

1. 提升员工的自我效能感

个体的自我效能信念会影响主动性的产生，管理者可以促进个体自我效能感提升。在能力信念方面具有较高自我效能感的个体更可能对主动性的潜在成本做出更积极的评估，他们相信自己能够应对挫折，会比低自我效能感的个体知觉到更高的成功可能性。自我效能信念的获得有四个来源：掌握经验，替代经验，社会劝说以及身体和情绪状态。管理者可以通过提供给员工自主掌握工作任务的机会，做出主动行为的示范，口头表达对员工的信任，使员工产生积极的感觉，同时减少负面情绪（如焦虑）等方式来使员工做出积极主动的行为。还可以使员工体验到他们的积极主动行为是有价值的以增强他们的自我效能感，例如，在员工个人建言时，管理者要积极回应他们提供的建议，如果员工提出的建议合理可以有选择地将员工的想法纳入到管理决策中，如果员工提供的建议不合理，要给员工提供有说服力的解释，肯定员工建言的意义，同时说明为什么他的想法没有被采纳。

2. 使员工认识到主动做事情的意义

具有内在动机，或者所从事的工作有趣、愉快或具有挑战性会使员工产生更加积极主动的工作愿望和行为，增强个人的主动性行为。承诺和责任感作为内在动机就可以促进员工主动性，管理者的领导风格能够引发员工更高的组织承诺，从而使其做出更加组织化的主动行为。管理者信任员工，并采用魅力型领导风格可以使员工具有更高的情感变革承诺，从而产生更多的创新行为。变革型团队领导也可以使员工形成更高的团队承诺，从而产生更多的团队层面的主动行为。

管理者还可以内化员工个体需求从而形成内部主动性动机。如管理者对员工的积极角色期待可以引发员工的积极主动行为；管理者采用专家知识和信息，授予员工自主权，保持决策的开放性，可以使员工产生变革的需求，进而更可能做出创新的实践行为。

增加员工手头任务与自身的关联度，员工就会投入更多的精力来思考并解决这些任务。例如，提出与组织绩效目标相关联的员工未来发展愿景可以使其产生一种使愿景成真的自我意识感，从而促使个人更加认真努力地实现其个人主动目标，进而达到组织绩效目标的实现。

3. 激发员工在工作中的积极情感

积极情感能够引发员工的工作主动性。具有积极情绪的员工更可能主动选择目标，因为积极的情绪能够扩展人的思维，从而产生更灵活的认知过程[1]，更可能促使个体做出主动性的目标努力，同时情绪能够激发旺盛

---

[1] Fredrickson, B. L. (2001). The role of positive emotions in positive psychology: The broaden-and-build theory of positive emotions. *American Psychologist*, 56 (3), 218–226.

的精力，并能促进个体的自信，并坚持不懈。已有研究已证实了积极情绪与主动性行为之间的关系，如主动社会化，个体主动性，负责[1]。Bindl 等人的研究证实，激活的积极情感（热情、鼓舞等）对主动目标调节的作用，并且指出在预测主动性时，激活的积极情绪具有倍增效应，优于自我效能和承诺所起到的作用[2]。

管理者可以激发员工工作中的积极情感，从而激励员工做出积极的行为。管理者的感受和积极情感的表达可以通过情绪传染效应影响到追随者的感觉和团队的情感氛围。如领导者保持积极心情，会使他们的下属处于积极的情感状态，从而促使其做出更积极的行为。

总之，通过管理者采取的积极领导行为，例如提供愿景或以授权的方式，可以提高员工自我效能感使其产生改变的信念，通过培养自我认同可以形成员工内化的主动性行为动机，通过培养积极情绪体验和活力感可以提升个人层面的主动性行为。

4. 借助管理实践提升员工主动性动机

除了前文所述的直接影响外，管理者还可以通过团队导向的管理实践，如团队氛围、工作设计及其他策略，间接影响员工的主动性。

管理者可以通过创建积极团队氛围提升员工主动性动机。从与管理层的互动中获得的信息会影响员工对工作环境的理解和认识。管理者是组织管理实践的代表，并且是工作单位中发生的事件和过程的解释性过滤器。因此，管理者可以通过创建支持性的组织氛围对个人主动性动机起作用，如创造团队层面的创新支持氛围等。

管理者可以创造心理安全氛围，这种氛围可以使团队成员有信心从事有潜在风险的主动行为。已有研究支持这一论断，变革领导和管理开放的措施通过心理安全对建言产生影响[3]。当管理者与员工建立良好的关系，

---

[1] Fritz, C., & Sonnentag, S. (2009). Antecedents of day-level proactive behavior: A look at job stressors and positive affect during the workday. *Journal of Management*, 35, 94–111.

[2] Bindl, U. K., Parker, S. K., Totterdell, P., & Hagger-Johnson, G. (2012). Fuel of the self-starter: How mood relates to proactive goal regulation. *Journal of Applied Psychology*, 97, 134–150.

[3] Detert, J. R., & Burris, E. R. (2007). Leadership behavior and employee voice: Is the door really open? *Academy of Management Journal*, 50 (4), 869–884.

如信任、个性化关照，可以增加员工的心理安全感。管理者的道德行为和公平正义也可以增强员工的安全感，当员工提出具有挑战性的想法时得到公平对待，能够增加其主动性行为。

管理者也可以通过工作设计间接影响员工积极主动性。工作方式会影响员工的积极主动性，工作自主权可以发展专业知识并促进学习，提供工作中的掌握性经验且有助于提高员工在工作中的自我效能感，促进积极情绪的生成。管理者可以通过改变团队成员的工作特点，如给予团队更多的决策权力，来影响员工团队层面的工作设计。

最后，员工要受到组织层面制度政策的制约，管理者在制度政策的执行过程中也会影响员工的主动性。如绩效考核或奖励制度，在这些制度的执行过程中，管理者的公平性尤为重要。已有研究发现，监督人员的程序公平有助于促进员工的负责行为[1]。主动行为是自发的，在工作描述中没有明确提出，因此不会与组织层面的正式奖励和惩罚制度直接相联系。但管理层在评估时的公平性可以向员工发出信号，他们在追求风险主动行为时能否得到公平对待，会影响到员工的主动性行为。

总而言之，管理者不仅可以通过直接的言行影响主动性，而且还可以通过组织氛围，工作设计以及其他已经建立的制度政策执行来影响员工的主动性。

（二）增强员工主动性能力

该模型还提出个体的知识、技能、能力（KSAs）可以形成主动目标调节。能力，如知识的深度和广度，长期思维，对主动性具有一定作用。例如，Frese等指出丰富的工作知识和较高水平的认知能力是个体有效应对工作挑战的重要资源，可以使个体控制感、自我效能感得到发展，使个体具有更强的控制愿望，并由此产生个人主动性。KSAs对主动性提升所具有的作用也得到已有研究的证实。在东德进行的一项长期研究发现，认知能

---

[1] Mikulincer, M. (1997). Adult attachment style and information processing: Individual differences in curiosity and cognitive closure. *Journal of Personality and Social Psychology*, 72, 1217–1230.

力、工作资历（工作知识和技能）可以预测个人主动性[1]。教育背景对主动工作搜寻、建言等主动性具有积极作用。

员工的长期思维对主动性的提升也具有重要作用。因为主动性行为涉及未来变革的生成，个体需要进行未来导向的思考，如寻找未来愿景实现的机会，识别潜在的问题，关注并处理外界提供的信息。管理者可以培养员工的未来时间观念，使其能具有多种较高水平的主动性。

管理者可以通过直接和间接两条路径培养员工的知识、技能、能力及长期思维，从而影响团队成员的主动性行为。

1. 直接提升员工的个人能力

管理者对员工知识和认知能力的发展具有一定影响。管理者可以通过支持员工的培训学习来影响员工知识的获取，如提供给员工正式学习和发展的机会，或者完成工作任务和项目的机会。管理者还可以促进员工"必要复杂性（requisite complexity）"的发展。必要复杂性包括认知复杂性、自我复杂性、情感复杂性和社会复杂性。管理者可以通过学习目标导向和鼓励创造发明的反馈来增强员工的必要复杂性，在工作中使员工从事更具有挑战性的任务可以促进其能力和技能的进一步发展。另外，管理者可以通过设立组织愿景，强化决策中的长期目标设置等影响员工的长期思维。

积极的心情可以扩展个人的思想和认知。在扩展—构建模型中，Fredrickson[2]认为，积极的情感扩大了思维活动的范围，长期而言，这构成了持久的个人资源，如心理韧性。积极的情感可以扩大个人的认知范围，增加发现建设性变化的可能性。由于这种认知扩展，当个体遇到障碍，需要增强心理适应力和持续性进行主动改变时，积极的情感可以使个体获取更多的替代方案来实现主动目标。因此，管理者通过创建积极的氛围，使团队成员感受到积极的情绪体验，可以潜在地促进团队成员的主动工作能力的形成。如采用变革型领导行为，支持下属，并表达积极的情绪

---

[1] Frese, M., & Fay, D. (2001). Personal initiative (PI): An active performance concept for work in the 21st century. In B. M. Staw & R. M. Sutton (Eds.), *Research in organizational behavior* (Vol. 23, pp. 133 – 187). Amsterdam, the Netherlands: Elsevier Science.

[2] Fredrickson, B. L. (2001). The role of positive emotions in positive psychology: The broaden – and – build theory of positive emotions. *American Psychologist*, 56 (3), 218 – 226.

可以在工作中引导下属的积极性感受，激活其认知思维能力。

管理者还可以提供给员工更多的背景知识，促使员工产生主动的想法。如管理者可以通过以下方式促进员工创造性解决问题的认知过程：（1）设定一个问题解决的情境，提供一个具有多个竞争目标的模糊问题；（2）提供充足的时间；（3）组建多样性的团队，以最大限度地发掘团队成员的不同想法；（4）确保信息的可获得性；（5）鼓励整合新理念。此外，通过挑战员工现有的观念和思维方式（智力刺激），也可以直接塑造员工的认知方式，使其看到问题的不同方面，从而更加积极主动。智力刺激是变革型领导的一个方面，变革型领导者可以培养和发展员工主动性行为所需的思维能力，管理者可以采用变革型领导风格指导员工发现并制定更好的解决问题方案来提升员工的创意。

管理者还可以塑造团队成员协调沟通的方式，从而增强团队成员的相关知识，促发员工的主动性行为。如建立明确的沟通渠道，组织模式和其他完成工作的方式，促进员工构建基于知识和机会认知技能的信息流，从而提升其主动性。管理者还可以通过延迟思想评估来鼓励员工新思想的生成，如管理者提出问题，共享信息，但不提供问题解决方案，这种做法更有利于在团队讨论中产生创新和有效的问题解决方案。

2. 间接提升员工的个人能力

管理者还可以通过工作设计来促进员工能力发展。增强工作自主性可以促进认知能力的发展，使员工获得新的任务知识，并获得关于组织更广泛的知识或整合性认识。工作自主权可以促进对任务的更深入的了解，管理者可以利用类似的学习和发展机制进行团队工作设计，设立自主工作团队，团队成员彼此互相学习，并承担与外部组织人员协调的责任，使其更广泛地了解工作过程，从而培养其在工作中的主动性。

参考文献

[1] 胡青，王胜男，张兴伟，等．工作中的主动性行为的回顾与展望［J］．心理科学进展，2011，19（10）：1534－1543．

[2] Parker, Sharon K., U. K. Bindl, K. Strauss. Making Things Happen: A Model of Proactive Motivation [J]. Journal of Management, 2010, 36 (4): 827–856.

[3] Thomas, Jeffrey P., D. S. Whitman, C. Viswesvaran. Employee proactivity in organizations: A comparative meta-analysis of emergent proactive constructs [J]. Journal of Occupational & Organizational Psychology, 2010, 83 (2): 275-300.

[4] Belschak F D, Hartog D N D. Pro-self, prosocial, and pro-organizational foci of proactive behaviour: Differential antecedents and consequences [J]. Journal of Occupational & Organizational Psychology, 2010, 83 (2): 475-498.

[5] Parker S K. Leading for Proactivity: How Leaders Cultivate Staff Who Make Things Happen [M] // Oxford Handbook of Leadership and Organizations. 2014.

[6] Fredrickson, B. L. The role of positive emotions in positive psychology: The broaden-and-build theory of positive emotions [J]. American Psychologist, 2001, 56 (3): 218-226.

[7] Fritz, C., Sonnentag, S. Antecedents of day-level proactive behavior: A look at job stressors and positive affect during the workday [J]. Journal of Management, 2009, 35: 94-111.

[8] Bindl U K, Parker S K, Totterdell P, et al. Fuel of the self-starter: how mood relates to proactive goal regulation [J]. Journal of Applied Psychology, 2012, 97 (1): 134-50.

[9] Detert J R, Burris E R. Leadership Behavior and Employee Voice: Is the Door Really Open? [J]. Academy of Management Journal, 2007, 50 (4): 869-884.

我国区域创新能力研究述评*

王建民　王艳涛[1]

内容提要：我国经济进入新常态，经济发展从要素驱动、投资驱动转向创新驱动。而我国地域辽阔，区域经济发展不平衡，区域创新能力的研究对于深刻认识区域经济发展不平衡的原因以及加强区域经济的协调发展都具有重要意义。本文介绍了我国区域创新能力研究概况，从四个方面评述了我国区域创新能力研究的主要内容：区域创新能力的评价指标、分布与评价、影响因素以及作用机制，并对未来研究方向提出建议。

关键词：创新；创新能力；区域创新能力；评价指标

一、引言

选择区域创新能力作为关键词在中国知网检索中文学术期刊，最早的检索记录是1996年的《中国内陆开发区的管理模式》，但这篇文章并没有开始对区域创新能力的真正学术研究。中国学者和专家发表区域创新能力的学术文章始于2000年，最早的一篇文章是《区域创新能力评价指标体系研究》，刊于《科学管理研究》2000年第6期，作者为南京大学城市与资源学系甄峰、黄朝永、罗守贵。另外两篇重要文章发表于2001年《科研管理》和2002年《科学学研究》。一是丁焕峰撰写的《论区域创新系统》；二是柳卸林和胡志坚撰写的《中国区域创新能力的分布和成因》。我国学术界对区域创新能力的研究主要集中在三个方面：区域创新能力

---

* 本文主要内容发表于《经济问题探索》2015年第12期，第185－190页。

[1] 王艳涛，女，管理学博士，北京大学政府管理学院博士后研究员。

评价指标；区域创新能力分布及评价；区域创新能力的影响因素分析。除了这三个主要方面外，部分文献还对区域创新能力的作用机制进行了研究。

二、区域创新能力评价指标及分布

（一）评价指标

评价指标的选取是进行区域创新能力研究的基础。对区域创新能力指标的选取分两种类型：多项指标组成的指标体系和单项指标。我国学者对指标体系的研究成果丰富，指标选取有一定相似性，选取的指标体系中主要的一级指标有知识创新、技术创新、创新投入能力、创新产出能力、创新环境等，具体文献如表1所示。

表1 我国区域创新能力主要评价指标

评价指标	文献来源
知识创新	甄峰，黄朝永，罗守贵（2000）；柳卸林，胡志坚（2002）；中国科技发展战略研究小组（2005）；李庭辉，范玲（2009）；许崴，林海明（2009）；马力，王燕燕（2007）；赵雪雁（2015）
技术创新	甄峰，黄朝永，罗守贵（2000）；柳卸林，胡志坚（2002）；中国科技发展战略研究小组（2005）；陈劲，陈钰芬，余芳珍（2007）；李庭辉，范玲（2009）；朱海就（2004）；马力，王燕燕（2007）
创新投入能力	高晓霞，芮雪琴等（2014）；齐亚伟（2014）；闫国庆，孙琪等（2008）
创新产出能力	柳卸林，胡志坚（2002）；中国科技发展战略研究小组（2005）；陈劲，陈钰芬，余芳珍（2007）；万勇，文豪（2009）；高晓霞，芮雪琴等（2014）；齐亚伟（2015）；闫国庆，孙琪等（2008）；赵雪雁（2015）
创新环境	柳卸林，胡志坚（2002）；李庭辉，范玲（2009）；许崴，林海明（2009）；朱海就（2004）；万勇，文豪（2009）；齐亚伟（2014）；闫国庆，孙琪等（2008）；赵雪雁（2015）

甄峰，黄朝永，罗守贵（2000）最早建立了以知识创新、技术创新为核心，包括知识创新能力、技术创新能力、管理与制度创新及宏观经济、社会环境四个方面的、四层次的、共47项具体指标的综合评价指标体系[1]。中国科技发展战略研究小组在参考美国的《创新指标》，瑞士的

《国际竞争力报告》以及世界经济论坛《全球竞争力报告》的基础上，建立了包括知识创造能力、知识获取能力、企业创新能力、创新环境以及创新绩效五类指标的区域创新能力评价框架[2,3]。整个指标体系采用专家事先打分的方法人为地设定权重进行加权综合评价，这种综合评价的权重是人为设定的，主观性比较大，导致结果受到主观影响也较大[2,4]。周立，吴玉鸣（2006）基于因素分析方法，权重选择来源于客观数据结构本身，通过多指标降维处理获得权重，比较客观，克服了加权综合评价法专家打分决定权重的主观性[4]。除了上面表格中常见的五个一级指标外，一些学者认为知识流动能力也是区域创新能力的重要内容。柳卸林，胡志坚（2002），陈劲，陈钰芬，余芳珍（2007）等都将知识流动能力纳入区域创新能力指标体系[5,6]。另外，郑艳民，张言彩，韩勇（2012）对我国内地31个省市区域创新能力内部结构体系即创新投入、创新产出和创新环境之间的因果关系展开实证分析[7]。

除了多指标组成的指标体系外，Hagedoorn 和 Cloodt（2003）发现不同指标之间的相关度很高，任何一个指标都可用来表示创新能力[8]。不少经济学家认为专利数是最合适的指标[9~11]。张玉明，李凯（2007）、朱玉春，付辉辉，黄钦海（2008）、岳鹄，康继军（2009）、万广华，范蓓蕾，陆铭（2010）、王宇新，姚梅（2015）等以专利授予量代表创新能力进行研究[12~16]。

总体来说，我国学者对于区域创新能力指标体系的选取具有一定的相似性，但也有差别。造成差别的原因主要有以下两个方面：第一，对区域创新能力的内涵没有统一的理解。甄峰、黄朝永、罗守贵（2000）认为创新能力应该是在创新过程中，在充分利用现代信息与通讯技术基础上，不断将知识、技术、信息等要素纳入社会生产过程中的一种能力[1]。朱海就（2004）认为区域创新能力是"区域成功地利用新知识的能力"，一个区域中有许多不同的主体，不同主体的相互作用决定区域创新能力的大小[17]。柳卸林和胡志坚（2002）认为：区域创新能力是一个地区将知识转化为新产品、新工艺、新服务的能力[5]。陈劲，陈钰芬，余芳珍（2007）认为，区域创新能力是一个地区生产出与商业相关的创新流的潜能[6]。指标的选取应该是建立在对区域创新能力内涵理解的基础上，对内涵的不同理解造成了选取指标的不同。第二，选取指标时的分类标准不同。有的学者是按照创新包含的内容分类来构建指标体系的。根据内容来分，创新能力不仅包括技术创新还包括制度创新、管理创新等。有的学者是按照创新的运作机制来构建指标体系的。根据创新的运作机制，创新需要创新投入和创新环境才能带来创新产出。有的学者是将两种分类混合在一起进行指标体系构建。

（二）区域创新能力分布和评价

在选择指标的基础上，多位学者对我国区域创新能力的分布和评价进行了研究，主要分两类，一类是对我国不同区域创新能力进行排名和分类；另一类是对我国区域创新能力空间分布及特征进行研究。甄峰，黄朝永，罗守贵（2000）、孙锐，石金涛（2006）、柳卸林，胡志坚（2002）运用所选指标对我国区域创新能力进行了排序[1,3,5]。朱玉春，付辉辉，黄钦海（2008）、万广华，范蓓蕾，陆铭（2010）认为我国区域间创新能力差异呈扩大趋势[13,15]。张玉明，李凯（2007）、齐亚伟（2015）对我国区域创新的空间分布进行了研究，发现我国区域创新能力空间分布呈现不均衡和空间正相关特征[12,18]。总体上，关于我国区域创新能力分布和评价的研究成果已十分丰富，但是随着对空间分布及空间相关性研究的增多，评价指标的空间性作用不明显，还没有一个能明确表达区域间协同效应的评价指标；同时，对于呈现空间相关性的原因以及其对于缩小我国区域创新能力差异的意义，相关研究都还很欠缺。

三、区域创新能力的影响因素及作用机制

（一）影响因素

大量文献对区域创新能力的影响因素进行了研究，主要包括六个方面：创新相关人员与资金投入、创新环境、区域智力资本、产业集群、外商直接投资（FDI）和社会资本。具体文献如表2所示。

表 2　区域创新能力的主要影响因素

影响因素	文献来源
人员、资金投入	范丽娜（2005）；陈广汉、蓝宝江（2007）；朱玉春（2008）；万广华、范蓓蕾（2010）；高素英、陈蓉等（2011）；王宇新、姚梅（2015）；芮雪琴、李环耐等（2014）；王锐淇、张宗益（2010）；刘俊杰、刘家铭（2011）
创新环境	章立军（2006）；正程雁、李平（2007）；李习保（2007）；岳鹄、康继军（2009）；王鹏、赵捷（2011）
区域智力资本	王学军、陈武（2008）；王学军、陈武（2010）；陈武、何庆丰等（2011）；吴玉鸣（2006）；高素英、陈蓉等（2011）；齐亚伟、陶长琪（2014）
产业集群	黄晓治、曹鑫（2006）；周泯非、魏江（2009）；刘军、李廉水等（2010）
FDI	王三兴、熊凌（2007）；陈钰芬、余芳珍（2007）；曹广喜（2009）；桑瑞聪、岳中刚（2011）；徐磊、黄凌云（2009）；鲁钊阳、廖杉杉（2012）；冉光和、徐鲲等（2013）
社会资本	李新功（2007）；赵雪雁等（2015）；赵丽丽、张玉喜（2015）

1. 人员、资金投入与区域创新能力

科研人员及经费投入、科技从业人员及资金投入等都对区域创新能力产生直接影响。陈广汉、蓝宝江（2007），高素英、陈蓉、张艳丽等（2011）证明 R&D 经费投入正向影响区域创新能力[19,20]。王宇新、姚梅（2015）实证分析结果表明：大学、大中型企业科研人员及经费投入是我国省域间技术创新能力差异的主要影响因素[16]。芮雪琴、李环耐、牛冲槐等（2014）认为科技人才聚集效应与区域创新能力之间存在互动关系，呈现螺旋上升态势[21]。虽然科研、科技人员与各种经费投入都对区域创新能力产生正向影响，王锐淇、张宗益（2010），刘俊杰、刘家铭（2011）发现经费或科技投入来源不同对不同区域的创新能力影响程度也存在差异[22,23]。

2. 创新环境与区域创新能力

创新环境影响区域创新能力，但是不同学者所定义的创新环境所包含的内容不同，研究结论也不同。章立军（2006）认为目前创新环境中，基础设施水平、市场需求、劳动力素质、金融环境对创新能力有正面促进作用[24]。程雁、李平（2007）分析发现：创新基础设施各要素对我国区域创新能力的提升起到积极的推动作用,但这种作用在各区域间(东—中—西部)表现并不均衡[25]。岳鹄、康继军(2009)认为FDI、市场化程度、累积知识存量和知识流动能力等因素组成的创新环境的差异,是我国不同区域创新绩效差异的重要原因[14]。而王鹏、赵捷(2011)研究了区域创新环境对创新效率的负面影响,认为在创新环境中,侵权行为、公有制企业所占比重过大均会对创新效率产生负面影响[26]。

3. 区域智力资本与区域创新能力

王学军、陈武等对智力资本与区域创新能力进行了系列研究,且逐步深入。王学军、陈武(2008)实证分析了湖北省区域创新能力与区域智力资本及其各要素(人力资本、关系资本和结构资本)之间的关系,发现区域智力资本及其各要素的提高会提升区域创新能力[27]。在此研究基础上,王学军、陈武(2010)进一步对区域智力资本各要素之间的相互关系进行了研究,认为区域智力资本各要素之间是相互依赖的[28]。关于区域智力资本对区域创新能力的作用机理,陈武、何庆丰、王学军(2011)认为区域智力资本各要素都分别对区域创新投入、创新环境和创新绩效产生作用,其中对创新绩效的作用又分为直接作用和间接作用[29]。除了从人力资本、关系资本和结构资本三方面对区域创新能力进行综合分析外,部分学者仅就人力资本与区域创新能力的关系进行了分析,认为人力资本对区域创新能力具有正向促进作用[20,30,31]。

4. 产业集群与区域创新能力

产业集群是形成区域创新体系的重要模式[32],是区域创新体系的重要载体[33]。黄晓治、曹鑫(2006)基于产业集群的网络结构,通过对结构、行为、绩效的分析,认为产业集群网络结构、企业创新行为和区域创新能力提升之间存在递进的逻辑关系[34]。周泯非、魏江(2009)从能力观视角研究产业集群的整体创新活动和能力[35]。刘军、李廉水、王忠(2010)实证证明产业聚集对区域创新能力的影响存在行业间差异,多数高技术产业聚集和传统产业聚集促进区域创新,而资源依赖型产业聚集抑制区域创新[36]。

5. 外商直接投资(FDI)与区域创新能力

理论上,FDI溢出效应可以使东道国获取先进技术,从而提高创新能力,然而FDI溢出效应的发挥可能需要各种现实条件,鉴于此,虽然关于

FDI对我国区域创新能力溢出效应问题的研究层出不穷,结论却不尽相同。王三兴、熊凌(2007)认为FDI产生了技术溢出效应,确实提高了区域创新能力[37]。而陈劲、陈钰芬、余芳珍(2007)认为FDI在一定程度上对促进我国技术进步和提高创新能力具有正的影响,但在统计意义上不显著[6]。曹广喜(2009)认为FDI对创新能力的溢出效应存在地区差异[38]。而桑瑞聪、岳中刚(2011)研究结果表明FDI技术溢出效应主要体现在外观设计和实用新型专利授权量上,对发明专利的授权量没有显著影响[39]。针对FDI对区域创新能力影响的差异性,学者们利用门槛效应进行了原因探讨。徐磊、黄凌云(2009)认为FDI对我国各地区的技术溢出效应都需要各地区跨越相应的区域创新能力门槛值[40]。鲁钊阳、廖杉杉(2012)研究发现,区域只有跨越相应的知识产权保护水平门槛,FDI技术溢出才能有效促进区域创新能力的提升[41]。冉光和、徐鲲、鲁钊阳(2013)认为只有当区域金融发展水平跨越相应的门槛时,FDI对区域创新能力的促进作用才会更加明显[42]。

6. 社会资本与区域创新能力

社会资本对区域创新能力的影响主要是间接影响。李新功(2007)认为社会资本通过在区域内形成技术创新的风俗、文化、政策等,从而在整个区域内养成共同创新的良好社会氛围,使区域技术创新能力不断提高[43]。赵雪雁、李文美、张亮等(2015)以无偿献血率、信任度和社会组织密度指标测量区域社会资本,分析表明信任纬度与区域创新能力呈显著正相关关系,而规范纬度和网络纬度与区域创新能力呈负相关关系[44]。赵丽丽、张玉喜(2015)认为社会资本对区域创新能力的影响存在显著的门槛效应,市场化进程所处阶段、法制水平以及政府干预强度的不同都会影响社会资本与区域创新能力之间的关系[45]。

整体上,人员与资金投入、创新环境对区域创新能力影响的相关研究已经比较丰富,研究结论基本确定;关于FDI对区域创新能力的影响的文献也非常丰富,但FDI对区域创新能力影响没有一致的结论,对于结论不一致的原因,学者们主要从门槛效应的角度进行解释,实质上,FDI对区域创新能力的作用机理的探索也有助于FDI溢出效应的研究,但这方面的分析还很欠缺;产业集群对区域创新能力具有正向影响,但产业集群对区域创新能力的作用机理的探讨不足；社会资本对区域创新能力影响的研究处于起步阶段，有很大的研究空间，比如：与区域创新能力相关的社会资本的要素有哪些？不同要素对区域创新能力的作用程度如何？作用机制是什么、有什么不同？是否存在门槛效应、有哪些门槛？

（二）作用机制

区域创新能力的作用机制和影响因素研究是密切相连的，作用机制是对影响因素的进一步深入分析。在上文影响因素的分析中，李新功（2007）对社会资本环境影响区域创新能力的机理进行了分析[43]；陈武、何庆丰、王学军（2011）构建了区域智力资本对区域创新能力的作用机理模型[29]。除此之外，关于其他影响因素的作用机制的探讨也逐渐增加。侯健敏、党兴华（2010）实证分析了研发合作与技术转移影响区域创新能力五大要素的路径[46]。解学梅（2011）在分析协同学基本原理基础上剖析了都市圈协同创新的内在机理[47]。王国红、贾楠、邢蕊（2013）分析了创新孵化网络与集群中小企业协同创新网络二者之间的关系模式，确定了二者的耦合域，分析了二者之间的耦合作用机制[48]。代明、梁意敏、戴毅（2009）对创新链进行了研究，包括产业视角下的创新链、功能视角下的创新链和空间视角下的创新链，并在此基础上对产业链形成和发展的动因进行了分析[49]。

对作用机制的研究，是解释各种因素对区域创新能力影响的重要依据；是探究同一因素对区域创新能力影响差异化原因的一个很重要的角度；同时，对作用机制的研究，对于理解区域创新能力的关键要素并提出相应提升区域创新能力的政策具有非常重要的意义。然而我国学者对于作用机制的研究不足，主要表现在两个方面：一是内容上，许多重要因素的作用机制如FDI、产业集群等都欠缺比较系统、全面的研究；二是方法上，我国学者对于作用机制的研究大都停留在建立理论模型的阶段，对于所提出作用机制的实证分析不足。

四、结论与建议

（一）结论

本文对我国区域创新能力研究概况和主要研究内容进行了述评，得出以下主要结论：我国区域创新能力相关研究成果丰富；研究的主要内容集中在区域创新能力指标体系、区域创新能力分布与评价、区域创新能力影响因素及作用机制；关于区域创新能力指标体系及影响因素的研究成果最多，对于作用机制的研究不够充分。

(二) 建议

通过对我国区域创新能力相关研究的梳理，作者认为未来对区域创新能力的研究可以在以下三个方向展开：①区域创新能力对经济增长贡献率的研究。我国经济增长正在由要素驱动、投资驱动向创新驱动转变，并且区域创新能力差异明显，不同地区创新能力对经济增长的驱动或者贡献差异是确定区域创新能力研究必要性的重要依据。因此，有必要加大对区域创新能力对经济增长贡献率的研究。我国学者虽然有在相关方面的研究但研究不足[50,51]。②区域创新能力的作用机制。多种因素比如 R&D、FDI、创新环境、人力资本等因素都对区域创新能力产生影响，但是以往的研究大多关注的是影响因素和区域创新能力之间的相关程度，或者影响的强弱，对于影响的作用机制，通过什么样的途径、方式起作用没有进行深入的研究。创新能力是一个系统的概念，从创新源头开始，经过多级环节、运用多种要素、涉及多个部门，甚至跨越多重时空。因此同一影响因素，在不同区域作用程度不同，原因可能是在起作用过程中路径差异或者是路径不畅通、环节之间、部门之间或者要素之间不配套所致。因此，作用机制的研究有助于对阻碍区域创新能力提升的原因进行探索并提出有针对性地提升策略。③门槛效应的研究。自 2009 年我国学者开始关注影响因素的门槛效应的研究，即影响因素对于区域创新能力的影响并不是线性的，而是只有当此影响因素的值超过某个临界值时，对区域创新能力的作用才会明显显现。对门槛效应的研究，为同一影响因素的不同结果提供了解释。虽然已有部分对门槛效应进行研究的文献，但对门槛效应的研究还有很大的空间。比如，人力资本对区域创新能力影响是否存在门槛效应，有哪些门槛变量等都需要实证检验。

参考文献

[1] 甄峰，黄朝永，罗守贵. 区域创新能力评价指标体系研究 [J]. 科学管理研究，

2000, 18 (6): 5-8.

[2] 中国科技发展战略研究小组. 中国区域创新能力报告（2004-2005）[M]. 北京: 知识产权出版社, 2005.

[3] 孙锐, 石金涛. 基于因子和聚类分析的区域创新能力再评价[J]. 科学学研究, 2006, 24 (6): 985-990.

[4] 周立, 吴玉鸣. 中国区域创新能力: 因素分析与聚类研究——兼论区域创新能力综合评价的因素分析替代方法[J]. 中国软科学, 2006 (8): 96-103.

[5] 柳卸林, 胡志坚. 中国区域创新能力的分布与成因[J]. 科学学研究, 2002, 20 (5): 550-556.

[6] 陈劲, 陈钰芬, 余芳珍. FDI对促进我国区域创新能力的影响[J]. 科研管理, 2007, 28 (1): 7-13.

[7] 郑艳民, 张言彩, 韩勇. 区域创新投入、产出及创新环境的数量关系研究[J]. 科技进步与对策, 2012, (15): 35-41.

[8] Hagedoorn J, Cloodt M. Measuring innovative performance: is there an advantage in using multiple indicators? [J]. Research Policy, 2003, 32 (8): 1365-1379.

[9] Basberg B L. Patents and the measurement of technological change: a survey of the literature [J]. Research Policy, 1987, 16 (2-4): 131-141.

[10] Griliches Z. Patent statistics as economic indicators: a survey [J]. Journal of Economic Lit-erature, 1990, 28 (4): 1661-1707.

[11] Mansfield E. Patents and innovation: an empirical study [J]. Management Science, 1986, 32 (2): 173-181.

[12] 张玉明, 李凯. 中国创新产出的空间分布及空间相关性研究——基于1996-2005年省际专利统计数据的空间计量分析[J]. 中国软科学, 2007 (11): 97-103.

[13] 朱玉春, 付辉辉, 黄钦海. 我国区域之间技术创新能力差异的实证分析[J]. 软科学, 2008, 22 (2): 107-112.

[14] 岳鹄, 康继军. 区域创新能力及其制约因素解析——基于1997—2007省际面板数据检验[J]. 管理学报, 2009, 6 (9): 1182-1187.

[15] 万广华, 范蓓蕾, 陆铭. 解析中国创新能力的不平等: 基于回归的分解方法[J]. 世界经济, 2010 (2): 3-14.

[16] 王宇新, 姚梅. 空间效应下中国省域间技术创新能力影响因素的实证分析[J]. 科学决策, 2015 (3): 72-81.

[17] 朱海就. 区域创新能力评估的指标体系研究[J]. 科研管理, 2004, 25 (3):

30-35.

[18] 齐亚伟. 我国区域创新能力的评价及空间分布特征分析 [J]. 工业技术经济, 2015 (4): 84-90.

[19] 陈广汉, 蓝宝江. 研发支出、竞争程度与我国区域创新能力研究 [J]. 经济学家, 2007 (3): 101-106.

[20] 高素英, 陈蓉, 张艳丽等. 京津冀人力资本与区域创新能力的关系研究 [J]. 天津大学学报: 社会科学版, 2011, 13 (6): 551-555.

[21] 芮雪琴, 李环耐, 牛冲槐等. 科技人才聚集与区域创新能力互动关系实证研究 [J]. 科技进步与对策, 2014, 31 (6): 23-28.

[22] 王锐淇, 张宗益. 区域创新能力影响因素的空间面板数据分析 [J]. 科研管理, 2010, 31 (3): 17-26.

[23] 刘俊杰, 刘家铭. 科技经费投入结构对区域创新能力的影响——基于全国30省市区面板数据的实证检验 [J]. 广西师范大学学报: 哲学社会科学版, 2011, 47 (5): 18-23.

[24] 章立军. 区域创新环境与创新能力的系统性研究——基于省际数据的经验证据 [J]. 财贸研究, 2006 (5): 1-9.

[25] 程雁, 李平. 创新基础设施对中国区域技术创新能力影响的实证分析 [J]. 经济问题探索, 2007 (9): 51-54.

[26] 王鹏, 赵捷. 区域创新环境对创新效率的负面影响研究——基于我国12个省份的面板数据 [J]. 暨南学报: 哲学社会科学版, 2011, 33 (5): 40-46.

[27] 王学军, 陈武. 区域智力资本与区域创新能力的关系——基于湖北省的实证分析 [J]. 中国工业经济, 2008 (9): 25-36.

[28] 王学军, 陈武. 区域智力资本与区域创新能力——指标体系构建及其相关关系研究 [J]. 管理工程学报, 2010, 24 (3): 1-6.

[29] 陈武, 何庆丰, 王学军. 基于智力资本的区域创新能力形成机理——来自我国地级市样本数据的经验证据 [J]. 软科学, 2011, 25 (4): 1-7.

[30] 吴玉鸣. 空间计量经济模型在省域研发与创新中的应用研究 [J]. 数量经济技术经济研究, 2006 (5): 74-85.

[31] 齐亚伟, 陶长琪. 环境约束下要素集聚对区域创新能力的影响——基于GWR模型的实证分析 [J]. 科研管理, 2014, 35 (9): 17-24.

[32] PORTER M E. Clusters and New Economics of Competition [J]. Harvard Business Review, 1998, 76 (6): 77-90.

[33] 陈柳钦. 产业集群与区域创新体系互动分析 [J]. 重庆大学学报: 社会科学版, 2005, 11 (6): 1-9.

[34] 黄晓治, 曹鑫. 产业集群与区域创新能力提升——基于结构、行为、绩效的分析 [J]. 经济问题探索, 2006 (12): 31-37.

[35] 周泯非, 魏江. 产业集群创新能力的概念、要素与构建研究 [J]. 外国经济与管理, 2009, 31 (9): 9-17.

[36] 刘军, 李廉水, 王忠. 产业集聚对区域创新能力的影响及其行业差异 [J]. 科研管理, 2010, 31 (6): 191-198.

[37] 王三兴, 熊凌. FDI 与区域创新能力——基于省市面板数据的经验研究 [J]. 山西财经大学学报, 2007, 29 (5): 32-37.

[38] 曹广喜. FDI 对我国区域创新能力溢出效应的实证研究——基于动态面板数据模型 [J]. 经济地理, 2009, 29 (6): 894-899.

[39] 桑瑞聪, 岳中刚. 外商直接投资与区域创新能力——基于省际面板数据的实证研究 [J]. 国际经贸探索, 2011, 27 (10): 40-45.

[40] 徐磊, 黄凌云. FDI 技术溢出及其区域创新能力门槛效应研究 [J]. 科研管理, 2009, 30 (2): 16-25.

[41] 鲁钊阳, 廖杉杉. FDI 技术溢出与区域创新能力差异的双门槛效应 [J]. 数量经济技术经济研究, 2012 (5): 75-88.

[42] 冉光和, 徐鲲, 鲁钊阳. 金融发展、FDI 对区域创新能力的影响 [J]. 科研管理, 2013, 34 (7): 45-52.

[43] 李新功. 以社会资本为契机提高区域技术创新能力 [J]. 管理世界, 2007 (1): 158-159.

[44] 赵雪雁, 李文美, 张亮等. 社会资本对区域创新能力的影响 [J]. 干旱区地理, 2015, 38 (2): 377-383.

[45] 赵丽丽, 张玉喜. 制度环境视角下社会资本对区域创新能力的门槛效应检验 [J]. 科技进步与对策, 2015, 32 (7): 44-48.

[46] 侯健敏, 党兴华. 研发合作与技术转移影响区域创新能力路径研究 [J]. 科学与科学技术管理, 2010 (9): 56-61.

[47] 解学梅. 都市圈协同创新机理研究: 基于协同学的区域创新观 [J]. 科学技术哲学研究, 2011, 28 (1): 95-99.

[48] 王国红, 贾楠, 邢蕊. 创新孵化网络与集群协同创新网络的耦合研究 [J]. 科学学与科学技术管理, 2013, 34 (8): 73-82.

[49] 代明,梁意敏,戴毅. 创新链结构研究 [J]. 科技进步与对策, 2009, 26 (3): 157-160.

[50] 宋之杰,施小平. 河北省区域创新能力对经济增长的贡献率的实证分析 [J]. 河北学刊, 2010, 30 (1): 208-211.

[51] 郝晓燕,刘媛媛,梁晓勇. 内蒙古区域技术创新能力及其与经济增长的关联分析 [J]. 科学管理研究, 2010, 28 (4): 21-28.

基于省际面板数据的创新驱动投入产出实证研究

吴映雄[1]

内容提要：创新驱动是我国现阶段主要的发展战略之一。本研究利用2004—2014年全国31个省际（省、自治区、直辖市）的平衡面板数据，运用处理时间序列问题的"固定效应模型"和"随机效应模型"，从时间维度和空间维度研究创新驱动对经济发展影响。研究结论是：创新投入要素中，经费投入特别财政科技经费支出不一定能提高人均GDP和取得预期经济效应，相反，在一定程度上抑制经济发展；大专及以上学历人数占比、最终消费率、技术市场成交额、进出口总额对人均GDP有显著正向影响。建议以全面创新改革为主线，加强创新资源投入特别是财政经费投入的管理，完善科技成果应用转化机制，优化激励创新的公平竞争市场体系，推进创新人才管理制度改革，不断完善创新生态环境。

关键词：创新；创新驱动；经济增长；投入—产出；面板数据

一、引言

理论上，创新是驱动经济发展的动力之一。Robert Solow的新古典经济增长理论就阐述了技术进步是长期经济增长的主要原因之一，Michael E. Porter的创新发展阶段理论也认为在经历要素驱动和投资驱动后，创新驱动会成为经济增长的主要源泉。当前，世界范围内新一轮科技革命和产业

---

[1] 吴映雄，男，北京师范大学政府管理学院博士研究生，北京师范大学珠海分校物流学院讲师。

变革正在孕育兴起，科技创新成为重塑世界经济结构和竞争格局的关键。据此，各个国家和地区制定了相应的科技创新部署，如美国制定了重返制造业计划，日本制定了新成长战略，德国提出了工业4.0战略，我国也推出了"中国制造2025"行动纲领。十八届五中全会和"十三五"规划明确提出"牢固树立和贯彻落实创新、协调、绿色、开放、共享的发展理念"。在五大发展理念中，创新发展居于首要位置，为了达到"十三五"规划的到保持经济的中高度增长、产业结构优化升级、环境质量改善以及到2020年GDP和人均收入比2010年翻一番的目标，必须深化体制机制改革，实施创新驱动发展战略。要把科技创新作为提高综合国力和人民生活水平的战略支撑，必须摆在国家长远发展的核心位置。

科技创新驱动经济发展是需要一定前提的，科技创新资金投入、科技人才储备、创新环境等都对科技创新效果产生重要影响。目前，我国经济下行压力增大，投资拉动经济增长的负面作用逐渐显现，能否实现经济增长方式由投资和要素驱动向创新驱动升级，具有十分重要的现实意义。但是创新驱动在我国的现实状况如何？创新资源投入是否实现了拉动经济增长的预期目标？这将是本研究回答的主要问题。本文的研究结构如下：第一部分是引言，说明创新驱动的理论和现实意义；第二部分是文献综述，从实证的角度探讨创新驱动的现实状况；第三部分是数据说明和研究方法；第四部分是实证研究结果及分析，比较省际间的创新驱动对经济增长的贡献率；第五部分是结论与政策建议等。

二、文献述评

"创新"最早由Joseph Alois Schumpeter在1912年发表的《经济发展理论》一书中提出，创新即"实施新的组合方式"（约瑟夫·熊彼特，1999），包括五种形式：生产新的商品、引进新技术或新的生产方法、开辟新的市场、控制原材料或半制成品的供应来源以及新的组织。Schumpeter的创新内涵虽然主要指的是产品技术创新，但也涉及组织创新、商业模式创新等范畴。Christophe Freeman根据长波理论，在经济的周期波动阶段，只有创新特别是技术创新才能促进就业、摆脱经济萧条，重获经济高速发展（刘秀莲，2009）。据此，Freeman（1995）提出了要建立国家创新系统，强调要通过国家政策、企业研发、培训和教育、产业结构调整等手发和促进新技术的开发、借鉴和应用。Niosin（1994）通过国际间比较分析了美国和日本等国资助技术创新的国家制度体系。他指出，现代国家的创新体系从制度上讲是非常复杂的，当它们涉及制度要素和每个企业时，它们既包括致力于公共技术知识的大学，也包括政府基金与计划。Niosin 强调科学和技术发展中的不确定性，因此不能事前确定哪一种发展战略是最好的，只能事后由市场对这一问题做出回答。在这种情况下，政府的主要任务就是保证技术多元性以及制度安排上的多样性，建立一种分享技术知识的机制和不同机构之间的合作机制。这些机构、组织的协调发展能够有助于科学技术更好地融入工业活动之中。但是这一阶段的国家创新系统更多的是从技术创新层面上来理解（纳尔逊，2012）。学者们研究的出发点集中在技术创新方面。技术创新理论研究的重点是企业在创新过程中的技术创新行为、规律以及影响（王春法，2003）。这阶段的国家技术创新系统强调技术创新、技术流动以及行为主体的相互作用和政策创新等。由此可见，国家技术创新系统理论与20世纪50年代以来流行的经济学创新理论、技术创新理论和技术进步理论等一脉相承，具有深厚的理论基础。在这时期学者们所关注的更多的是一种不同技术创新角色之间的流动现象（韩振海、李国平，2004）。

学者们对创新驱动影响因素的研究重点集中在注重和强调新知识、新技能和新技术方面，注重知识的流动和人员流动。在理论中除了柯布道格拉斯生产函数强调的劳动力和资本外，还增加了知识和人力资本要素，把知识在经济中的生产扩散和应用作为创新驱动的主要动力，创新驱动主要活动包括新知识、技能和新技术的创造、存储和转移。而在创新驱中，政府成为协调、组织的主体，起着重要的作用。创新驱动的大量相关的实证研究也证实了理论上结论。洪银兴（2014）研究了经济投入要素数量、要素技术水平特别是新知识、新产品和新技术即科技创新对经济增长的作用。费利群（2011）从学习视角出发，讨论了创新驱动的基础、核心、关键和目的等要素，并将其延伸到政党建设和创新型国家建设中。甘文华（2013）认为，在知识经济的时代背景下，创新驱动已经从原来封闭的、单个的、技术的、人造环境的创新，向全球配置创新资源、区域合作创新、非技术性创新、生态自组织系统等创新模式演进。洪银兴（2013）从发展方式转变的现实背景、内生增长的源头、协同创新体系建立以及创新驱动的路径等方面对创新驱动发展战略进行了解读。还有学者从知识产权（马一德，2013）、产业升级政策（葛秋萍、李梅，2013）等角度对创新驱动进行了探讨。

本文的研究是建立在已有的研究成果基础之上，但是已有研究也有不足，太多关于创新驱动的相关研究属于规范性层面，定量的实证研究不足，特别是对创新驱动经济发展的机制研究相对欠缺。本研究利用2004—2014年全国31个省际（省、自治区、直辖市）的面板数据，运用处理时间序列问题的"固定效应模型"和"随机效应模型"方法，从时间维度和空间维度两方面综合评价了创新对经济发展的影响，以期寻求破解创新驱动发展的瓶颈制约，为政府决策提供借鉴和参考。

三、研究方法、指标和数据说明

（一）计量模型

本研究是多期省际的"严格的平衡面板数据"，运用STATA12.0版进行数据分析。通过处理时间序列回归的"固定效应模型"和"随机效应模型"，有利于解决遗漏变量问题、个体异质性等，提高估计的精确度（伍德里奇，2010；陈强，2014）。具体模型分析如下：

1. 固定效应模型

在大多数面板数据的分析时，广泛采用的是构建一阶差分的固定效应模型。把影响因变量的无法观测因素分为两类：一类是恒定不变的非观测效应，也即固定效应；另一类是随时间而变的特异误差。对于固定效应模型，给定个体 i 在时间 t 上就可将含有可观测解释变量的模型写成：

$$y_{it} = \beta_1 \chi_{wit} + a_i + \gamma_i t + \mu_{it} + \omega_{it}, t = 1,2,3\cdots,T \quad （模型1）$$

变量a_i概括了影响 y 但又不随时间而变化的所有因素，即研究中所指的固定效应，收集面板数据的主要理由是为了考虑非观测效应 a_i 与 y 的关系。μ_{it}指的是特异误差，代表因时间而变化且影响着 y 的那些无法观测到的要素，χ_w 为解释变量，$\gamma_i t$ 为时间趋势。现在对每个 i 求方程在时间上的平均，便得到：

$$\overline{y_i} = \beta_1 \overline{\chi_{wi}} + a_i + \overline{\gamma_i} + \overline{\mu_i} + \overline{\omega_i} \quad （模型2）$$

其中 $\overline{y_i} = T^{-1} \sum_{i=1}^{T} y_{it}$，如此等等。因为 a_i 在不同的时间固定不变，故他同时出现在模型1和模型中，如果都将模型1减去模型2，便可得到：

$$y_{it} - \overline{y_i} = \beta_1(\chi_{wit} - \overline{\chi_{wi}}) + (a_i - a_i) + \gamma_i + (\mu_{it} - \overline{\mu_i}) + (\omega_{it} - \overline{\omega_i})$$

即

$$\widehat{y_{it}} = \beta_1 \widehat{\chi_{wit}} + \gamma_i + \widehat{\mu_{it}} + \widehat{\omega_{it}}, t = 1, 2, 3, \cdots, T \quad （模型3）$$

其中，$\widehat{y_{it}} = y_{it} - \overline{y_i}$ 是被解释变量 y 除时间均值数值，对 $\widehat{\chi_{wit}}$、$\widehat{\mu_{it}}$ 和 $\widehat{\omega_{it}}$ 的解释也类似。特别需要说明的是，$\gamma_i = \gamma_i t - \gamma_i(t-1)$，如果 $\widehat{y_{it}}$ 取对数形式（如 lnGDP），则 γ_i 表示在给定条件下的平均增长率。模型3的要点在于，非观测效应 a_i 已通过一阶差分消除掉，我们就可以用混合的 OLS 进行估计。

2. 随机效应模型

如果模型1中固定效应 a_i 与一个或多个解释变量 χ_w 相关，固定效应模型的估计是有效的，但是如果 a_i 与任何一个解释变量在任何时期都无关，那么消去 a_i 的变换则是非有效估计量，则要设立随机效应模型：

$$Cov(\chi_{wit}, a_i) = 0, t = 1, 2, 3 \cdots, T$$

$$y_{it} = \beta_0 + \beta_1 \chi_{wit} + a_i + \gamma_i t + \mu_{it} + \omega_{it}, t = 1, 2, 3 \cdots, T \quad （模型4）$$

（二）数据及指标说明

本研究所使用的数据来源于历年的《中国统计年鉴》、《中国科技统计资料汇编》、《中国科技统计年鉴》、各地区统计年鉴和国家统计局网站及各地区统计局网站。共整理出2004—2014年全国31个省级（省、自治区、直辖市）平衡面板数据。既包括31个省级单位的横截面数据。

影响地区经济发展水平因素是复杂且多方面的，本研究的目的在于探讨创新驱动对经济发展水平"纯"影响，因此有必要控制住影响经济发展水平的其他因素等。因此涉及的变量很庞杂，因此在纳入计量模型的分析之前，首先将要对纳入模型的控制变量进行理论、经验的分析。其中，地区所处位置、是否靠海、是否设立经济特区等区位变量（属于不随时间而变固定效应部分，通过模型差分排除掉了）；产业结构、对外开放程度、外贸依存度等产业层面变量；投资、劳动力素质等经济发展水平的基础性影响因素。涉及的变量具体如下：

（1）因变量。地区的人均 GDP 代表经济发展水平，用 lnpGDP 表示，人均 GDP 取对数形式，目的是消除随时自变量、时间等因素的变化，人均 GDP 随着经济的增长方差也逐渐变化，这是显而易见的，各省的人均 GDP 随着时间变化，方差逐渐增大，而取对数能很好的解决计量模型的方差齐性的问题。

（2）自变量。本研究的主要的解释变量是科技创新相关指标，分别包括：万人 R&D 研究人员（L）、企业 R&D 研究人员占全社会 R&D 研究人员比重（EL）、R&D 经费支出与 GDP 比例（C）、地方财政科技支出占地方财政支出比重（PC）、企业 R&D 经费支出占主营业务收入比重（EC）、企业技术获取和技术改造经费支出占企业主营业务收入比重（T）。为了更好地分析科技创新对人均 GDP 的影响，本研究还包括了一下控制变量：大专及以上学历人数占比（ED）、第二产业比重（IR）、第三产业比重（SR）、最终消费率（XR）、国内专利申请授权量（lnPA）、技术市场成交额（lnD）、进出口总额（lnI&E）。

四、研究结果和讨论

（一）描述性结果分析

本研究分析全国 31 个省级（省、自治区、直辖市）2004—2014 年的相关数据，因此，横截面观测点 n = 31，时间维度 T = 11，是一个短面板数据。各个因变量和自变量统计特征如表 1 所示：

表 1 各变量均值、标准差、最大值、最小值

变量		均值	标准差	最小值	最大值
lnpGDP	overall	10.13166	0.653033	8.370316	11.56391
	between		0.468434	9.303111	11.15094
	within		0.462034	9.096274	11.01107
L	overall	11.53765	15.32652	0.63	100.01
	between		14.62083	2.135455	80.39
	within		5.236502	−14.2023	63.37402

续表

变量		均值	标准差	最小值	最大值
EL	overall	43.77845	16.59982	0	81.79
	between		15.01855	1.114545	69.82091
	within		7.525373	16.60572	72.76117
C	overall	1.260381	1.080391	0.14	7.41
	between		1.060784	0.228182	5.929091
	within		0.274004	0.497654	2.74129
PC	overall	1.106393	1.216625	0.003886	7.2
	between		0.686791	0.354465	2.886612
	within		1.011121	-1.72597	5.45798
EC	overall	0.721525	0.637151	0	11.11
	between		0.333395	0.095455	1.900909
	within		0.545965	-0.44938	9.930616
T	overall	4.470821	10.49576	0	81.74
	between		2.490001	0.076364	12.22091
	within		10.20506	-7.75009	73.98991
ED	overall	9.00772	6.894124	1.0589	89.5
	between		4.571534	2.996064	26.5121
	within		5.219645	-8.30438	83.76237
twoR	overall	0.469527	0.080965	0.213063	0.590454
	between		0.075928	0.247447	0.553266
	within		0.030983	0.357319	0.53042
threeR	overall	0.41306	0.083995	0.283029	0.779484
	between		0.081332	0.310522	0.742606
	within		0.025195	0.348745	0.49043
XR	overall	50.55777	8.284516	37	84.9
	between		7.308207	39.09091	67.54545
	within		4.098073	35.14868	68.44868
lnPA	overall	4.040263	0.241198	3.505557	4.870606
	between		0.200522	3.632207	4.507268
	within		0.138383	3.585945	4.528307
lnD	overall	8.647527	1.735597	3.135494	12.50597

续表

变量		均值	标准差	最小值	最大值
lnD	between		1.584288	4.562623	11.30952
	within		0.759046	6.863716	10.30123
lnIaE	overall	16.9052	1.776786	12.20553	20.81089
	between		1.696356	13.53863	20.3567
	within		0.603309	15.50389	18.78492
provin~1	overall	16	8.957416	1	31
	between		9.092121	1	31
	within		0	16	16
TIME	overall	2009	3.166925	2004	2014
	between		0	2009	2009
	within		3.166925	2004	2014

如表1所示，2004—2014年31个省、自治区、直辖市，人均GDP对数均值为10.13，万人R&D研究人员均值为11.54人、企业R&D研究人员占全社会R&D研究人员比重均值为43.78%、R&D经费支出与GDP比例均值为1.26%、地方财政科技支出占地方财政支出比重均值为1.11%、企业R&D经费支出占主营业务收入比重均值为0.72%、企业技术获取和技术改造经费支出占企业主营业务收入比重均值为4.47%、大专及以上学历人数占比均值为9%、第二产业比重均值为46.95%、第三产业比重均值为41.31%、最终消费率50.56%、国内专利申请授权量对数均值为4.06、技术市场成交额对数均值为8.65、进出口总额均值为16.91。变量provin-1由于是31个省份，均值是16，组内（within）标准差为0，因为分在同一组的数据属于同一个省，时间变量TIME是2004—2014年，所以均值是2009年，但TIME的组间（between）标准差为0，因为在不同省的时间维度是完全相同的。

使用原始数据，对31个省、自治区、直辖市的人均GDP做时间趋势图，结果如图1所示：

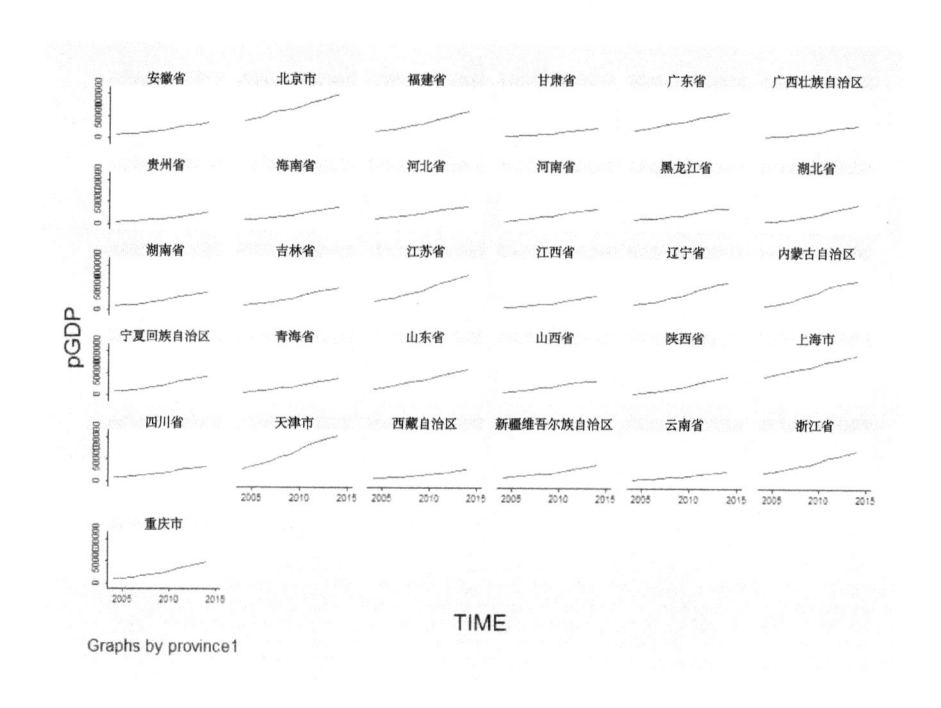

图1 各省市人均GDP增长的时间趋势图

如图1所示,不同省市的人均GDP的时间趋势不尽相同,有些省如北京、天津、上海的上升趋势很显著,有些省市如甘肃、贵州、西藏自治区等增长幅度很小,因此,在一定程度上省级差异有助于估计决定人均GDP的因素。

对各个变量进行两两相关分析结果如表2所示:

表2 各变量相关度分析

	lnpGDP	L	EL	C	PC	EC	T	ED	twoR	threeR	XR	lnPA	lnD	IaE
lnpGDP	1.000													
L	0.500	1.000												
	0.000													
EL	0.235	−0.20	1.000											
	0.000	0.000												
C	0.561	0.865	−0.12	1.000										
	0.000	0.000	0.032											
PC	−0.008	0.496	−0.09	0.294	1.000									
	0.881	0.000	0.104	0.000										

续表

	lnpGDP	L	EL	C	PC	EC	T	ED	twoR	threeR	XR	lnPA	lnD	IaE
EC	0.264	0.322	0.103	0.454	0.064	1.000								
	0.000	0.000	0.057	0.000	0.241									
T	-0.321	-0.10	-0.07	-0.12	0.122	-0.06	1.000							
	0.000	0.061	0.187	0.020	0.024	0.291								
ED	0.543	0.541	-0.00	0.589	0.064	0.309	-0.08	1.000						
	0.000	0.000	0.936	0.000	0.240	0.000	0.121							
twoR	0.135	-0.30	0.66	-0.24	-0.06	-0.04	-0.02	-0.18	1.000					
	0.013	0.000	0.000	0.000	0.515	0.488	0.738	0.001						
threeR	0.365	0.716	-0.46	0.687	0.246	0.265	-0.12	0.489	-0.74	1.000				
	0.000	0.000	0.000	0.000	0.000	0.000	0.033	0.000	0.000					
XR	-0.55	-0.09	-0.48	-0.12	-0.06	-0.08	0.045	-0.13	-0.59	0.326	1.000			
	0.000	0.097	0.000	0.024	0.268	0.156	0.410	0.015	0.000	0.000				
lnPA	0.071	-0.28	-0.17	-0.32	-0.42	-0.25	-0.23	-0.13	0.083	-0.148	-0.00	1.000		
	0.192	0.000	0.002	0.000	0.000	0.000	0.000	0.017	0.128	0.006	0.955			
lnD	0.668	0.368	0.514	0.527	0.128	0.361	-0.19	0.368	0.290	0.099	-0.49	-0.45	1.0000	
	0.000	0.000	0.000	0.000	0.018	0.000	0.001	0.000	0.069	0.000	0.000			
IaE	0.528	0.379	0.292	0.469	0.208	0.295	-0.08	0.334	-0.03	0.395	-0.15	-0.44	0.6327	1.0000
	0.000	0.000	0.000	0.000	0.000	0.000	0.158	0.000	0.640	0.000	0.007	0.000	0.0000	

由表2可知，人均GDP对数（lnpGDP）与万人R&D研究人员（L）、企业R&D研究人员占全社会R&D研究人员比重（EL）、R&D经费支出与GDP比例（C）、企业R&D经费支出占主营业务收入比重（EC）、大专及以上学历人数占比（ED）、第三产业比重（SR）、资本形成率（AR）、技术市场成交额（lnD），进出口总额（lnI&E）在0.00水平上正向显著相关性；人均GDP对数（lnpGDP）与第二产业比重（IR）在0.05水平上相关性显著；人均GDP对数（lnpGDP）与地方财政科技支出占地方财政支出比重（PC）、国内专利申请授权量（lnPA）相关性不显著；人均GDP对数（lnpGDP）与企业技术获取和技术改造经费支出占企业主营业务收入比重（T）、最终消费率（XR）在0.00水平上有负向的显著相关性。

（二）模型分析结果

由于每个省市的"省情"不一样，可能存在不随时间而变化的遗漏变量，对数据使用固定效应模型比混合回归进行分析更能提高估计的精确性，固定效应模型回归结果如表3所示：

表3　固定效应模型回归结果

lnpGDP	系数	标准误	T值	P>t
L	0.0030	0.0013	2.2300	0.0260
EL	0.0003	0.0010	0.2800	0.7780
C	-0.0941	0.0310	-3.0400	0.0030
PC	-0.0515	0.0094	-5.4800	0.0000
EC	-0.0095	0.0119	-0.8000	0.4250
T	-0.0013	0.0007	-1.9100	0.0570
ED	0.0019	0.0014	1.4300	0.1550
twoR	5.3267	0.5542	9.6100	0.0000
threeR	5.5217	0.6522	8.4700	0.0000
XR	-0.0096	0.0022	-4.3100	0.0000
lnPA	0.4397	0.0636	6.9100	0.0000
lnD	0.3624	0.0182	19.8700	0.0000
IaE	0.0000	0.0000	0.7300	0.4640
_cons	1.0421	0.5401	1.9300	0.0550

Ftest that all u_i = 0　F (30, 297) = 30.15　Prob > F = 0.0000

由表3最后一行可知，原假设"H0：all u_i = 0"，由于F检验的P值为0.0000，故强烈拒绝原假设，即固定效应回归模型明显优于混合回归。结果显示人均GDP对数（lnpGDP）受万人R&D研究人员（L）有显著影响；R&D经费支出与GDP比例（C）、地方财政科技支出占地方财政支出比重（PC）呈负向显著关系，即在现阶段，提高R&D科研经费和地方财政科技支出并未能提高人均GDP；企业R&D经费支出占主营业务收入比重（EC）、大专及以上学历人数占比（ED）与人均GDP对数没有显著关系；第二产业比重（IR）、第三产业比重（SR）、国内专利申请授权量（lnPA）、技术市场成交额（lnD）对人均GDP对数有显著正影响；最终消费率（XR）对人均GDP对数在0.00水平上有显著负影响。而且，现阶段进出口总额（lnI&E）对人均GDP的拉动作用也有限。

考虑时间效应，如2008年经济危机对经济造成的影响巨大，为此，采用双向固定效应模型，定义时间虚拟变量，探讨不同年份科技创新投入对

人均GDP的影响作用，结果如表4所示：

表4 双向固定效应模型验证时间趋势

lnpGDP	系数	标准误	T值	P>t
L	0.0011	0.0007	1.7000	0.0900
EL	-0.0003	0.0005	-0.6200	0.5340
C	-0.0319	0.0157	-2.0400	0.0430
PC	0.0181	0.0062	2.9000	0.0040
EC	-0.0071	0.0059	-1.2000	0.2310
T	0.0001	0.0004	0.1700	0.8670
ED	-0.0007	0.0007	-0.9800	0.3260
twoR	1.1756	0.3438	3.4200	0.0010
threeR	0.3760	0.4123	0.9100	0.3630
XR	-0.0107	0.0011	-9.6200	0.0000
lnPA	0.0408	0.0331	1.2300	0.2200
lnD	0.0499	0.0141	3.5400	0.0000
IaE	0.0126	0.0162	0.7800	0.4370
year2	0.1125	0.0156	7.2300	0.0000
year3	0.1947	0.0185	10.5300	0.0000
year4	0.3631	0.0194	18.6900	0.0000
year5	0.5022	0.0222	22.6100	0.0000
year6	0.5808	0.0252	23.0900	0.0000
year7	0.7146	0.0301	23.7100	0.0000
year8	0.9069	0.0376	24.1300	0.0000
year9	1.0163	0.0422	24.1100	0.0000
year10	1.1174	0.0449	24.8800	0.0000
year11	1.1940	0.0465	25.6600	0.0000
_cons	8.5773	0.4004	21.4200	0.0000

Ftest that all u_i=0   F (30, 287) =65.88   Prob > F=0.0000

其中，将year1（2004年）视作基期（是对应于常数项_cons），时间效应的符号均为正，且在0.00水平上显著，而且系数逐渐增大，说明随时时间推移，说明人均GDP存在强烈的时间效应。

以上固定效应模型已经基本确认了个体效应的存在，但是个体效应任然可能以随机效应的形式存在，下面进行随机效应回归分析，结果如表5所示：

表5 随机效应模型估计结果

lnpGDP	系数	标准误	Z值	P>|z|
L	0.0029	0.0012	2.4900	0.0130
EL	−0.0001	0.0008	−0.0800	0.9330
C	−0.0539	0.0266	−2.0300	0.0430
PC	−0.0472	0.0080	−5.8800	0.0000
EC	−0.0087	0.0104	−0.8400	0.4030
T	−0.0011	0.0006	−1.7800	0.0750
ED	0.0021	0.0012	1.7400	0.0820
twoR	3.0203	0.5588	5.4100	0.0000
threeR	3.1401	0.6475	4.8500	0.0000
XR	−0.0105	0.0020	−5.3500	0.0000
lnPA	0.4034	0.0549	7.3500	0.0000
lnD	0.2796	0.0180	15.5600	0.0000
lnI&E	0.1801	0.0232	7.7700	0.0000
_cons	0.9382	0.4741	1.9800	0.0480

Likelihoodratio test of sigma_u = 0：chibar2（01）= 307.24 Prob >= chibar2 = 0.000

随机效应模型估计结果显示：人均GDP对数（lnpGDP）受到万人R&D研究人员（L）显著正影响，人均GDP对数与R&D经费支出与GDP比例（C）、地方财政科技支出占地方财政支出比重（PC）呈负向显著关系；企业R&D经费支出占主营业务收入比重（EC）、大专及以上学历人数占比（ED）与人均GDP对数没有显著关系；第二产业比重（IR）、第三产业比重（SR）、国内专利申请授权量（lnPA）、技术市场成交额（lnD）、进出口总额（lnI&E）对人均GDP对数有显著正影响；最终消费率（XR）对人均GDP对数在0.00水平上有显著负影响。

通过固定效应和随机效应实证研究发现，创新投入要素中经费投入特别财政科技经费支出不一定能提高人均GDP，取得预期的经济效应，财政投入越多反而会起到适得其反的作用，在一定程度上抑制经济的发展。其次，创新产出指标中专利申请授权量（lnPA）、技术市场成交额（lnD）对人均GDP有显著的正影响。说明：科技成果的确能推动经济的增长，但是现阶段，创新科技资金投入特别是财政科技支出使用效率不佳，未达到鼓励创新和促进经济发展的作用。

五、建议与讨论

针对我国在创新方面优势和不足，为努力建设创新型国家的目标，要坚持问题导向，着力解决阻碍创新驱动的主要问题，统筹利用好各方面的创新要素资源，完善创新体系，优化提升创新功能。具体可采取以下措施：

（1）加强创新资源投入特别是财政经费投入的管理，提高使用效率。建立省级科研经费统筹和领导机制，把科技创新建设摆在更加突出的位置，形成促进创新体制架构；推动各项任务落到实处，加强监督考核，改革完善创新驱动发展的导向评价机制，把创新成效纳入考核范畴，充分调动各创新主体的积极性性和创造性。

（2）各种措施鼓励专利技术应用，提高技术市场成交额，完善应用转化机制。建立促进企事业创新激励制度，加快推进科技成果使用、处置和收益管理改革；完善技术转移机制，构建技术交易市场体系，建立科技成果转化年度统计和报告制度，健全科技与标准互动支撑机制，加速科技成果产业化。

（3）优化激励创新的公平竞争市场体系。改革政府科技创新组织方式，促进各类科技资源重大项目和政府资金、政策资源的整合，激发全社会促进技术创新的内生动力。制定实施深化科技体制改革行动方案，在营造公平竞争环境、健全市场导向机制、完善科技成果转化制度、强化金融创新功能、开创深度融合开放创新局、构建统筹协调的创新治理体系等方面，聚焦最紧迫、有影响、可实现的重大举措，大胆先行先试，以科技创新，全面带动经济、科技、教育等相关领域的改革。实施财政科技经费的统筹，建立统一的科技信息管理平台，形成覆盖创新过程的大统筹机制，不断提高科研经费的使用效率。（白津夫，2015）

（4）着力推进创新人才管理制度改革。政府要系统研究和深化创新人才管理制度改革，争取实施高层次人才梯度培养计划，探索符合实际需要的外籍人才标准和市场化认定机制,建立与国家规则接轨的高层次人才招聘、薪酬、考核、科研管理,社会保障等制度,推动国内外人才大幅增长。

(5)加强改革创新,不断完善创新生态环境。加快高水平科技智库建设,充分发挥,各类社会组织的作用,为全国科技创新建设提供智力支撑。充分运用各类媒体宣传创新典型和改革经验,回应社会关切,引导社会舆论,传播开放包容的创新文化,为创新营造良好的社会环境,汇集全社会智慧和力量形成全国科技创新中心建设的强大合力。

参考文献

[1] 约瑟夫·熊彼特. 经济发展理论——对于利润、资本、信贷、利息和经济周期的考察 [M]. 何畏,易家祥等译. 北京:北京商务印书馆,1999.

[2] 刘秀莲. 产业创新理论与实践 [M]. 大连:东北财经大学出版社,2009.

[3] Freeman C. The "national system of innovation" in historical perspective [J]. Cambridge Journal of Economics, 1995, 19 (1): 5 - 24.

[4] Niosi J, Bellon B. The global interdependence of national innovation systems: Evidence, limits, and implications [J]. Technology in Society, 1994, 16 (2): 173 - 197.

[5] 纳尔逊. 国家(地区)创新体系比较分析 [M]. 北京:知识产权出版社,2012.

[6] 王春法. 关于国家创新体系理论的思考 [J]. 中国软科学,2003 (5): 99 - 104.

[7] 韩振海,李国平. 国家创新系统理论的演变评述 [J]. 科学管理研究,2004,22 (2): 24 - 26.

[8] 傅海霞. 国家创新系统理论的演变及未来研究方向 [J]. 商业经济研究,2010 (20): 4 - 5.

[9] 洪银兴. 论创新驱动经济发展 [M]. 南京:南京大学出版社,2013.

[10] 费利群. 论以创新驱动战略思想为导向的学习型政党和创新型国家建设 [J]. 山东社会科学,2011 (5): 85 - 96.

[11] 甘文华. 创新驱动的四重维度——基于方法论视角的分析 [J]. 党政干部学刊,2013 (1): 49 - 52.

[12] 洪银兴. 论创新驱动经济发展战略 [J]. 经济学家,2013,1 (1): 5 - 11.

[13] 马一德. 创新驱动发展与知识产权战略实施 [J]. 中国法学,2013 (4): 27 - 38.

[14] 葛秋萍,李梅.我国创新驱动型产业升级政策研究[J].科技进步与对策,2013,30(16):102-106.
[15] 伍德里奇,费剑平校.计量经济学导论:第4版[M].北京:中国人民大学出版社,2010.
[16] 陈强.高级计量经济学及Stata应用[M].北京:高等教育出版社,2014.
[17] 白津夫.站在国家战略高度谋划首都科技创新中心建设[J].前线,2015(2):87-89.

乡镇党政领导班子配置问题及对策研究

肖志康[1]

内容提要：乡镇党政领导干部是我国领导干部系列中最基层的群体，是党和国家方针政策贯彻落实的基层责任者。总体上，乡镇党政领导班子存在班子内部整体结构不协调，办事效率不高等问题。本文结合乡镇领导班子建设的实践，通过与一线领导干部面对面的访谈及相关问卷调查的形式，多方面收集乡镇领导班子配置的数据，从全新的视角，以严谨科学的方法来审视乡镇领导班子配置，探究现实问题与理论。论文从系统改革角度研究如何改进和完善目前乡镇党政领导班子配备存在的问题，就加强乡镇领导班子建设提出了通过注重"洋土结合"等建议。

关键词：乡镇；乡镇党政领导干部；党政领导班子

一、引言

乡镇领导班子是我党的领导体制和国家政权体制的重要层次，在国家组织结构中处于承上启下的重要地位，是我国经济发展、社会进步和政权稳固的重要基础。早在党的十六届四中全会上就有明确要求要"重视县（市）党政领导班子建设"。党政领导班子素质匹配是加强党的执政能力建设的重要课题。近年来，随着地方领导班子配备改革的逐步深化，乡镇党政领导班子配备在科学化、制度化方面取得了明显的成效。各地近几年也都在不断地积极进行探索和尝试，试图在贯彻上级指示和讲话精神的背景

---

[1] 肖志康，男，北京师范大学政府管理学院博士研究生。

下，寻找出一条适合当地的领导班子配备道路。但是，对于基层党政领导班子的配备问题，应该说目前我国一直处于摸着石头过河的阶段。对于领导班子匹配问题，从上到下并未形成统一的纲领性的文件或细化的条例。从实践总体的情况来看，仍然存在一些问题，影响了地方党政班子对经济社会发展领导核心作用的发挥。

二、乡镇党政领导班子配置存在的问题及原因分析

（一）乡镇领导班子配置存在的主要问题

近几年，乡镇党政领导班子的建设虽然取得了一些成绩，但目前乡镇领导班子配置方面还存在以下问题：

1. 配备管理理念落后

有些受限于接受的文化知识水平，也有一些是因主观观念决定的，也有年龄的原因，镇干部在配备上依旧采用传统的"家长式"管理理念与方式。对于上一级提出学习的要求，这些干部只是形式的学习，这种学习并未深入到思想观念，也没有运用到实际工作当中。❶ 作为连接国家与乡镇桥梁的核心的乡镇领导干部，其配备和管理依旧使用传统旧式的管理理念与方法时，就很难适应快速变化的社会的发展与人民群众日益更新的需求，因此会造成在工作中方式方法的不当运用。

2. 整体结构不够优化

（1）协调互补失衡。

乡镇中管理上很多是领导个人的作用，但整体角度来说需要相互之间的互补。两个优秀的领导干部搭配在一起其产生的工作效果不一定优秀，相反两个都不是特别优秀的干部加在一起并不代表其工作能力不强。这就要求在干部在年龄、性别、党派等配备上要均衡配置，乡镇在性别结构上，妇女干部、非中共党员干部配备未达到要求。

在领导干部层面，正科级以上女性所占比例较低。为数不多的几个也均为副职岗位，且重要部门所占比重少。乡镇的人大政协没有女性干部，

---

❶ 李希. 切实把握好领导班子建设的着力点［J］. 领导科学，2004（3）.

并且大部分女性领导往往止步科级局。

再者即对乡镇领导班子的知识结构重视程度不强,因此在我国部分地方现存乡镇领导班子成员结构中,经验管理专业出身干部占了绝大部分多数。而相对来说从属与产业经济、法律、公共管理等相关社会管理型专业出生的干部普遍偏少,并且十分缺乏专家型等领导人才。

(2)实际经验欠缺。

近些年,从中央到地方省市都比较重视对年轻领导干部的培养与储备。乡镇的领导干部年轻化领导干部传递持有片面的理解,在挑选干部时一味的讲究年轻化从而忽视了干部的应具备的其他方面能力。❶

目前我国部分乡镇一年以下和一到两年工作经验的所占比重较高,也就意味着大部分领导干部是缺乏丰富的实际工作经验的。而现实的乡镇工作中,很多事务都是和群众打交道,乡镇干部大部分是从上级部门分下来的,虽然文化水平、学历等指标比较匹配上级要求的配置数据,但实际工作中对这些条件的要求却并不是那么的迫切,群众更愿意和那些经验丰富的老支书,老村长交流,有些两难的事有时也会看在他们的面上就大事化小,小事化无了,这样给那些年轻的或缺乏实际经验的干部工作上就产生了无形的压力,工作无法顺利地展开。

(3)后备梯队建设匮乏。

后备干部是乡镇党政领导班子的新生力量和新鲜血液,当前我国领导干部对整体的后备干部培养是比较重视的,但任何一位后备干部都有一个成长培养的过程,在这种培养过程中也存在一般干部后备和主要干部的后备。

各乡镇的主要领导干部主要集中在30岁到45岁,整体领导干部年龄虽显偏年轻化,但30岁以下的后备干部的储备量并不是特别充足。

(二)乡镇党政领导班子配置存在问题原因分析

经过调查可以发现,各乡镇领导班子配置存在着各种各样的问题。这些问题的存在并非偶然,有着其历史遗留的原因和自身发展当中的困境。

---

❶ 韩连达. 浅谈基层单位和谐领导班子的构建[J]. 理论学习与探索, 2008 (4).

1. 地方领导班子配备制度相对落后

改革开放以来，对地方党委领导班子的配备，无论是结构改革调整，还是领导班子换届调整，缺乏根据形势任务发展需要对配备模式的改革创新，尤其对于乡镇领导干部的配置，目前采取的依旧是公推直选的办法，固定不变的模式导致在县级党委领导班子配备上难以实现大的突破。❶ 在乡镇管理过程中，党委书记"一把手"的地位仍占主导，面对繁杂的乡镇事务，与其配合的其他干部的作用就显得尤为重要。但这些干部是否能与"一把手"很好地配合，对于自己班子的挑选"一把手"却没有实质性的发言权，这样不免还要导致在工作中有个"磨合期"，磨合不好的甚至会影响当地乡镇的管理和发展。另外，针对有明文规定的年轻干部和女干部的配备要求，受年龄和性别等硬性结构要求，有时没有或暂时缺乏合适的人选，地方只能简单的挑选，甚至降低标准来满足硬性的配备。这种配备方式往往导致配备的少数年轻干部或女干部能力的水平无法适应本职岗位的工作职责进而影响地方事务的管理及经济社会发展。

2. 职能分工重叠，领导方式单一

目前，我国大部分乡镇在运行过程中也出现了一些比较普遍问题。首先就是党政关系定位不清晰。党委和政府是乡镇最主要的决策主体和执行主体，都在行使行政权力，党委往往会自觉不自觉地过多直接插手或干预具体的政府事务。乡镇事务大多繁琐复杂，而对于班子成员分工较为模糊，对哪些属党委决定、哪些属政府决策，虽有大轮廓，但不够具体，没有严格具体的界定。原来由属政府部门的镇长办公会决策的事项已逐渐由党政班子联系会取代，在一定程度上弱化了政府职能。其次，职责分工不够明确。由于乡镇工作事务繁杂，目前乡镇领导班子成员基本上是采取统筹打捆式分工的方法，主要表现为非政府任职的领导班子成员协助乡镇长分管政府相关工作，其所负责的工作任务与其实际职务并不相匹配。在很多事情的决策上，往往是看党委书记"一把手"的个人意愿，而缺乏群策群力的民主商讨，使个人权利过分集中。

---

❶ 姜明茂. 如何优化领导班子结构 [J]. 四川党的建设城市，2006 (7).

3. 监督考评机制不够完善

目前对乡镇领导班子和领导干部还存在监管不力，没有形成规范的乡镇领导干部监督管理制度的问题。首先，考核评价体系不科学。目前，市一级对乡镇领导干部的考核仍局限于一年一次的年度考核，考评标准不固定，考评方式单一，考评工作流于形式，还没有建立起以实绩考核为基础，以定量考核为主，定性与定量考核相结合，组织考核与群众评议相结合，年度考核与届中、换届考核相结合的综合考核体系。[1] 由于乡镇领导干部的工作绩效难以进行定量的考核评价，无论工作负荷轻重、质量高低、贡献大小，待遇一律论工龄、凭资历，结果是平均主义盛行。其次就是考评结果运用不力，也没有真正建立起与干部切身利益和升降去留挂钩的奖惩配套制度，乡镇领导干部"干多干少一个样、干与不干一个样"，体现不出优劣，激发不起乡镇领导干部的工作激情和创新精神。

三、优化乡镇党政领导班子配置的对策建议

组织变革理论认为，变革的阻力是永远不会消失的，管理者可以采取正确策略、恰当的方法和工具来确认和化解阻力，尽量缩小反对变革因素的作用，努力降低变革的阻力来有效推动组织的变革[2]。邓小平同志曾明确指出："领导班子问题，是关系到党的路线能不能贯彻执行的问题。如果这个问题解决得不好，不要说带领群众前进，就是开步走都困难。因此，我们首先强调要把领导班子的问题解决好。"[3] 因此，针对A乡镇在领导班子配置方面存在的问题，结合当地的具体情况，我们提出了以下几点意见与建议。

（一）优化领导班子配置结构，增强整体功能

优化领导班子结构，是指班子内各类干部的最佳联结形式，即领导班子内各种要素的最佳组合。优化领导班子结构，总的来说，就是要确立科学的理念，形成正确的方向、方针，形成一系列的相关制度，建立科学的

---

[1] 陈宽. 对领导班子结构与功能发挥问题的探析 [J]. 组织人事学研究，2008 (11).
[2] 石巨涛等. 组织行为学 [M]，北京：石油工业出版社，2003：378.
[3] 邓小平文选第2卷 [M]. 北京：人民出版社，1994：9.

运行机制。根据全面建设小康社会对优化领导班子结构提出的新要求，针对乡镇当前领导班子结构设计与配置过程中存在的问题，提出以下优化领导班子结构的具体措施。

1. 注重"洋土结合"，因地制宜

在乡镇领导干部配置的过程中，就领导干部个体来说应注意"洋土结合"。

所谓"洋"，即指身处农村一线的领导干部应具备理论思考和战略眼光的能力。目前我国很大一部分乡镇领导干部来自本地区的乡镇或同地域的其他乡镇，他们个人本身为土生土长的农村人口，未接受任何形式或长期的系统教育，工作方法和形式也和当地民俗风气一脉相承。同时正如本文之前提及过的，我国基层的乡镇领导干部有很大一部分时间在应付上级，接待陪同上级。与生俱来的浓厚乡土气息外在加上长期与土生土长的农民及其繁杂的琐事打交道，每天的疲于奔命使得乡镇领导干部在工作的时候就很难有时间和精力去谋长远的发展，但这无疑对于乡镇的发展产生了很大的束缚。因此，对于有着比较丰富实践经验的乡镇领导干部来说，应注重理论知识的培养和积累，积极从战略的高度统筹规划本乡镇的未来发展。"土气"指的就是身居一线的乡镇领导干部要学会做群众工作，要有较强的与群众沟通交流的能力。在乡镇中，很多事务性工作是领导干部没有办法按上面的政策，法规或规章文件来处理，但作为一项必要完成的工作和任务，这就要求乡镇领导干部善于运用自身"土"的办法去解决问题。经常性的走访村民，运用农民更容易接受的方式来宣传方针政策，与其深层次的沟通交流，这样的方式能使问题更容易得到解决，而不是一味硬性地推行，对于很多基层事务来说摆平就是水平了。

从这种角度来讲，干部的配置应该要"洋土结合"。而对于不同层次的干部结构来讲，这种结合的比例也应不一致。其应该是越到上层，应洋气越重，正如中共中央总书记是不需要亲自处理基层的事务，他需要的更多的是战略性的思考和宏观的指导，而越到基层，则土气应越重。从乡镇角度和层次来讲，乡镇领导班子应该至少要有7分土气，3分洋气。乡镇党委书记，镇长相对来讲洋气成分可以稍微多一些，因为作为乡镇主要干部，更多的需要谋划整个乡镇的战略性的发展。

2. 调改结合，统筹互补

目前我国的乡镇主要有三套领导班子：党、政和人大，而矛盾表现的比较突出的就是党、政和人大的职责不分。在基层有句话是这么说的：党委书记兼人大主席是加强党的领导，人大主席要是单列出来的话也是为了加强人大工作，因为为了这个岗位单配一个领导。因此这种情况从理论上来讲都是合理的，但从实际运行的角度分析这存在一定的问题。再者就是乡镇整个机构的改革也不同程度的涉及领导班子的配置，如何使一套领导班子在与其配套的机构中行使职责对于乡镇工作来说是有一定的必要性和现实意义的。

从基层出发来看，乡镇领导班子如存在不协调的因素，他们可以直接找上级要求重新调配一个干部，一个什么样的干部，对于上一级领导来说为了眼前的工作处理，这样做是比较有利的。但从更上一级的观点来看，从长远的角度来说，我们在重新配备领导干部的同时不仅要考虑干部是否适用，还要兼顾到干部自身的发展和长远乡镇领导班子本身整体的发展。

（二）加强干部战略性优化和培养

在领导干部配置当中，对于干部的培养，应该以战略的眼光看问题，从战略的高度去思考问题，长远规划干部的培养并合理运用，从根本上解决领导干部在选拔任用过程中将遇到的矛盾和弊病。同时干部的培养也是一个动态持续的过程，在合理利用干部的同时，也要注意对干部的不同层次的结构进行优化。

1. 建立功能齐全的人才信息库

针对现有的，后备的以及符合发展规划所需要的人才建立信息库。首先可以从现有的领导干部班子了解，摸清领导班子结构状况。可以充分利用领导干部换届考察时期，通过开展专题调研等方式，准确掌握领导班子的年龄梯次、文化层次、专业分布、性别比例等现状，建立起涵盖各级干部性别年龄、学历专业、政治面貌以及性格个性、经历阅历、气质、价值观等内容的数据库，形成领导班子结构的数字化模型，对领导班子的现状形成比较确切的认识。同时后备干部的各项数据值也应输入人才信息库，并及时地维护和更新其数据。

2. 多渠道选拔和引进不同层次人才，加强后备梯队建设

在人才引进这项工作上谋出路，促发展，投入了很多的人力物力财力。制定出台了人才发展规划，加快形成人才区域竞争中的比较优势。

其次针对后备干部的培养，例如推出了大学生"村官"发展培养计划。研究实施促进大学生"村官"发展的扶持措施，拓展大学生"村官"事业发展空间和渠道，切实保障待遇，促进留村任职和作用发挥。鼓励大学生"村官"面向基层有序流动。

（三）建立灵活适用的监管体制

1. 360°监督制

当前乡镇党政领导干部的配置上存在着很多问题，其中最核心的一个是监督问题。关于监督的方式方法，监督的对象，监督的内容等方面应该都有很明确的规章制度，监督员可以依章办事。很多时候存在着本级的纪委监督能看见但却管不着，而更高一级的有权监督管制但他们却看不见，所以这就存在监督漏洞问题。

在政绩检验方面，由于乡镇其使用的是360°监督制，建立这种机制目的是对领导干部进行查庸治懒，避免有些领导干部出现老百姓嘴上说的上班就是喝喝茶看看报的现象。这种360°的监督体制是一套比较完善的体系，它的主要行使主体是政府的效能办公室，通过效能办不定时的查询网络，按时报捷的方式来监测领导干部的工作。主要方法就是通过健全的网络监管机制，每个干部每天把当天应该处理的大小事务更新到效能办网上的个人主页，也就是把百姓工作公开于网络，对于百姓的事情政府每个工作审批环节都需公开到效能办的网站上，百姓可以通过查阅网站可以知道自己的事情政府已经办到了那个步骤，并且规定政府必须在3个工作日内完成所有事项。如果不能完成，则需说明原因；如缺什么东西，需要提供什么也要说明，否则上级部门即可追究其责任。通过这种网络信息系统来监督监测各部门领导干部的工作效率。

2. 加强考核引导

领导干部业绩的考评，这是一个长期动态的问题，我们不能简单地机械化地去考评。对于领导干部需要有一个跟踪考察的过程。对领导干部的

考察频率是上任1年一小考,3年后再测评一次,5年一个总结性的考察也就是换届考察。考评方式方面,主要有民主测评和谈话考察。考评流程方面,一般先通过发放测评问卷,让各级干部都如实的填写各项测评指标,之后约见到考察办公室,一个个进行面对面的谈话,深入与该部门主要领导干部的交流,主要了解其对整个部门的运行的作用,发现部门内部运行存在的问题,以及对问题的看法和建议。其实对于乡镇领导干部的考察不仅仅需要看其所在乡镇的综合数据,其平时工作中的一贯表现也应该是重点的考察内容。

四、结语

乡镇领导班子是实现乡镇职能和目标的关键,对推进乡镇经济、政治、文化、社会建设具有关键作用,乡镇领导班子状况直接影响我国农村基层现代化建设的进程,对巩固我们党的执政地位具有基础性作用。

本文通过对各乡镇的调查分析可以发现当前我国在乡镇领导班子建设和配备中还存在着结构不尽合理、监督管理体制不健全、晋升渠道狭窄等问题。对于目前所存在的问题,提出要优化领导班子配置结构,增强整体功能,注重"洋土结合",并且要因地制宜,加强后备梯队的管理,调改结合,统筹互补,加强干部战略性优化和培养;其次还要建立功能齐全的人才信息库,多渠道选拔和引进不同层次人才;同时也要建立灵活适用的监管体制,采用360°监督制,加强考核引导;再者就是要优化领导班子配备的制度环境,完善干部交流机制,扩大民主范围,改变考察制度,扩大领导配置决策的公众参与度等方面的意见与建议。

参考文献

[1] 白云萍. 对领导班子结构优化配备的思考 [J]. 组织人事学研究. 2007 (9): 14-16.

[2] 蔡晓春. 乡镇领导班子团队建设与团队效能的研究 [D]. 浙江: 浙江大学. 2001: 43-45.

[3] 常显玉. 构建社会主义和谐社会重在加强各级领导班子建设 [J]. 新长征. 2007 (1): 16-19.

[4] 陈宽．对领导班子结构与功能发挥问题的探析［J］．组织人事学研究．2008 (11)：18－20．

[5] 戴华桂．我国县级党政正职领导胜任力素质模型研究［D］．南昌：南昌大学，2007：35－38．

[6] 顾国超．认真优化气质组合科学配备领导班子［J］．郑州牧业工程高等专科学校学报．2003 (23)：216－217．

[7] 郭庆舜．李花子．关于乡镇领导班子配备改革的调查与思考［J］．求实．2008 (1)：22－24．

[8] 韩恩泽．史浩．科学分析领导班子的若干方法［J］．党员干部之友，2010 (4)：26－27．

[9] 韩连达．浅谈基层单位和谐领导班子的构建［J］．理论学习与探索．2008 (4)：20－22．

[10] 杭天珑．领导班子结构优化的系统思考［J］．领导科学．2006 (10)：6－7．

[11] 于晓军．领导班子素质结构模式及其优化措施［J］．党的建设，2006 (8)：31．

[12] 胡勇．黎阳．王顺奎．加强和谐型领导班子建设的探讨［J］．新重庆．2007 (12)：12－13．

[13] 黄建国．合理搭配领导班子成员是实现领导班子结构优化配置的关键环节［J］．重庆行政．2004 (1)：81－83．

[14] 江增．中国基层党政领导班子结构优化研究—以温州市鹿城区乡镇为例［D］．上海：复旦大学，2008．

[15] 李希．切实把握好领导班子建设的着力点［J］．领导科学．2004 (3)：24－25．

[16] 刘京．基于党政领导干部能力的初步研究［D］．苏州：苏州大学．2004：22－31．

[17] 刘裕斌．山东省县级党委领导班子配备问题研究［D］．合肥：合肥工业大学，2008：32－42．

[18] 刘宗粤．谈领导班子的气质结构［J］．理论学刊．2003 (2)：152－153．

[19] 赵志勇．县处级领导班子和领导干部绩效考核评价体系研究［D］．呼和浩特：内蒙古大学，2010．

[20] 石巨涛等．组织行为学［M］．北京：石油工业出版社，2003：378．

[21] 邓小平．邓小平文选 (2)［M］．北京：人民出版社，1994：9．

调节定向理论及其在人力资源管理研究中的应用

晏常丽[1]

内容提要：调节定向理论是近年来动机理论的一个新发展，能够更好地解释组织中的各种人力资源管理问题。本文首先从内涵和测量方式两个方面对调节定向理论进行了介绍，随后分别列举了调节定向理论在工作重塑、组织承诺和工作绩效等人力资源管理研究问题中的应用，以帮助读者更好地理解该理论的内涵和应用领域。

关键词：调节定向理论；工作重塑；组织承诺；工作绩效

动机是驱使人从事各种活动的内部原因。在人力资源管理领域中，无论管理者还是研究者，都非常关注于既有利于组织绩效，也有助于个人发展的员工行为，而员工行为的内在驱动则是动机。在人力资源管理领域的研究中运用动机的相关理论来分析、解释和预测员工行为，是一种常见的研究思路。除了经典的动机理论之外，人力资源管理领域的研究也十分需要新近发展的动机理论，更好地解决当前复杂多变环境下的各类理论和现实问题。调节定向理论（Regulatory Focus Theory）是近年来动机理论的一个新发展[2]，它的提出和愈加广泛的应用，能够更好地解释组织中的各类人力资源管理焦点问题。

---

[1] 晏常丽，女，北京师范大学政府管理学院博士研究生。
[2] 参见姚琦，乐国安. 动机理论的新发展：调节定向理论 [J]. 心理科学进展，2009，17 (6)：1264 – 1273.

本文的主要目的在于向读者介绍调节定向理论，通过对该理论在人力资源管理研究中的几个焦点概念方面的应用的举例（具体包括工作重塑、组织承诺和工作绩效），来帮助读者更好地理解调节定向理论的内涵和应用领域。这三个方面的内容既包含了对组织绩效起直接促进作用的概念（工作绩效），也涵盖了通过员工自身建设（工作重塑）、员工与组织之间的互动（组织承诺）来促进员工进步，同时间接促进组织绩效的概念。

一、调节定向理论介绍

（一）调节定向理论的内涵

调节定向理论，在国内也被译为"调节焦点理论"，最初由 Higgins（1997）提出，缘起于 Higgins（1987）提出的自我差异理论。该理论的核心观点是，个体在进行自我调节时，存在提升定向（Promotion Regulatory Focus）和预防定向（Prevention Regulatory Focus）不同的调节定向，这会导致个体产生差异性的行为，它反映个体趋利避害的个性特质。

有研究者认为，提升定向与预防定向两种调节方向与双因素理论中的激励和保健因素相类似。[1] 其中，提升定向与激励因素相对应，关注更高层级的收益以及积极的目标和成就，并与"希望"、"理想"和"收益"相联系，具有提升定向的个体更在意奖励的获得与否，因此会采取接近型的策略来实现自己的目标，获得的情绪体验偏向于"得意"或是"沮丧"；预防定向则更多与保健因素相对应，关注于安全感以及回避失败的结果，并与"安全""责任"和"无损"相联系，具有预防定向的个体对是否能够规避风险更加敏感，因此会采取防御型的策略来达到自己的目的，获得的情绪体验偏向于"放松"或"紧张"。此外，两类调节定向在决策重点、状态偏好上也存在差异（见表1）。

在两类调节定向的形成机制上，学者有着较为一致的观点，认为其既是受到个人成长经历中的长期影响而形成个性化的调节定向偏好，也会在某些具体情境下获得激发与启动。前者是一种稳定的、长期的调节定向特

---

[1] 参见王兢岩. 基于调节焦点理论的反馈效果作用机制研究 [D]. 武汉：华中科技大学，2010.

质,被称为"特质性调节定向",后者是一种变化的、暂时的情境反映,被称为"情境性调节定向"。❶

表1 提升定向与预防定向的比较❷

调节定向	提升定向	预防定向
关注焦点	"希望"、"获益"、"理想"	"责任"、"安全"、"无损"
追求目标	追求正面结果 缩小当前状态与希望状态之间的差距	避免负面结果 扩大当前状态与不希望状态之间的差距
衡量标准	"获得"—"没有获得"	"损失"—"没有损失"
行为规范	由"成就"和"抱负"支配	由"职责"和"义务"支配
行为策略	渴望、接近策略	警惕、规避策略
行为动机	较高水平的动机	较低水平的动机
情绪体验	"得意"—"沮丧"	"放松"—"紧张"
决策重点	速度	准确性
状态偏好	改变	稳定

(二) 调节定向的测量

目前对调节定向的测量主要有两种方式。一是问卷法,主要关注于对特质性调节定向的测量;二是实验法,主要运用于对暂时性,即情境性调节定向的测量。

问卷法是目前运用较为广泛的调节定向的测量方法,操作上相对便捷。使用较为广泛的调节定向量表包括 Higgins 等(2001)开发的 RFQ (Regulatory Focus Questionnaire),包含11个题项,以及 Lockwood、Jordan 和 Kunda(2002)开发的特质调节定向量表,包含18个题项;在中国情境下,后者的信度要高于前者(王文忠等,2005)。此外还有 Van – Dijk (2004)、Wallace(2006)开发的量表。在国内,学者们多采用将国外量表翻译为中文的方式进行测量,例如采用广泛使用的 RFQ 量表;史青根据

---

❶ 参见马蜜. 基于调节焦点理论的变革型领导对员工组织承诺的影响研究 [D]. 石家庄:河北工业大学, 2015.

❷ 参见王兢岩. 基于调节焦点理论的反馈效果作用机制研究 [D]. 武汉:华中科技大学, 2010.

Lockwood 等的量表进行了修正,得到了 8 个题目的量表。

实验法通过框架效应诱发被试特定调节定向,通常在实验中会要求被试完成一项任务并给定一个框架。通常包含两种框架:即给出提升、预防线索,或提供获得/没获得、没损失/损失信息。典型的实验是通过分别给"得到/没得到"和"损失/没损失"的成功失败框架相同的任务回报来操纵情境调节定向。[1] 此外,还可以采用通过启动理想和应该型调节目标来操纵情境调节定向,例如通过让个体思考自己的希望、志向或责任、义务诱发提升、预防定向。

二、调节定向理论与工作重塑

(一)工作重塑的内涵与研究意义

Wrzesniewski 与 Dutton(2001)将工作重塑(Job Crafting)界定为:员工为使自己的兴趣、动机以及偏好与工作相一致而自发主动进行改变的行为。[2] 他们认为工作重塑包括任务重塑、关系重塑和认知重塑三个方面。任务重塑过程中,员工在工作中增加或减少工作量、拓宽或缩小工作范围、改变在工作中的行为方式、调整不同任务中的精力投入程度等来完成工作任务重塑。关系重塑是员工改变在工作执行中的交往形式、时间以及交际范围,即个体可以通过改变工作中人际互动的内容及方法来改变他们的人际关系,从而达到工作重塑的目的。认知重塑是员工改变对工作中任务和关系的感知方式,也就是从另一个角度看待自己的工作,获得不同的理解和感受。此外,Bakker 和 Tims 等(基于工作需求—资源理论)认为,工作重塑是员工为了平衡个体工作资源/要求与自己能力/需要而做出的工作改变。[3]

面对当前变化剧烈而不确定性的工作环境,如何从员工的角度,"自

---

[1] 参见莫丽娟. 服务型领导对员工角色内绩效、创新行为和帮助行为的影响研究 [D]. 杭州:杭州电子科技大学, 2014.

[2] 参见 Wrzesniewski A, Dutton J E. Crafting a Job: Revisioning Employees as Active Crafters of Their Work [J]. Academy of Management Review, 2001, 26 (2): 179–201.

[3] Tims M, Bakker A B. Job crafting: Towards a new model of individual job redesign [J]. Sa Journal of Industrial Psychology, 2010, 36 (2): 1–9.

下而上"地通过工作重塑,实现"干一行、爱一行",无论是对于组织提高员工的工作积极性,还是对于员工自己提升工作幸福感,都具有非常重要的理论和现实价值。

(二) 调节定向理论在工作重塑研究中的应用

根据工作重塑的定义,工作重塑与员工的动机相关,其本身就是一种自我调节行为,运用调节定向理论来研究工作重塑,既是目前的一种新视角,也是将来的必然发展趋势。基于人类的自我实现需要和安全需要、理想自我和现实自我等,调节定向理论区分了提升定向和预防定向两种动机,这深刻揭示了人类会因不同需要和自我状态而进行的两种自我调节动机模式。工作重塑也是一种个体自我调节过程[1],它反映的个体对自我与工作关系的调节过程。在工作重塑的研究中,新近有研究发现和初步提出工作重塑包括提升定向工作重塑和预防定向工作重塑(promotion - focused job crafting, prevention - focused job crafting) 的特点[2],并且更多从理论上分析了二者在本质和作用上的差异。对于工作重塑的提升定向调节和预防定向调节路径及其特征的研究,在国内已经引起了部分学者(于海波、程龙等)的关注,从这一视角对工作重塑的探究也将更加深入。

三、调节定向理论与组织承诺

(一) 组织承诺的内涵与意义

组织承诺 (Organizational Commitment) 的概念最早由美国社会学家 Becker 于 1960 年基于经济理性人的假设提出。员工的组织承诺是指企业中的员工效忠于他们所在的企业的态度和行为,它反映了组织内的员工对该组织的喜爱程度、将他们的未来与组织的未来捆绑在一起的程度以及愿意为组织做出个人牺牲的程度。[3] 在结构维度上,Allen 和 Meyer 认为其包含

---

[1] Niessen C, Weseler D, Kostova P. When and why do individuals craft their jobs? The role of individual motivation and work characteristics for job crafting [J]. Human Relations, 2016, 69 (6): 1287 - 1313.

[2] Lichtenthaler P W, Fischbach A. Job crafting and motivation to continue working beyond retirement age [J]. Career Development International, 2016, in press (5): 477 - 497.

[3] 参见郝河. 企业社会责任特征对员工组织承诺及组织公民行为作用机制研究 [D]. 杭州:浙江大学, 2009.

三个维度,即感情承诺、规范承诺和持续承诺。感情承诺指员工对组织价值观与目标的认同而产生的对组织的情感体验;持续承诺指由于离开组织会导致损失及可选择机会的减少而留在组织中;规范承诺指员工因为社会责任而留在组织中的承诺。

许多研究表明,组织承诺与员工的离职意向、组织公民行为与工作绩效有显著的相关性。如何提高员工的组织承诺,关系到更好地保留优秀员工,让员工愿意为组织付出额外的时间和精力,并最终提升组织绩效,对企业来说,具有重要的现实意义。

（二）调节定向理论在组织承诺研究中的应用

Meyer 和 Becker 等（2004）的研究探讨了调节定向对员工的组织承诺的影响。❶ 他们的结果表明,提升定向员工的行为主要受个人理想、兴趣和愿望的影响,倾向形成情感承诺;而预防定向员工则主要受到责任义务较大的外部压力的支配,倾向形成规范承诺和持续承诺。与 Meyer 等的观点相一致,Kark 和 Van Dijk（2007）认为,提升定向调节个体受内在动机驱动,组织承诺表现为情感承诺;相反,预防定向调节个体更多受外部压力影响,组织承诺表现为规范承诺或持续承诺。❷ 国内学者聂海涛通过实证研究发现,调节定向在企业社会责任与员工组织承诺的形成中起到部分中介作用;其中提升定向对情感承诺起到正向影响,对继续承诺则呈现负向影响;预防定向对情感承诺和继续承诺的影响恰好相反。❸ 此外,也有学者认为调节定向理论可以用于解释其他变量对组织承诺影响时的调节作用。例如有学者的实证研究结果发现在变革型领导对组织承诺的影响中,提升定向具有负向的显著调节作用,而预防定向则无显著影响。❹

---

❶ Meyer J P, Becker T E, Vandenberghe C. Employee commitment and motivation: a conceptual analysis and integrative model [J]. Journal of Applied Psychology, 2004, 89 (6): 991 - 1007.

❷ Kark R, Van Dijk D. Motivation to lead, motivation to follow: The role of the self - regulatory focus in leadership processes [J]. Academy of Management Review, 2007, 32 (2): 500 - 528.

❸ 参见聂海涛. 企业社会责任对员工组织承诺的影响研究——基于调节定向的中介作用 [J]. 物流技术, 2015, 34 (24): 115 - 120.

❹ 参见马蜜. 基于调节焦点理论的变革型领导对员工组织承诺的影响研究 [D]. 石家庄: 河北工业大学, 2015.

四、调节定向理论与工作绩效

(一) 工作绩效的内涵与意义

通常认为,个体的工作绩效包括任务绩效和情境绩效两个维度。[1] 其中,任务绩效主要是指工作职责范围内的工作任务完成情况,属于员工的角色内行为,因此也有人将其称为"角色内绩效";情境绩效通常是指工作职责要求范围之外的内容,尽管不会直接有工作职责的产出,但能够帮助提升组织的有效性,从而促进任务绩效的实现,也被称为"关联绩效"或"周边绩效",具体还可以分为工作奉献和人际促进两个方面。

对工作绩效的研究一直是管理学、组织行为学等诸多学科关注的热点问题。工作绩效是人力资源管理研究中最常见的结果变量之一,它体现了员工对组织对直接的贡献。从另一角度来说,工作绩效也会影响员工的态度和行为,例如,工作绩效越高的个体,其从工作中获得的成就感也会越强,其工作满意度也可能更高。

(二) 调节定向理论在工作绩效研究中的应用

现有研究表明,调节定向对工作绩效有显著影响。Neubert 等 (2008) 实证发现,提升定向与预防定向对员工行为有着不同的影响,其中,预防定向与任务绩效呈现显著正相关。与之不同的是,Wallace 等 (2009) 实证发现,两种调节定向与任务绩效都呈现出显著的正相关。[2] 国内学者莫丽娟的研究结果也与 Wallace 等一致。[3] 清华大学吴志明采用领导与下属配对样本,分别从领导者的调节定向和下属的调节定向两个角度,分析了其对下属工作绩效的影响[4],发现领导和下属的提升定向调节对下属情境绩

---

[1] Van Scotter J R, Motowidlo S J. Interpersonal facilitation and job dedication as separate facets of contextual performance [J]. Journal of Applied Psychology, 1996, 81 (5): 525 – 531.

[2] Wallace J C, Johnson P D, Frazier M L. An examination of the factorial, construct, and predictive validity and utility of the regulatory focus at work scale [J]. Journal of Organizational Behavior, 2009, 30 (6): 805 – 831.

[3] 参见莫丽娟. 服务型领导对员工角色内绩效、创新行为和帮助行为的影响研究 [D]. 杭州:杭州电子科技大学, 2014.

[4] 参见吴志明, 武欣, 武艳茹, 等. 领导与下属的调节焦点对下属工作绩效的影响作用 [J]. 科学学与科学技术管理, 2013 (7): 175 – 182.

效中的人际促进和工作奉献两个维度均具有显著影响作用,而二者的预防定向调节则对下属的任务绩效都存在显著影响。

总之,调节定向理论在人力资源管理研究中的关注度正在逐渐升温。该理论体现出的辩证思想,能够更好地应对复杂多变的外部环境给组织人力资源管理带来的诸多新的挑战,能够更好地帮助学者分析和理解人力资源管理实证研究中的诸多悖论,为人力资源管理研究者的学术研究工作注入新的灵感。

参考文献

[1] 姚琦,乐国安. 动机理论的新发展:调节定向理论 [J]. 心理科学进展,2009,17 (6):1264 - 1273.

[2] 吴志明,武欣,武艳茹,等. 领导与下属的调节焦点对下属工作绩效的影响作用 [J]. 科学学与科学技术管理,2013 (7):175 - 182.

[3] 聂海涛. 企业社会责任对员工组织承诺的影响研究——基于调节定向的中介作用 [J]. 物流技术,2015,34 (24):115 - 120.

[4] 郗河. 企业社会责任特征对员工组织承诺及组织公民行为作用机制研究 [D]. 杭州:浙江大学,2009.

[5] 莫丽娟. 服务型领导对员工角色内绩效、创新行为和帮助行为的影响研究 [D]. 杭州:杭州电子科技大学,2014.

[6] 王兢岩. 基于调节焦点理论的反馈效果作用机制研究 [D]. 武汉:华中科技大学,2010.

[7] 马蜜. 基于调节焦点理论的变革型领导对员工组织承诺的影响研究 [D]. 石家庄:河北工业大学,2015.

[8] Kark R, Van Dijk D. Motivation to lead, motivation to follow: The role of the self - regulatory focus in leadership processes [J]. Academy of Management Review, 2007, 32 (2): 500 - 528.

[9] Lichtenthaler P W, Fischbach A. Job crafting and motivation to continue working beyond retirement age [J]. Career Development International, 2016, in press (5): 477 - 497.

[10] Meyer J P, Becker T E, Vandenberghe C. Employee commitment and motivation: a conceptual analysis and integrative model [J]. Journal of Applied Psychology, 2004,

89 (6): 991-1007.

[11] Niessen C, Weseler D, Kostova P. When and why do individuals craft their jobs? The role of individual motivation and work characteristics for job crafting [J]. Human Relations, 2016, 69 (6): 1287-1313.

[12] Tims M, Bakker A B. Job crafting: Towards a new model of individual job redesign [J]. Sa Journal of Industrial Psychology, 2010, 36 (2): 1-9.

[13] Van Scotter J R, Motowidlo S J. Interpersonal facilitation and job dedication as separate facets of contextual performance [J]. Journal of Applied Psychology, 1996, 81 (5): 525-531.

[14] Wallace J C, Johnson P D, Frazier M L. An examination of the factorial, construct, and predictive validity and utility of the regulatory focus at work scale [J]. Journal of Organizational Behavior, 2009, 30 (6): 805-831.

[15] Wrzesniewski A, Dutton J E. Crafting a Job: Revisioning Employees as Active Crafters of Their Work [J]. Academy of Management Review, 2001, 26 (2): 179-201.

后发展地区战略人才引进机制：
协同治理视角分析

蔡义和[1]

内容提要：知识经济时代，战略人才引进在后发展地区实现经济跨越式发展中发挥重要作用。由于"马太效应"，两级分化严重，战略人才引进过程中存在多种问题，单纯依靠政府和企业自身的解决方案，很难解决战略人才引进的困境。协同治理作为新的社会理论，应现代社会需要而出现，为政府、市场、社会参与提供了理论基础。本文从协同治理的视角出发，通过具体案例分析后发展地区战略人才引进机制中存在的主要问题，探索后发展地区战略人才引进的协同治理模式，并从中得到启示，试图提出解决路径。

关键词：战略人才；人才引进；后发展地区；协同治理

一、引言

自改革开放以来，我国一直推行的是鼓励一部分具有区位、资源、人才、政策等优势地区先发展，然后带动后发展地区，最终达到共同富裕。但为了更快地取得高收益，大部分资源总是指向条件更加成熟的地区，而这些资源带动经济发展，如此循环往复，地区间差异越来越大。后发展地区如何才能真正缩小与先发展地区的差距，最根本的方法就是培养和吸引人才，而且需将人才引作为发展战略，招纳战略型人才是重中之重。可由于"马太效应"的存在，资源越丰富的地区，对人才的吸引力越大；越是

---

[1] 蔡义和，女，北京师范大学政府管理院博士研究生。

资源匮乏的地区，人才流失就越严重，并且单靠企业自身的改进和政府的政策，很难解决后发展地区战略人才引进的困境。本文立足于协同治理理论视角，深入探讨政府、市场主体的企业和社会组织三方在战略人才引进中的角色分配，找出后发展地区战略人才引进存在的问题，试图构建协同治理的战略人才引进机制。

二、相关概念界定

（一）后发展地区

"后发展区域"，是区域经济学所着重研究的一个领域[1]。后发展地区指的是介于经济发达地区与经济不发达地区之间、完成加速发展的准备条件、正处于发展转折关头的地区，是区域经济学研究中极为有效率的研究目标。在对于此类区域的研究中，西方理论在阐述了区域不均衡发展、后发展区域的出现是不可违背的历史事实之后，着重于研究后发展区域如何克服自身劣势，发挥自身由于"后发"而带来的独特优势，创造出独具一格的发展模式，迎头赶上先发展地区。

（二）战略人才

人才，是指具有一定的专业知识或专门技能，进行创造性劳动，并对社会做出贡献的人，是人力资源中能力和素质较高的劳动者。

中国作为世界上最大的发展中国家，人口多，底子薄，人均资源相对不足，这一基本国情决定了中国的发展必须坚持"以人为本"，走人才强国之路。从而推出人才强国战略，把人才作为推进事业发展的关键因素，努力造就数以亿计的高素质劳动者、数以千万计的专门人才和一大批拔尖创新人才，建设规模宏大、结构合理、素质较高的人才队伍，开创人才辈出、人尽其才的新局面，把中国由人口大国转化为人才资源强国，大力提升国家核心竞争力和综合国力，完成全面建设小康社会的历史任务，实现中华民族的伟大复兴。中国的人才战略是经济社会发展战略的重要组成部

---

[1] 陈阳，后发展地区社会管理创新中的政府行为研究——以江苏省沭阳县为例［D］. 硕士学位论文，2013 年 5 月。

分，是关于人才资源发展的总体谋划、总体思路。

在人才战略的背景下，提出了战略型人才的概念，这在人才的基础上提出了更高的要求。战略型人才需要具备多种能力：要有战略思考，创新思考，预见未来变化，设计战略实施方案，果断决策，突出的沟通愿景能力，还要有高尚人格的感召力。

三、协同治理理论的回顾及实践价值

协同治理的概念，来源于管理的协同，是指为了有效实现系统整体功能效应，运用协同的思想和方法总结管理对象的规律，并对其实施管理的一种理论❶。实现协同效应是协同管理的目标，其内在本质是要素在按照某种方式相互作用的过程中，产生相关的序参量，以此促使系统向有序、稳定的方向发展，从而将系统的整体功能发挥到最大❷。

国外学者的协同治理研究始于1976年由德国物理学家哈肯提出来的协同学❸。协同学的理论认为，在一定条件下，非平衡状态和平衡状态都可完成从无序到有序的转变，完全不同的子系统可构成新系统。协同论是完全不同的系统间发展形成的，不管发生何种演变，在协同论的视角下，子系统间相互作用，相互协调，最终出现有序的结果❹。

一些西方学者受到协同学的启发，将这一思想引入到社会学中，开始对社会的协同治理问题进行研究，由此发展成了社会治理中的协同治理理论。1995年，协同治理的概念被引入中国，随即受到了国内学者的关注。20世纪90年代，我国进入市场经济发展的新时期，传统的政府单一管理模式已难以满足社会对公共服务的需求，另一方面，诸如社会组织、市场、公民等多元主体正逐渐渴望参与到社会管理中。这就需要全新的管理理念来促使政府管理模式的转变，逐渐向多元主体的协同治理转变。由此，多元治理、多中心治理、合作治理等新的理论概念不断出现，成为协

---

❶ 白列湖、王孝军. 刍议管理协同机制模型之构建［J］. 系统科学学报，2009（3）.
❷ 潘开灵、白列湖：管理协同倍增效应的系统思考［J］. 系统科学学报，2007（1）.
❸ 徐浩鸣. 混沌学与协同学在我国制造业产业组织的应用［D］. 哈尔滨：哈尔滨工程大学，2002.
❹ 邹珊刚等. 系统科学［M］. 上海：上海人民出版社，1987.

同治理的理论基础和来源。2004年党的十六届四中全会首次提出"建立健全党委领导、政府负责、社会协同、公民参与的社会管理新格局"。协同治理研究在国家政策的引导下步入正轨。十八大报告指出要加快推进社会体制改革，在原有的党委领导者、政府负责者、社会协同者、公众参与者的社会管理格局基础上，重视"法治保障"，从而形成"政社分开、权责明确、依法自治的现代社会组织体制"。以此为发展方向，我国协同治理研究进一步拓展延伸，以适应发展新要求❶。

我国国内近二十年来，对协同治理的研究，内容不断丰富，研究方向趋向多样化，主要有以下几个方面：第一，对协同治理理论本身的研究，深入探讨其产生的背景、定义、特征和现实意义等。第二，对政府转型中协同治理的研究，协同治理是政府治理模式发展的必然趋势。第三，对公共服务供给的协同治理研究。党的十七届三中全会提出"公共服务均等化"的目标促进协同治理研究中公共服务供给机制研究的增加。第四，对政府与社会组织协同治理研究。十六届四中全会"十六字"社会管理新格局，"社会协同"成为协同治理的新焦点。第五，对协同治理理论的反思。学者们在实践中不断修正和拓宽协同治理研究视野，深入其研究内容❷。

四、目前后发展地区在战略人才引进过程中存在的问题

后发展地区的社会经济较为落后，运行机制不健全，在战略人才引进问题的处理上，要么依靠政府解决，要么单纯依靠市场，不可避免地会走向两个极端。在战略人才引进的过程中，面对责任逃避、搭便车等诱惑时，市场和政府都可能遇到无法逃避的困境❸。

（一）政府的单一治理不足以解决战略人才引进问题

政府的政策和相关机制对在区域经济发展起到较大作用，尤其是后发展地区，政府机制更是发挥绝对的推动作用。然而，政府并不能解决所有问题，随着社会经济进一步发展，"马太效应"的存在，仅靠政府的单一

---

❶❷ 鹿斌、周定财. 国内协同治理问题研究述评与展望［J］. 行政论坛，2014（1）.
❸ 迈克尔·麦金尼斯. 多中心体制与地方公共经济［M］. 毛寿龙，李梅（译）. 上海：上海三联书店，2000：75-76.

治理使得战略人才引进工作中的问题越来越突出。

第一,政府也会出现失灵。政府官员作为实际生活中的普通人也会追求个人目标和个人利益最大化,他们的行为某些时候不一定符合公共利益或社会集体目标。首先,为了政绩,政府会把目光过多集中在大项目、大资金上,而忽视了可以让资源得到升华的人才资源,尤其是具有战略长远思想的战略人才。其次,信息的不对称性,政府不一定能准确计算战略人才引进的全部成本和收益,这就很难对此证词做评估。再次,政府决策的高度僵化和官僚主义的现象,可能会影响战略人才资源的合理配置。最后,如果政府政策变化频繁,就会严重影响企业生产经营活动,即使引入了战略人才也得不到发挥价值的稳定环境。

第二,政企缺乏沟通。后发展地区主要是通过政治和经济的优惠政策吸纳人才,不注重人力资源的合作开发机制建设,不重视联合企业、高校、科研机构、社会组织等共同参与战略人才开发利用,这样就会出现一系列问题,如重视战略人才数量而忽略质量;忽视了人才成长的稳定环境;后续服务跟不上等。

(二) 后发展地区存在市场机制缺陷

市场机制是后发展地区战略人才引进的核心,但由于市场失灵及战略人才流动高成本,使得很难仅通过市场调节,这就需要政府来弥补。

第一,后发展地区企业内在活力缺乏。后发展地区经济基础较弱,中小企业居多,关乎发展的成本等因素可能更受经营者关注。由于企业规模较小,若自身引进战略人才可能不经济,造成企业积极性不高。若借助政府和社会力量,将战略人才引进公共化,多方参与,这样既可以得到专业的战略人才引进知道,又降低成本。同时吸纳战略人才的过程也是企业全面学习人力资源管理的过程,这样会促进中小企业成长。

第二,后发展地区公共服务市场化水平不够。人才,尤其是战略型人才在择业的过程中,必然会考虑工作生活的区域能给自身带来多大的附加值,而不仅仅是关注企业本身的优劣,企业所在的地区能够保证公共服务的供给是影响战略人才引进的重要因素。由于受计划经济体制的长期影响,后发展地区往往公共服务供给机制还不够完善,这就造成一些关乎民生的服务性事务都是由政府一手操办，一方面增加了政府压力，另一方面也降低了公共服务质量和效率。

（三）社会组织与公民的参与积极性较低

"官本位"思想在我国尤其是后发展地区还比较严重，公民与社会组织参与公共事务的知识水平和意识相对要低，而且这些思想的束缚也使公民与社会组织缺乏参与热情。公民与社会组织常误以为公共服务等就是政府部门的工作，这样的观念也使公民对公共服务事务依赖政府，表现被动，缺乏参与。由于政府在公共服务方面的独断，缺乏系统性和持续性，政府作为提供者往往侧重于经济类大型基础设施建设，而对社会保障、科技文化、环境保护等影响人才流动的公共服务投入不足。

总之，要走出困境，必然需要实现机制创新。

五、协同治理理论对后发展地区战略人才引进的启示与路径选择

战略人才引进是后发展地区实现跨越发展的关键，对整个地区的全体社会成员（包括企业和个人等）的根本利益都息息相关。协同治理强调通过政府、社会组织、企业和公民自治在内的多元治理主体，能够计算成本和收益，促进利益扩大；同时，鼓励各主体遵守行为准则，通过合作互动对公共事务进行有效治理，实现资源配置的最优状态[1]。

因此，利用多中心协同治理理论，围绕战略人才引进活动，构建政府、市场和社会组织的多元互动模式，可充分发挥协同治理对战略人才资源整合的有效性，为后发展地区人才引进困境的解决提供了操作性思路（见图1）。

---

[1] 许尧，孙增武. 多中心治理：基层公共事务管理的深度创新——以业主自治为例 [J]. 唯实，2010（2）：82–85.

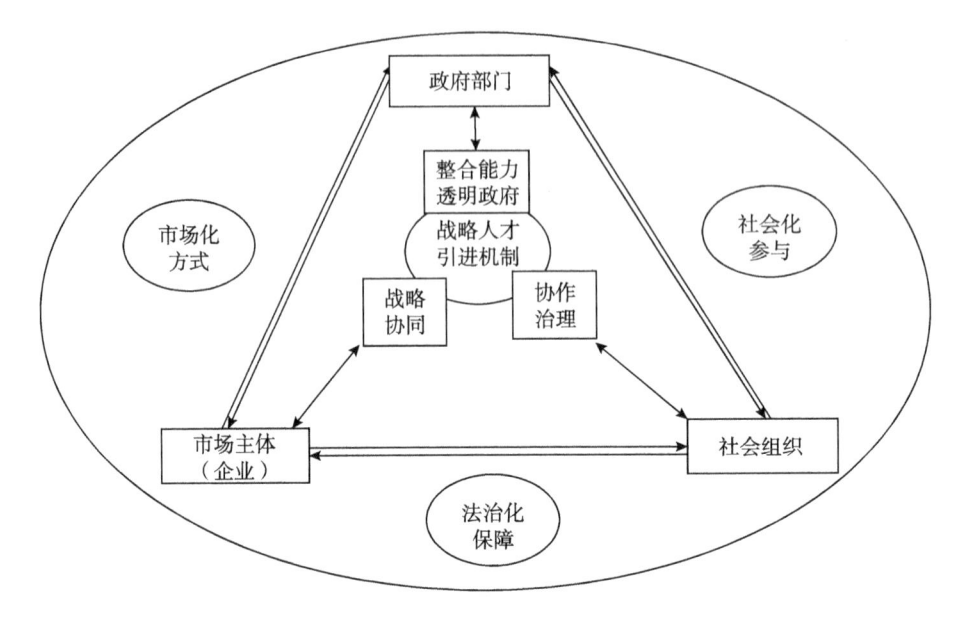

图1 后发展地区战略人才引进机制框架

对于后发展地区而言，战略人才的引进要遵循协同治理理论的理念，政府部门、企业和社会组织多元主体的协同治理，并通过市场化方式、社会化参与、法治化保障等环境促进战略人才引进机制的完善和改进。

（一）推动市场化方式，充分发挥企业作为后发展地区战略人才引进的重要载体作用

推动政府在战略人才引进工作中从"操作"向"监管"转变，从"政策"向"环境"转变。进一步转变政府战略人才工作引进职能，从干预到多元化，尤其是使企业真正成为战略人才引进工作的重要载体，克服战略人才引进中存在的行政化、官本位倾向。借助市场和社会力量吸纳战略人才，营造人才开放发展的市场环境。企业可在战略人才引进过程中向政府提意见，使得形成适合自己的人力资源发展政策环境，同时针对不同经营战略采用不同的薪酬策略。

（二）打破沟通障碍，促进社会共同参与

大力培育和扶植社会组织和第三方机构，推动各类行业、服务机构大力发展，促进政企沟通。探索政府战略人才引进部门与公共机构、民间组

织、私营单位等多元主体的协同治理模式，通过政府采购、服务外包、协同开发等多种形式，使得多方主体参与战略人才公共服务供给环节，增加战略人才服务的交付数量和质量。

（三）为战略人才引进建立法治化保障

加强战略人才引进法治建设、逐步建立体系完整、内容充足、结构协调的战略人才引进法律法规体系，实现战略人才综合立法，将战略人才引进的政策优势转变为法治优势，为纳天下英才提供法治保障环境。

综上所述，要有效地解决后发展地区战略人才引进困境，就必须从公共服务供给入手，通过政府、市场和社会组织的协同的良性互动，并在此基础上探索后发展地区战略人才引进的新对策体系，利用协同治理的机理构成系统的战略人才引进模式。

参考文献

[1] 陈阳. 后发展地区社会管理创新中的政府行为研究——以江苏省沭阳县为例 [D]. 武汉：华中师范大学管理学院，2013.

[2] 白列湖，王孝军. 刍议管理协同机制模型之构建 [J]. 系统科学学报，2009 (3)：42-45+51.

[3] 潘开灵，白列湖. 管理协同倍增效应的系统思考 [J]. 系统科学学报，2007 (1)：70-73.

[4] 徐浩鸣. 混沌学与协同学在我国制造业产业组织的应用 [D]. 哈尔滨：哈尔滨工程大学，2002.

[5] 邹珊刚等. 系统科学 [M]. 上海：上海人民出版社，1987.

[6] 鹿斌，周定财. 国内协同治理问题研究述评与展望 [J]. 行政论坛，2014 (1)：84-89.

[7] 迈克尔·麦金尼斯，毛寿龙，李梅. 多中心体制与地方公共经济 [M]. 上海：上海三联书店，2000：75-76.

[8] 许尧，孙增武. 多中心治理：基层公共事务管理的深度创新——以业主自治为例 [J]. 唯实，2010 (2)：82-85.

[9] 孙锐. "十三五"时期我国人才管理体制改革相关问题探讨 [J]. 国家行政学院学报，2016 (3)：30-34.

[10] 田凯，黄金. 国外治理理论研究：进程与争鸣 [J]，政治学研究，2015 (6)：47-58.

"双一流"大学建设政策分析与启示

郑晓雯[1]

内容提要：借鉴扎根理论观点，分析《统筹推进世界一流大学和一流学科建设总体方案》样本。采取内容分析法，确定研究的政策文本，构建政策工具分析框架，对政策文本进行编码，划定分析模块，对编码后的政策文本归类，了解政策构成，提出优化与完善建议。研究表明，环境型政策工具占据了我国"双一流"政策工具的绝大部分，体现了国家对高校转型升级的重视，但政策的宏观性与模糊性降低了其现实可行性。方案中科研水平和人才培养的政策工具相对缺乏，建议政府部门应不断挖掘和促进研究型大学发展的内在动力，通过政策工具的指引提升高等院校的科研水平，注重将学科发展的机制有效地引入到人才培养路线，促进高层次人才发展。

关键词：政策工具；"双一流"；内容分析法；扎根理论

一、问题的提出

2015年10月24日，国务院印发《统筹推进世界一流大学和一流学科建设总体方案》（以下简称《推进世界一流大学和学科方案》或《总体方案》），要求按照"四个全面"战略布局和党中央、国务院决策部署，坚持以中国特色、世界一流为核心，以立德树人为根本，以支撑创新驱动发展战略、服务经济社会发展为导向，坚持"以一流为目标、以学科为基础、以绩效为杠杆、以改革为动力"的基本原则，加快建成一批世界一流大学

---

[1] 郑晓雯，女，北京师范大学政府管理学院博士研究生。

和一流学科。根据《推进世界一流大学和学科方案》，到2020年，中国若干所大学和一批学科进入世界一流行列，若干学科进入世界一流学科前列；到2030年，更多的大学和学科进入世界一流行列，若干所大学进入世界一流大学前列，一批学科进入世界一流学科前列，高等教育整体实力显著提升；到21世纪中叶，一流大学和一流学科的数量和实力进入世界前列，基本建成高等教育强国。

本研究借鉴扎根理论的研究思想，以当前我国高等教育政策体系中的纲领性文件《统筹推进世界一流大学和一流学科建设总体方案》为分析样本。对《总体方案》进行分析，有助于了解我国高等教育政策的关注点，发现政策中潜在的缺失与冲突，这对于后续各地"双一流"细则和实施办法的出台、修订、完善具有重要的指导意义。本文采取内容分析法，在确定欲研究的政策文本的基础上，构建政策工具分析框架，对政策文本进行编码，划定分析模块，继而对编好码的政策文本进行归类，充分了解政策构成，最终促进其优化与完善。

二、政策工具视角下的政策分析框架

政策工具作为政策研究中的焦点问题，相关研究可以追溯到20世纪50年代中期，兴起于80年代，90年代得到了快速的发展。在经典著作《政府的工具》《公共政策工具——对公共管理工具的评价》和《政府工具——新治理指南》的推动下，公共政策工具的研究得到了快速发展。[1]近年来，在公共管理领域内，国内外学者对政策工具的研究产生了浓厚的兴趣，取得了一系列丰富的理论和实践研究成果。伴随着研究的深入，学者们对政策工具的认识随之加深，他们认为公共政策工具是政策分析中在工具理性层面上的发展与深化，它是公共政策制定者政治博弈的结果，反映了政策的延续性，并非是单纯的技术行为。政策工具作为政策目标和政策结果实现的桥梁，是政府治理的手段和途径。[2]美国学者奥斯本和盖布

---

[1] 宁甜甜, 张再生. 基于政策工具视角的我国人才政策分析 [J]. 中国行政管理, 2014 (4).
[2] 荀欢, 刘利才. 基于政策工具视角的养老服务政策文本：一种分析框架 [J]. 四川理工学院学报（社会科学版），2014 (2).

勒在《改革政策》中将政策工具比喻成为政府的"箭",充分肯定了政策工具在政策实现过程中的重要作用。❶

(一) X 维度:基本政策工具维度

本研究借鉴罗斯维尔(Rothwell)的研究成果❷,将供给型、环境型和需求型三类政策工具作为政策分析的 X 维度。其中,供给型和需求型的政策工具对我国高等教育事业的发展具有直接的推动与拉动作用,环境型政策工具为间接的影响作用(见图1)。❸

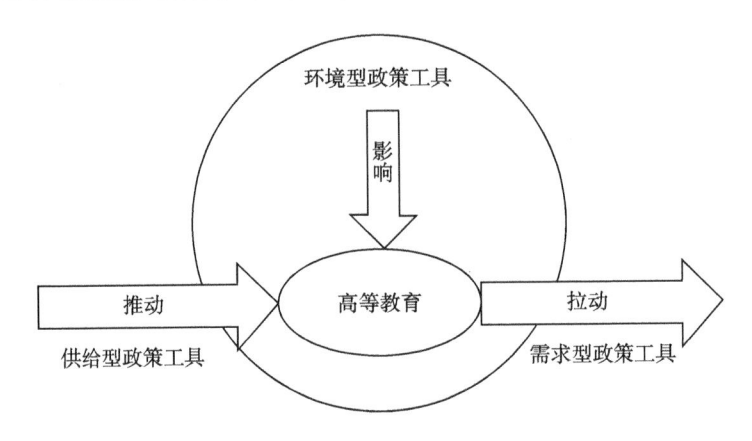

图1 政策工具对高等教育事业发展作用

供给型和需求型政策工具是政府从供给和需求 2 个方面出台相应的措施以实现加快高等教育治理体系和治理能力现代化的政策目标。其中,供给型政策工具是指政府通过提供高等教育优化发展所需的相关要素,例如资金、信息、技术等,直接推动高等教育治理体系和治理能力现代化发展。需求型政策工具是指政府通过对高等教育优化发展持续的支持和关注,通过政府采购、服务外包、海外交流等多种形式促进我国一流大学和一流学科的建设工作。环境型政策工具则是通过优化高等教育发展环境从而间接推动"双一流"的战略部署,具体可分为目标规划、金融支持、税

---

❶ 宁甜甜,张再生. 基于政策工具视角的我国人才政策分析 [J]. 中国行政管理, 2014 (4).
❷ Rothwell R, Zegveld W. Reindustrialization and Technology [M]. London: Longman Group Limited, 1985.
❸ 赵筱媛,苏竣. 基于政策工具的公共科技政策分析框架研究 [J]. 科学学研究, 2007 (1).

收优惠、策略性措施等。❶

(二) Y 维度:"双一流"政策实施效果因素

学科是大学的基本单元,"双一流"建设的核心应该是一流学科建设。学科不仅仅是系统的知识体系,还是一个以院系建制为依托的实体组织,具有自己的运转机制与力量配置等组织要素。目前没有对世界一流学科的学术体系进行精细化的评价标准,我们只能根据学科组织的基本要素来作为考察我国"双一流"政策的基本维度。本研究将能有效衡量我国"双一流"政策实施效果的因素归纳为5个方面,具体如图2所示。

(三) 二维分析框架的构建

基于上述 X 维度与 Y 维度的内容构成,我国"双一流"政策二维分析框架可如图 2 所示。

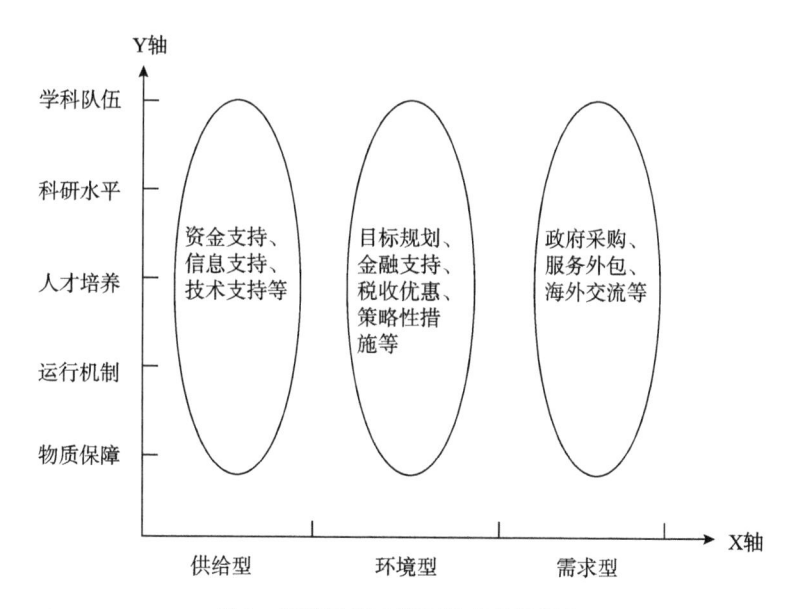

图2 高等教育政策两维度分析框架

---

❶ 张歆君. 政策工具视角的中小企业技术创新政策分析 [J]. 中国行政管理, 2012 (4).

三、基于政策工具的《推进世界一流大学和学科方案》内容分析

(一)《推进世界一流大学和学科方案》政策文本内容编码

鉴于《统筹推进世界一流大学和一流学科建设总体方案》(以下简称《总体方案》)在我国高等教育政策体系中的方向引领性作用,研究将其作为基本的分析单元,分析对象为《总体方案》的政策文本内容。对其每条政策内容包含的政策单元进行编码,形成表1所示编码表。由于篇幅限制并未全部显示所有文本内容的编码情况。

表1 《总体方案》政策文本内容分析单元编码一览表

政策条目	内容分析单元	编码
第1条	高举中国特色社会主义伟大旗帜,……提升我国高等教育综合实力和国际竞争力,为实现"两个一百年"奋斗目标和中华民族伟大复兴的中国梦提供有力支撑。	1-1-1
第2条	坚持中国特色、世界一流,……更好地为社会主义现代化建设服务、为人民服务。	1-1-2
……	……	……
第33条	要强化跟踪指导,对建设过程实施动态监测,及时发现建设中存在的问题,提出改进的意见建议。建立信息公开公示网络平台,接受社会公众监督。	5-18-4

(二)《推进世界一流大学和学科方案》的 X 维度分析

根据 X 维度的分类要求,对编码好的《总体方案》政策单元进行归类,结果如表2所示。

表2 《总体方案》X 维度基本政策工具分布情况一览表

政策工具类型	具体分类	《总体方案》内容编号	数量	百分比
供给型	资金支持	4-14-3、4-15-1、4-16-3、5-18-1	4	12.1%
	信息支持			
	技术支持			

续表

政策工具类型	具体分类	《总体方案》内容编号	数量	百分比
环境型	目标规划	1-1-1, 1-1-2, 1-2-1, 1-3-1, 1-3-2, ……	9	78.8%
	金融支持			
	税收优惠			
	策略性措施	1-2-2, 1-2-3, 1-2-4, 2-4-1, 2-5-1, ……	17	
需求型	政府采购			9.1%
	服务外包	4-16-2, 5-18-3	2	
	海外交流	3-13-1	1	

由表2可知,《总体方案》综合运用了供给型、需求型和环境型政策工具。然而,这3种政策工具的应用程度明显不同:应用最多的环境型政策占政策工具整体的78.8%,其次,供给型政策工具为12.1%,而需求型政策工具仅占9.1%。目前我国政府主要依靠环境型政策工具推动我国高等学府的转型升级。

1. 环境型政策工具过溢

整体看来,《总体方案》较多地使用了环境型政策工具,这符合我国的基本国情。目前,我国的高校转型升级建设仍处于探索阶段,思想认识、策略体系及行动策略等方面尚不成熟,导致在政策上使用了较多的策略类措施。进一步研究发现,此类政策工具的频繁使用充分反映了我国对于高等教育工作的重视,意在通过宏观的政策引领,构建与国际接轨的高校发展环境;然而,有些政策因模糊性较强,缺乏可操作性而无法落实。具体来看,在环境型政策工具中,策略性措施(如绩效激励约束机制、产教融合、校长负责制、成本分担机制等)占比为65.4%,而更为宏观的目标规划占比34.6%,金融支持和税收优惠仍处于真空地带,应成为后续"双一流"细则制定过程中重点关注的方向。

2. 供给型政策工具不足

供给型政策工具在《总体方案》中所涉及的条目偏少,仅在资金支持方面有所体现,忽略了信息和技术支持的重要作用。在信息高速发展的时代,通过大数据为高等教育发展和高校转型升级提供决策依据,增强战略规划的前瞻性、可行性和科学性是后期"双一流"政策规划和实施应该思考的重点课题。

3. 需求型政策工具短缺

需求型政策工具从某种程度上确保了高校发展的持续性,比环境型政策工具更为直接和快捷。然而,从《总体方案》的内容分析结果来看,我国需求型政策工具应用相对不足,仅占政策工具整体的9.1%,特别是在政府采购服务方面有所缺失,这为后续政策的制定提供了进步的空间。需求型政策工具的补充与完善应该成为近期政府"双一流"工作的重点。

(三)《推进世界一流大学和学科方案》的Y维度分析

在X维度分析的基础上,加入Y维度衡量指标,研究从学科队伍、科研水平、人才培养、运行机制及物质保障几个维度出发,分析《总体方案》在推动我国高校"双一流"建设方面的作用效果,寻找需要强化的政策工具,得到以下分析结果(见表3)。

表3 《总体方案》Y维度影响因素分布情况一览表

影响因素	《总体方案》内容编号	数量	百分比
学科队伍	1-2-2, 1-3-1, 1-3-2, 1-3-3……	8	24.2%
科研水平	2-6-1	1	3%
人才培养	1-2-1, 2-5-1, 3-11-1	3	9.1%
运行机制	1-1-1, 1-1-2, 1-2-3, 1-2-4……	17	51.5%
物质保障	4-14-3, 4-15-1, 4-16-3, 5-18-1	4	12.1%

表3显示,有关运行机制的政策工具共17条,占据了政策工具整体的51.5%,其余依次为学科队伍8条,占比24.2%;物质保障4条,占比12.1%;人才培养3条,占比9.1%;科研水平只有1条,占比仅为3%。这表明到目前为止我国"双一流"政策较多致力于运行机制的建设,揭示出由"985"转型至"双一流"的初始阶段,国家以构建新的运行机制为主,而忽略了科研水平、人才培养和物质保障等影响因素的重要作用。

四、研究启示

(一) X 维度研究启示

环境型政策工具占据了我国"双一流"政策工具的绝大部分。这体现了我国对于高校转型升级的重视,但政策的宏观性与模糊性又降低了其现实可行性。针对这一现状,政府部门除了要明确相关规定的详细要求之外,还应强化配套"双一流"政策实施细则的出台;与此同时,环境型政策工具中的财务金融与税收优惠政策应被重视,可以通过金融及税收政策的调整,对"双一流"建设成绩显著的高校实行政策倾斜,鼓励社会组织参与推动高等教育事业的发展。

(二) Y 维度研究启示

科研水平和人才培养贯穿大学治理始终,新的知识生产模式的演进和世界高等教育国际化浪潮的涌现进一步规约了学科建设和人才培养的实践统一。然而,在《总体方案》中,科研水平和人才培养的政策工具尤为缺乏。针对这一现状,政府部门应不断挖掘和促进研究性大学发展的内在动力,通过政策工具的指引提升高等院校的科研水平;同时,还应注重将学科发展的机制有效地引入到人才培养路线之中,让高层次人才在学科的发展中成长。

参考文献

[1] 宁甜甜,张再生. 基于政策工具视角的我国人才政策分析 [J]. 中国行政管理, 2014 (4): 82 - 83.

[2] 苟欢,刘利才. 基于政策工具视角的养老服务政策文本:一种分析框架 [J]. 四川理工学院学报 (社会科学版), 2014 (2): 21 - 22.

[3] Rothwell R, Zegveld W. Reindustrialization and Technology [M]. London: Longman Group Linited, 1985: 83 - 104.

[4] 赵筱媛,苏竣. 基于政策工具的公共科技政策分析框架研究 [J]. 科学学研究, 2007 (1): 53.

[5] 张歆君. 政策工具视角的中小企业技术创新政策分析 [J]. 中国行政管理, 2012 (4): 43 - 44.

行业协会商会在优化市场机制中的作用研究

周联兵[1]

内容提要：十八届三中全会提出深化改革特别是经济体制改革，要求重点培育并优先发展行业协会商会等。行业协会商会等社会组织与政府、企业等一起构成市场机制的主体体系，其在矫正市场失灵，优化市场机制方面，能够发挥单个企业或政府所不能或不便发挥的作用，因此培育发展行业协会商会等，有利于经济体制改革发展的全局。当前应该采取一系列措施，促进行业协会商会的培育和发展，一是要优先为行业协会商会的依法自治提供政策支持，二是要主动引导行业协会商会的建立，三是加强与行业协会商会的联系，四是明确功能定位，防止市场垄断。

关键词：行业协会；商会；市场机制

党的十八届三中全会决定全面深化改革，努力开拓中国特色社会主义事业更加广阔的前景。其中，在创新社会治理体制这一论题中，要求激发社会组织活力，行业协会商会类社会组织则被列为重点培育和优先发展的社会组织。[1] 行业协会商会类社会组织的顺利成长，对于这次三中全会提出的完善现代市场体系，发挥市场在资源配置中的决定性作用，优化市场机制等方面，能够发挥积极的作用。

一、行业协会商会优化市场机制的机理

行业协会商会与政府、企业等一起构成市场机制的主体体系。企业是

---

[1] 周联兵，男，公共管理学博士，国家开放大学文法学院副教授。

市场机制中的最基本主体，各种企业科学管理，依法经营，是市场有秩序运行，实现资源配置效益最大化和效率最优化的微观基础，这也是市场治理的基本目标。政府是市场机制中的法治框架的供给者，十八届三中全会指出，在推进市场化改革中，要大幅度减少政府对资源的直接配置，政府的职责和作用主要是保持宏观经济稳定，维护市场秩序，加强市场监管，提供公共服务，推动可持续发展等。政府的有效调控是市场机制的宏观保障。在微观的企业和宏观的政府中间，行业协会商会等社会组织作为市场机制运行的中观层次，发挥着重要作用。政府主要从事宏观治理，大幅度减少对企业自身经营的直接干预，然而，单个企业作为理性的利润最大化主体，在市场竞争中又会产生市场失灵的现象。对这一市场现象的治理，便给行业协会商会提供了发挥作用的空间。

行业协会商会优化市场机制的核心机理，在于它能在一定程度上矫正个体理性所导致的群体不理性。很多市场失灵现象，都是根源于市场中的企业等微观主体基于私人利益的最大化，而不能有效合作，改善从业环境，提升效率。例如行业公共产品供给问题。每个行业的每家企业，它们有效经营，高效发展，都有一些共同的条件。例如共同的政策环境，共同的原材料市场等。如何去争取更好的共同条件，这时候组成行业协会商会等框架，便能够形成合力，避免单个企业分头去做造成的势单力孤，而且，还避免了单个企业分别去做所造成的重复投入。又例如各自为战，整体被动问题。行业内单个企业如果相互之间缺乏一定的协调治理机制，就可能会带来整个行业的不利。例如众所周知的2005年以来中国钢铁企业不得不接受国际铁矿石大幅涨价，一个很重要的原因就是国内铁矿石进口商多达118家，而且是一盘散沙的状态。这在对外谈判中，很容易被各个击破，这就会对整个行业的发展造成被动。一盘散沙中的个体是理性的自利行为，但最终对所有个体都会带来损害。再例如行业自律问题。每个行业所从事的商品生产，都应该是符合国家的相应标准的，应该是货真价实的，这样才能在市场上长久生存和发展。但一旦有企业以次充好，甚至不惜危害消费者的健康，从而获得超出正常水平的利润，这往往最终会使得整个行业的形象受损。例如著名的三鹿奶粉事件，对我国的奶粉行业的负面影响至今犹在。而行业协会商会则可以在行业自律方面发挥监督治理的作用。

可以说，正是因为存在个体的理性所导致的群体的不理性，存在市场机制的失灵现象。这才使得行业协会商会等社会组织成为必要。于是，人们在生产和交往中，便在本行业本区域组建行业类合作组织，也就是十八届三中全会提出要重点培育和优先发展的社会组织，即行业协会商会等。德国哲学家黑格尔将这类组织称为同业公会，黑格尔认为同业公会中自私的人的特殊性会自觉地思考和普遍性的统一，进而获得个体目的和公共目的之间的融合。[2]事实上，行业协会商会等社会组织不像企业等微观市场主体直接寻求经济利润，而是服务于市场微观个体的集合，因而这些协会商会等便具有局部的公共性，在这一层面实现了各个企业的利益个别性和整个行业的利益普遍性的统一。正是基于此，行业协会商会等社会组织，才能够在矫正市场失灵，优化市场机制方面，发挥单个企业或政府所不能或不便发挥的作用。当代中国的这些基于市场存在的行业协会商会，有两个源头，一个是从市场微观主体之中自发形成，经政府部门批准而产生的；另一个便是从某一产业领域的原先计划经济体制下的政府管理机构逐渐去行政化演变而来。这些社会组织既是一种组织结构，同时本质上它又代表着或承载着一种关于市场秩序的制度框架。

二、行业协会商会的具体作用

当代中国基于市场经济运行的行业协会商会等社会组织，在政府和企业之间的中观层次，起着规范本行业秩序，促进行业发展，优化市场机制的具体作用。

（1）行业协会商会等社会组织集中对本行业的市场发展各方面的国内国际信息进行调研和分析，提供给会员企业，有利于节省每一家企业从事相同工作的费用。例如广东省工商联早在2008年已经成为以非公有制经济市场主体为主的行业协会，向会员提供商业信息、政策信息、会展和招商引资信息等，提供信息的渠道也很丰富，包括自办杂志、内部简报、电话传真、会议传达、开通商会网站等。实际上，行业协会是在为参加协会的企业或个体经营者等市场主体提供一种公共产品，这种公共产品对于每个协会会员来讲都是很重要的。通过这些公共产品，能使得市场微观主体的经济交易行为的质量获得提高，从而也就提升了市场机制配置资源的有效性，促进了市场经济的完善，提升了社会成员的福利水平。这一层面的公共产品，政府机制是不能有效提供的，因为政府是整个社会各方各面的政府，不可能有此人力物力财力把处在不断变化中的微观市场各领域的具体信息都实时掌握。而且，政府系统是一个科层机制，有其规定的办事程序，信息在政府系统的传递和消化，往往会有一定的时间维度，当政府提供的微观信息到达企业的时候，有可能存在时间差。这也是中国从计划经济体制改革为社会主义市场经济体制的原因之一。而行业协会商会等社会组织既具有公共性，同时又离其成员很近，专门服务于特定行业领域，因而，便成为行业发展信息等公共产品供给者，这种供给的成本明显低于单个企业分别去获取的成本。

（2）行业协会商会等社会组织可以协调本行业内不同企业之间的矛盾，制定并监督行业规范和技术标准，提升行业信誉等。[3]这些都有利于促进市场微观主体的市场经营行为能够更加顺畅、高效地进行。当然这是根据行业协会商会会员们在成立行业协会商会以及召开行业协会商会会议的时候，通过内部的协商过程达成共同的规则来予以规范的。早在20世纪90年代初，温州就成立了烟具行业协会，发挥了优化市场机制，规范市场秩序的作用。当时，温州打火机行业不正当竞争、市场混乱，严重影响了行业发展。温州烟具行业协会在质量检测、价格规范和知识产权保护等方面积极协调和约束本行业企业，维护了市场秩序，促进了温州烟具行业的健康发展。[4] 2013年10月，南京汽配行业协会成立，150多家汽配企业加入，该协会宣示，将杜绝假货，整合行业资源，同时加强行业自律，争取促进南京市汽车服务行业的更好发展。[5]行业协会的上述作用，实际上反映了市场领域根据价值规律自我运行自我规范的自组织特点。行业协会商会等社会组织在这里发挥到的作用，实际上是一种市场自律的作用，它们根据协会商会章程等获得所有会员的授权，来管理和约束所有会员遵守市场秩序，遵纪守法，公平竞争，裁判会员之间的矛盾。大力推动行业协会商会这些的作用的发挥，对十八届三中全会提出加快我国现代市场体系建设具有十分重要的现实意义。由于我国的市场经济体制是国家经济体制转型的结果，因而缺乏自然而然由小变大的发展历程，市场主体缺少在交易竞争中的试错时间长度，也就使得人性的恶在逐利过程中有时逾越必要的界限，经济竞争中的机会主义难以避免。典型的一个例子是近几年来，少数食品企业存在的问题，为了提高利润，往食品里添加对人体没有价值甚至有害的成分，这其实是严重违反市场竞争的法则的，更是违背基本的道德法则的。然而，目前对类似的市场问题的监管，还有待进一步加强，除了政府加强执法之外，通过行业协会商会机制，实现近距离的监测和约束，是一个很具有可行性的途径。

（3）行业协会商会等社会组织可以联系市场微观主体和政府机构，给市场经济发展提供良好的政策环境。社会主义国家原先在计划经济时代掌握着对经济运行和资源配置的主导权力，虽然通过体制改革，向市场和社会放权，但仍然保持着比资本主义国家有效得多的宏观调控能力，而且通常的国家对市场的管理也是必不可少的。在这种情况下，不可避免地会发生市场主体和国家调控或管理之间的张力。这就涉及合理确定经济公共政策的问题。行业协会商会等社会组织在代表和表达市场主体利益，与政府和相关利益方进行协商协调等方面可以发挥桥梁作用，也就是促进包括政府在内的各利益相关方对特定涉及自身利益的公共政策进行协商、会谈，最终达到令各方满意的政策均衡的作用。例如温州市房地产行业协会在2013年2月，曾组织"政企互动"活动，向各会员企业征集由于政府调控所产生的经营困难和问题，然后温州房地产行业协会通过组织座谈会或邀请人大代表政协委员考察调研等方式，促进会员企业与政府部门沟通，为行业发展争取良好的政策环境。[6] 行业协会商会等社会组织在促进市场经济与政府管理之间相互匹配、适应等方面所起的作用，对于市场经济的完善，是具有深刻意义的。市场经济在世界各国，都是既具有一般性，又与本国的政治社会特征紧密结合在一起的。我国市场经济也必然要与社会主义国家结合在一起，市场经济的形态、模式等要在和政府的关系调试中，才能划定边界和轮廓，行业协会商会等社会组织恰好可以在市场和政府之间起到桥梁和介质作用。

三、加强行业协会商会培育发展的几点建议

党的十八届三中全会提出要加快完善现代市场体系，而形成中观层次

的市场的自我组织、自我规范和自我服务的行业协会商会等社会组织，则是题中应有之义。实际上，改革开放以来，特别是随着社会主义市场经济体制的建立，行业协会商会等社会组织已经取得了一定的发展。但随着十八届三中全会规划的深化改革特别是经济体制改革的推进，还需要进一步采取措施，重点培育并优先发展行业协会商会等社会组织，以服务于改革发展的全局。

（1）优先为行业协会商会的依法自治提供政策支持。长期以来，制约我国各类社会组织发展的一个机制性因素是政社不分，任何一个社会组织，既要接受民政部门的登记管理，又要找到一个政府部门作为挂靠单位，接受其业务指导，这一双重管理机制被形象的比喻为社会组织有"两个婆婆"。这一情况不利于社会组织自主发展和发挥作用。十八届三中全会明确提出限期实现行业协会商会与行政机关真正脱钩，北京市从2013年4月1日起，已经启动了行业协会商会类社会组织直接在民政部门登记成立的新政策，给行业协会商会解了套。[7]我们要积极推动各地优先出台政策，为行业协会商会的依法自治和发挥作用创造条件。

（2）主动引导行业协会商会的建立。社会组织化的过程，既可以是自动演化，也可以是主动引导。行业协会商会作为行业的组织化实体，既可以是企业等市场微观主体在不断自主选择中自然而然的走向互助合作，也可以是由政府主动引导和推进而发展起来，后者对于市场经济发育不是特别成熟地区有很大意义，因为这样进行建构，可以反过来起到促进市场经济发展的作用。事实上，在改革开放之初，我们国家成立中国食品工业协会、中国电子音响工业协会等多家全国性行业协会，[8]就是这个道理。在现在的新形势下，我们仍然可以通过政府引导和帮扶，促进行业协会商会的有效发展，尤其是在市场机制发育不充分区域的有效发展。

（3）加强与行业协会商会的联系。行业协会商会发展起来之后，政府部门既要尊重它们的自律自管和自我服务的依法自治地位，又要加强和行业协会商会的联系。因为行业协会商会作为市场微观主体和政府之间的桥梁，如果政府与之疏离，就不利于行业协会商会的桥梁作用的发挥。在按照十八届三中全会要求，加快实施政社分开的工作中，要避免片面化极端化地理解中央政策，不能由原先的管得过多转变为不闻不问，采取疏离态度；而是要积极引导，使行业协会商会等为我国现代市场体系建设服务。

（4）明确功能定位，防止市场垄断。对于行业协会商会，应该有明确的定位，主要就是三条，一是提供行业公共产品和服务，二是行业自律，三是沟通政府和企业等微观市场主体。总而言之，就是要让行业协会商会发挥健全市场经济体制机制，促进经济健康高效运行的功能。但是，企业联合起来之后，也可能产生垄断市场，扭曲资源配置，降低社会福利的负面后果，对于此，政府就要坚决依法予以监督和管制。2013年7月底，国家工商总局通过反垄断平台公布了12起垄断案件，其中有9件是由相关行业协会组织会员达成的。[9] 这也就意味着，在重点培育和优先发展行业协会商会的同时，要通过合理的方式，防止其人为地制造垄断，通过依法管理使之运行在健康有序有益的发展轨道上。

参考文献

[1] 中共中央. 中共中央关于全面深化改革若干重大问题的决定［M］. 北京：人民出版社，2013：50.

[2] 黑格尔. 法哲学原理［M］. 范扬、张启泰译，北京：商务印书馆，1961. 237，248，251.

[3] 丘海雄、吴军民. 行业协会研究综论：经验与课题［A］. 见高丙中、袁瑞军. 中国公民社会发展蓝皮书［C］. 北京：北京大学出版社，2008. 255，260 - 261.

[4] 吴玉章. 中国民间组织大事记［M］. 北京，社会科学文献出版社，2010. 27.

[5] 尚携. 南京首个汽配行业协会成立150多家经销商承诺杜绝假货［N］. 南京日报，转引自中国社会组织网（http：//st. chinanpo. gov. cn/6000/70267. html）2013 - 12 - 15.

[6] 林林. 温州市房协开展"政企互动"征集活动［J］. 浙江房地产，2013（2）：54.

[7] （政策刊登）北京市四类社会组织四月起直接登记［J］. 中国社会组织，2013（4）：5.

[8] 周联兵. 当代中国公民社会与民族复兴［M］. 北京：中央广播电视大学出版社，2013：46.

[9] 刘政宁. 垄断推手［J］. 决策探索，2013（17）：9.

PPP 模式在城乡居民医保一体化建设中的应用

——以湛江模式为例

杜晓宇[1]

内容提要：在基本公共服务均等化的大背景下，湛江市引入 PPP 模式，在城乡居民医保一体化建设中取得了显著成效。通过对湛江经验的分析，文章认为，确立政府的主导地位，在此基础上积极发挥市场的作用，构建多元主体的公私合作伙伴关系，实现经济效益和社会效益的统一，是适应市场经济发展要求，构建城乡一体化医疗保障制度的必然选择。

关键词：城乡居民医保一体化；PPP 模式；湛江模式

随着城镇职工基本医疗保险、新型农村合作医疗（以下简称"新农合"）和城镇居民基本医疗保险制度的相继实施，我国初步建成了覆盖城乡不同群体的医疗卫生服务体系，进入制度完善阶段。在基本公共服务均等化的大背景下，打破城乡界限，加快城乡居民医保一体化建设是贯彻落实党和国家相关政策精神的重要内容，也是一项符合"新医改"要求，坚持以人为本，构建和谐社会的重要举措。引入 PPP 管理模式，在政府主导下建立市场化的运行机制，能够在全民医保体系建设中很好地起到消除城乡差异、提高运行效率和服务水平、促进城乡一体化的作用。广东省湛江市推行的医保制度改革是在城乡居民医保一体化建设过程中应用 PPP 模式的一次成功实践，湛江的探索对建立城乡一体化的医疗保障管理制度、推

---

[1] 杜晓宇，男，北京师范大学博士研究生，中国人民保险集团股份有限公司业务主管。

动新一轮医药卫生体制改革都具有重要的启示意义。

一、PPP模式及其在公共服务供给中的应用

PPP全称为"Public – Private Partnership",译为"公私伙伴关系",是指公共部门(政府部门)与私人部门(商业机构等盈利性组织或非盈利性组织)建立伙伴关系,提供公共产品或服务的一种合作模式。

PPP模式具有以下三方面特质:第一,PPP模式是一种公私合作伙伴关系。PPP模式的核心问题是为了完成某些公共服务项目而在公共部门与私人部门之间建立起良好的合作伙伴关系。政府在公私伙伴关系中始终处于主导地位,并以政府和私人部门之间达成协议为合作的前提。政府和私人部门都不能以牺牲对方利益来谋求自身利益的最大化,而只能以实现经济利益和社会利益共赢的理念来保证长期合作伙伴关系的实现。第二,PPP模式是一种项目融资和管理运行模式。PPP模式的实质是通过公共部门与私人部门的合作,达到借助私人资本提供公共服务或引入私人部门的管理与运作机制,在公共服务供给过程中改善和提高公共部门运作效率和效果的一种新尝试。因而,PPP模式既是一种项目融资模式,又是一种管理运行模式。第三,PPP模式是一种多元主体参与公共服务供给的模式。在PPP模式中,不仅有公共部门与私人部门的合作,还可能有社会组织或公民个人的参与,多元化的合作主体协作模式形成了多元化的主体监督制约机制。PPP模式运行过程中,政府、私人部门、社会组织等合作主体以完成公共服务的供给为目的,发挥各自优势,充分利用有限资源,形成以双赢或多赢为理念的相互合作形式,参与各方均可以达到比单独行动更为有利的结果。这种多赢的局面也实现了公共部门和私人部门的帕累托最优——经济效益和社会效益的双赢。这是PPP模式的最终目标。

PPP模式作为一种多元主体的供给模式,在提供公共服务的过程中旨在减轻政府的财政负担,促进政府职能转变。在我国市场经济建设过程中,政府的投融资已经逐步退出竞争性的生产领域,但在公共服务投资供给方面的压力却日益增加。有限的政府财力使得其在提供公共服务的过程中出现"缺位"或"越位",导致政府失灵。PPP模式中多元化的合作主体带来了丰富的资金、技术、服务网络等社会资源,在有效缓解政府财政

压力的同时，弥补了其在提供公共服务中的不足，有利于政府管理职能的转变。PPP模式在公共管理上的优势体现在两个方面。第一，私人部门参与合作可以发挥其在技术和管理上的优势。私人部门带来的先进的经营理念、技术经验和管理模式，使得公共服务项目的管理和运作更加规范化和科学化。第二，多元主体的监督管理约束机制有助于对风险的管控。PPP模式中建立合作关系的各个参与方共同分担风险和责任并相互监督和约束，有助于建立独立公正、合理高效的监管体制，有利于防范和控制风险，保证公共服务项目可持续发展。

二、PPP模式在城乡居民医保一体化建设中的应用：湛江模式

湛江市在广东省属于欠发达地区，总人口760万，农村人口515万。❶在基本公共服务均等化的大背景下，为解决城乡医保缴费标准不同，保障水平悬殊，群众参保积极性不高等问题，2009年1月1日，湛江市打破城乡二元分割，启动城乡医保一体化建设，将一直运行着的新农合与城镇居民医疗保险两套体系合二为一，并轨运行。为解决两种制度并轨运行带来的问题，湛江市政府引入中国人民健康保险股份有限公司湛江中心支公司（以下简称"人保健康"）参与医保建设和管理，在完善社会医疗保险制度、大幅提升医保服务水平的同时，创造出了一种全新的社会医疗保险与商业保险相辅相成的合作模式，被专家称为湛江模式。湛江模式可以看作是PPP模式在城乡居民医保一体化建设中的成功应用，主要原因在于该模式在资金筹集、服务购买及管理上是一种典型的公私合作伙伴关系：政府财政补贴、参保人员缴费构成医保基金；政府提取医保基金的一部分用于购买人保健康的大额医疗补助，提升医疗保障水平；人保健康参与到医保服务的全过程中来，发挥其技术优势和专业特长进行管理运作。

湛江城乡居民医保一体化建设中采用合署办公的运作机制，是湛江模式的最大亮点，其背后的核心理念是政府、医疗机构与商业保险机构之间的无缝衔接和合作共赢。这种多方力量的相互协作正是PPP模式下公私合

---

❶ 韩洪刚．商业保险介入"湛江模式"破题新医改［EB/OL］．http：//insurance.hexun.com/2010-12-23/126356857.html，2010-12-23.

作伙伴关系的体现。湛江模式的基本做法有以下几个方面：

（1）政府引入专业保险机构，建立城乡一体的医保制度体系。2009年，湛江市突破参保人员身份界定，将新农合与城镇居民医疗保险并轨运行，使参保人数由原来的 58 万猛增至 545 万。[1] 政府为提高公共服务水平和效率，引进人保健康参与新体系的管理和运作。作为专业的保险机构，人保健康积极发挥其产品精算、风险管控、理赔服务等专业优势，为政府提供了一整套经办管理医疗保险服务的方案设计，协助政府建立了城乡居民统一参保的全民医保体系。

（2）充分发挥保险机制的杠杆作用，在参保居民缴费标准不变的前提下大幅提高保障金额，放大保障效应。湛江市社保部门将原城乡居民基本医疗保险个人缴费部分（档次分为 20 元和 50 元两档）的 15% 用于购买人保健康的大额补充医疗保险服务，在个人缴费标准不变的情况下，根据缴费档次的不同，在原来基本医疗保障限额 1.5 万元基础上，新增了 3.5 万元和 6.5 万元大额医疗补助，2009 年的累计报销额达到了 5 万元和 8 万元，2010 年进一步提高到 8 万元和 10 万元（见表 1）。

表 1　湛江市城乡居民医疗保险基金统筹账户的给付结构和管理权限表

	参保者类型	起付线	封顶线	住院统筹基金（社保局直接管理）	大额医疗补助（人保健康管理）
2009 年	A 档：20 元/年人	一级医院：100 元 二级医院：300 元 三级医院：500 元	5 万元	起付线~1.5 万元	1.5 万元~5 万元
	B 档：50 元/年人		8 万元	起付线~1.5 万元	1.5 万元~8 万元
2010 年	A 档：20 元/年人		8 万元	起付线~1.5 万元	1.5 万元~8 万元
	B 档：50 元/年人		10 万元	起付线~1.5 万元	1.5 万元~10 万元

资料来源：湛江市社保局网站。

（3）建立一体化的管理平台，为参保人员提供一站式服务。湛江市各级社保部门与人保健康合署办公，根据统一政策、统一核算、统一管理的要求，对城乡居民基本医疗和补充医疗实施一体化管理，建立统一的接待服务平台、支付结算平台和政策咨询平台。参保人员不但可以自主选择全

---

[1] 江帆．"湛江模式"：商保、社保携手提升保障水平［EB/OL］．http：//paper.ce.cn/jjrb/html/2010 - 05/21/content_106733.htm，2010 - 05 - 21．

市所有定点医院中的任何一家就医看病、异地和双向转诊，而且实现了实时报销。

（4）积极干预就医行为，提供专业的医疗管理服务。受湛江市社保部门的委托，人保健康参与医疗保险服务管理的过程中组建专业队伍派驻医院进行全程跟踪监督，巡查参保人员就医情况并审核医疗档案，协助医院制定适宜的诊疗方案，防止小病大医、"挂床"住院等不合理医疗行为，控制不必要成本。同时与社保部门共同建立了一整套针对定点医院医疗服务质量的评价制度，对定点医院进行监督考核。[1]

（5）实现信息数据三方共享，医疗费用先预付后审核结算。人保健康与湛江市社保部门共同开发医保信息管理系统，实现病人诊疗和费用结算信息在保险公司、社保部门和定点医院之间实时共享。此外，人保健康联手社保部门对定点医院采取先预付、后审核的结算方式，引导定点医院遵守社保政策。这样一来，社保部门和人保健康分别与医院直接结算，大大简化了住院费用报销流程和理赔手续，参保人只需支付个人承担的部分费用即可出院。

湛江市在城乡居民医保一体化建设中引入PPP模式取得了十分显著的成效：

（1）促进了城乡统筹发展和城乡二元结构改善。在人保健康的协助下，湛江市医疗保障体制改革将新型农村合作医疗和城镇居民基本医疗保险合并，破除了城乡居民的身份界限，在不增加财政投入和行政资源、不增加群众负担的情况下提高了统筹层次，建立了城乡居民一体化的医保制度，打破了城乡医疗保障的二元分割体制，通过建立一体化的管理平台为参保群众提供一站式服务，使城乡居民享受到了相同的医疗公共服务。

（2）提高了城乡居民的医疗保障水平。借助商业保险这一运行机制的放大效应，湛江市城乡参保居民年度累计最高报销额大幅提高，参保人数逐年提升，参保群众人均住院费用从2008年的7369元，降至2009年的

---

[1] 贺林平. 商业医保激活湛江社会医保 效率更高保障更广[EB/OL]. 2010-06-24, http://gd.people.com.cn/GB/123935/123955/11737799.html.

3543元,人次治疗成本下降了约60%,有效解决了"看病贵"的问题。❶依托人保健康和湛江市社保部门共建的统一支付平台和直接结算机制,大大简化了报销流程和理赔手续,结算流程更加快捷,有效解决了"看病难"的问题。

（3）完善了政府公共服务的提供和管理方式。在湛江市城乡居民医保一体化建设过程中始终采取由政府制定规则,委托人保健康承办的方式,通过充分发挥人保健康的专业技术、管理经验和网络优势,既弥补了社保部门和卫生部门管理服务力量不足和经费有限的困难,又将相关部门从一些大量的具体事务中解脱出来,集中精力做好政策研究和监管指导工作,提高了政府管理效率。

（4）优化了医疗卫生资源配置和管理。通过建立三方共享的实时动态信息系统,有效降低了医疗信息不对称产生的道德风险,强化了对定点医院医疗服务的有效约束和监督,实现了对就医行为的全过程监控。医院管理完善带来了就诊人数的大幅增加,拖、欠、逃费现象大大改观,解决了基层医疗机构病源不足问题的同时,缓解了重点医院的就医压力,使湛江市区域内有限的医疗资源得到了合理充分的利用。

（5）提升了商业保险机构的发展品质。商业保险机构直接服务到湛江市85%以上的城乡居民,有效扩大了保险覆盖面,为长期可持续发展奠定了坚实的基础。在深度融入地方医疗保障体系建设的同时,初步实现了微利经营,实现了经济效益和社会效益的统一,有效提升了商业保险机构的社会形象和发展品质。

三、湛江模式对城乡一体化医疗保障制度建设中引入PPP模式的启示

湛江模式的实施在一定程度上有效解决了当地城乡居民"看病难"、"看病贵"的问题,对防止"因病返贫"和"因病致贫"现象的发生起到了一定作用,其取得的成果被称为实现了"群众不多花一分钱、政府不多

---

❶ 江帆."湛江模式":商保、社保携手提升保障水平［EB/OL］.2010-05-21,http://paper.ce.cn/jjrb/html/2010-05/21/content_106733.htm.

出一分钱、居民保障大幅提高、覆盖面更加广泛、医疗服务效率更加提高"的参保人、政府、医院和保险公司有效互动的新格局。党中央和国务院充分肯定了湛江模式在转变政府职能、借助第三方的专业优势、效率优势、创新公共服务提供方式等方面的价值和意义。❶ 湛江模式的成功实践证明，城乡一体化医疗保障制度建设中引入PPP模式是适应市场经济发展要求的必然选择，而"新医改"方案中有关"加快建立和完善以基本医疗保障为主体，其他多种形式补充医疗保险和商业健康保险为补充，覆盖城乡居民的多层次医疗保障体系"和"积极提倡以政府购买医疗保障服务的方式，探索委托具有资质的商业保险机构经办各类医疗保障管理服务"的政策精神，更是为PPP模式的应用预留了广阔的空间。因此，湛江的探索有着十分重要的启示作用。

（1）确立政府的主导地位，在此基础上积极发挥市场的作用。湛江模式在制度设计、政策制定、运作管理的全过程中，政府始终处于主导地位。在湛江实施新农合和城镇居民基本医疗保险并轨运行之后，市政府对社保部门和卫生部门进行重组，避免了一个政府管理下的两种模式、两套网络造成的资源浪费，实现了与社会资源的高效对接。同时，政府对医疗保险持续的财政投入也成为湛江模式得以成功的重要支撑。可以看出，确立政府在制度设计、资金筹集、服务购买和管理监督中的主导地位是在湛江城乡居民医保一体化建设中应用PPP模式的前提，也是坚持公益性改革主线，在未来推动城乡一体化医疗保障制度建设中引入多方参与主体的先决条件，在此基础上再积极引导和利用市场力量来整合社会资源。政府和市场的有机结合，弥补了因政府职能缺失或市场失灵所引起的单靠任何一方都无法实现的公共服务的有效供给，从而达到社会资源的最优化配置。

（2）广泛引入私人部门参与，实现经济效益与社会效益的双赢。湛江市政府通过与人保健康建立公私合作伙伴关系，形成了参保人、政府、医院和保险公司等多方主体共赢的局面。PPP模式的核心问题就是为了完成公共服务项目而在公共部门与私人部门之间建立多元合作伙伴关系。城乡

---

❶ 郝演苏."湛江模式"在扩大试点范围中走向成熟［EB/OL］.2011-01-16，http：//www.sinoins.com/news/101214/54185.html.

一体化医疗保障制度建设应广泛引入私人部门来参与,不仅仅是商业保险机构可以参与合作,其他一些能够对建设和管理这一制度起到积极作用的私营部门或社会组织,也可以融入到其中来,进而形成多元主体的合作竞争机制。城乡一体化医疗保障制度建设中引入PPP模式,应该寻找到私人部门的经济效益与公共部门的社会效益的平衡点,实现二者的双赢。只有这样,才能保证公私部门合作伙伴关系的生命力,并发展成为一种可以通过制度化的方式明确下来的长期合作机制。

(3) 构建多元主体的监督机制。湛江模式中,形成了政府部门、保险公司、医院、参保人员等多元主体共同参与、相互监督的制约激励机制。PPP模式中多元化的合作参与主体是形成多元化的监督管理主体机制的基础。多元主体的参与必然导致多方权利主体之间的利益冲突和角逐,因此,在城乡一体化医疗保障制度建设中引入PPP模式就要建立多元主体的监督体系,以在各参与主体之间形成一种激励和制约机制,这是城乡一体化医疗保障制度能否公平、公正及正常运行的基本保障,也是促进公共服务均等化和社会公平正义的基本保障。

参考文献

[1] [美]詹姆斯·布坎南. 自由、市场与国家,吴良健译 [M]. 北京:北京经济学院出版社,1998.

[2] [美]查尔斯·沃尔夫. 市场或政府:权衡两种不完善的选择,谢旭译 [M]. 北京:中国发展出版社,1994.

[3] 广东保监局. 保险业服务全民医保的"湛江模式" [J]. 中国医疗保险,2010 (3):58-59.

[4] 顾昕. 湛江模式启示录 [J]. 中国医院院长,2010 (20):49-51.

[5] 赵黎明,贺福安. 非政府组织在我国社会保障建设中的作用 [J]. 求索,2010 (3):76-77.

[6] 张成福. 论公共部门和私营部门的伙伴关系 [J]. 中国机构,2003 (3):21-26.

[7] 彭涛. 略论公共部门在PPP公私合作模式中的定位 [J]. 法制与社会,2006 (11):186-188.

[8] 王丽. 完善现行农村社会保障制度的对策 [J]. 经济纵横,2009 (4):115-117.

[9] 邵瑞,张建高. 准公共产品领域公私合作伙伴关系研究 [J]. 合作经济与科技,

2008（24）：107-108.

[10] 王秀芹，梁学光，毛伟才. 公私伙伴关系 PPP 模式成功的关键因素分析 [J]. 国际经济合作，2007（12）：115-117.

[11] 林淑周. 新型农村合作医疗制度研究述评 [J]. 福州党校学报，2008（3）：61-66.

[12] 周成武，严素勤. 我国医疗体制改革导入公私合作伙伴关系的初步探讨 [J]. 中国卫生经济，2007（6）：25-27.

[13] 吴可望. 我国医疗卫生服务提供的公私合营模式探讨 [J]. 厦门特区党校学报，2008（2）：71-74.

[14] 张余，鞠美庭，孟伟庆. 公私合作模式在我国城市医疗服务业中应用的探讨 [J]. 中国卫生经济，2007（5）：7-9.

俄罗斯人力资源管理传统
对西方在俄企业的影响

耿 捷[1]

内容提要：在过去二十年中，西方公司一直在积极发展俄罗斯市场，但他们仍然面临着苏联时期所遗留的人力资源管理传统的影响。通过了解共产主义结束前苏联的人力资源实践，有助于俄罗斯建立有效的人力资源管理系统。此外，了解一些在招聘、甄选和保留员工等方面的一些不成文规定，有利于减少市场经济与计划经济体制潜在的文化误解与冲突。

关键词：苏联；人力资源管理；俄罗斯

一、引言

俄罗斯的人力资源管理有着悠久的历史。在俄罗斯，最早关于人力资源管理的记录是在1478年[2]，当时是为了组建军队，应对战争；除此之外还用于组建国家机构，根据需要派任部队长官、使者或者法官。20世纪30年代，为了应对第二次世界大战，苏联也设置了管理人员的部门。由于很多人参加战争，生产工厂出现了人力不足的问题，不得不让更多的人从事各种职业，而那时所设立的人力部门的主要工作是培训工人改学新技能。到了90年代，随着苏联的集体，市场经济的发展，人力资源管理才开始朝着独立的方向发展，人成为经济发展的中心因素，人力资源成为机构的战

---

[1] 耿捷，女，北京师范大学政府管理学院博士研究生。
[2] 1478年，伊凡三世结束了诺夫哥罗德公国对莫斯科公国的统治，1480年，在乌格拉战役中，迫使阿赫马特汗撤退，结束了蒙古鞑靼对罗斯人民两个世纪的统治。

略性资源。

苏联解体后的20多年，西方企业在俄罗斯获得了大规模的发展，但是在人力资源管理方面仍面临两大挑战[1]：

第一，俄罗斯存在两类不同的人力资源，一类是保留了苏联时期的专业经验（或者是俄罗斯大型企业保留了苏联时期的企业文化）；另一类则刚好相反。这两类工作群体对工作的分配、雇主的期望以及工作的动机都是不同的。

第二，西方企业的人力资源管理经验可以利用到在俄罗斯的子公司中去，但是他们在利用过程中必须要遵循俄罗斯的劳动法规和文化规范。这就需要西方的公司鉴别出哪些是可以接受的，并且知道该怎样成功地操作。

想要了解当今的俄罗斯应该怎样建立有效的人力资源管理系统，就必须了解苏联时期传统的人力资源管理实践。但是，对于在俄的西方的企业管理者来说，了解苏联时代的做法是很关键的，但是它们对这一方面并不是很了解。他们在俄罗斯，试图引进新的、有创造性的技术，但是他们在实施过程中面临遇到一些困难：对于40岁以上的俄罗斯雇员来说，让他们接受新的、有创造性的技术相比于他们从计划经济体制中继承的老方法来说，会让他们感到排斥。西方企业的管理者忘记了，苏联培养了三代人，在俄罗斯，苏联时期的一些影响仍然存在，这种影响就像一个"外部执行者"，对俄罗斯员工进行悄无声息的指挥。

西方管理者对于苏联时期人力资源管理的了解，有助于降低市场经济与计划经济体制的文化误解与冲突。

二、前苏联时期的人力资源管理

从历史来看，苏联时期的公司认为员工是为企业牺牲的而不是企业的资源。现代人力资源部门的职能在苏联时期，主要是由以下几个部门来

---

[1] Denisova-Schmidt, E., Internationale Unternehmen in Russland: Kampf gegen hohe Fluktuation [J]. Persorama. Das Magazin der Schweizerischen Gesellschaft für Human Resources Management, 2008, vol.2, 20-23.

执行：

劳工科学管理部——促进物质资源与人力资源的有效利用，并且通过组织个人和集体活动以及社会主义国家之间的经济竞赛，来提高劳动者的生产效率。

核心部——负责所有的行政工作，包括雇用、印刷、解雇、发放酬劳、退休以及与外部合作伙伴的沟通如与当地军事当局的沟通等。

劳工与酬薪部——负责薪金，社会福利，工作说明，人员安排，交税以及统计劳工生产量。

培训与发展部——负责生产前培训和再培训，以及更高的技术资格，但是大多数培训只是一个形式，主要是为了满足官僚对员工技术的要求。❶

法律部：主要是监督以上部门行为，以确保他们的行为是符合苏联劳动法的（见图1）。

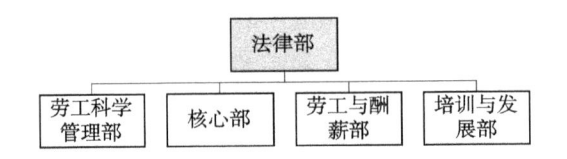

```
                    ┌──────┐
                    │法律部│
                    └──┬───┘
        ┌──────┬──────┼──────┬──────┐
   ┌────┴───┐ ┌┴────┐ ┌┴─────┐ ┌───┴────┐
   │劳工科学│ │核心部│ │劳工与│ │培训与发│
   │管理部  │ │      │ │酬薪部│ │展部    │
   └────────┘ └─────┘ └──────┘ └────────┘
```

图1 苏联时期主要的人力资源管理系统

苏联的企业为他们的员工提供稳定的薪水和良好的社会福利，表现在以下几个方面：

关于薪水——合格的工人工资比工程师高很多❷，除此之外，在特定的区域居住或者工作的员工，还会有额外的补贴，例如，在乌拉尔地区，会另外得到工资的15%补贴。但是，这一政策只适用于企业工人；学术机构则不包括在内。对员工，有限制其职业发展，从而会降低他们的工作积极性。员工只有职位晋升才会涨工资。奖金是偶尔过节的时候会发，是为了庆祝意识形态的节日（4月22日列宁生日，11月7日，十月社会主义革命胜利纪念日），为了庆祝专门的节日，为了庆祝在社会主义竞赛中胜利，

---

❶ Clarke, S., Metalina, T. Training in the new private sector in Russia [J]. International Journal of Human Resource Management, 2000 (11): 19 – 36.

❷ 合格工人的工资是170~300卢布；工程师的工资是110~150卢布。

为了庆祝服务期限已满（服务 5 年、10 年、15 年）。但是他们更想获得徽章，奖牌和官方的表扬。❶

非货币补偿——包括公司食堂补贴膳食，它们每天二十四小时开放；工作实行轮班制；有短期（一周）和长期（半年）的礼品贷款；给员工及其家属旅行提供补贴；按成本价购买产品。一家大公司通常有自己的医院和众多的健康中心，这些中心定期向所有的员工提供医疗津贴。苏联公司也承担"社会责任"，例如在一定区域内给儿童和青少年提供日托、幼儿园、学校和不同的休闲和体育活动；给年轻的家庭提供宿舍和公寓。苏联的工业公司通常有两个退伍军人俱乐部：一个是提供给公司的老兵，另一个是提供给"二战"老兵；在这些俱乐部中，旅行或特殊节日主要是由公司组织并提供资金。

公司的忠诚——由共青团和共产党在公司内部建设"团队精神"。报纸和广播发布或报到月度或者年度最佳工人的事迹，并且通知员工关于公司的战略和计划。

招聘——大公司通常与高中和大学密切合作，允许学生实习或者写研究公司的论文。在公开活动的时候，学校和大学生偶尔会参观公司。此外，在工厂与大学、技术学校或者毕业生之间有一个分配协议，任何一个毕业生都有一个确定的公司会雇用他。只有那些成绩优秀或者结婚的毕业生有挑选或者拒绝公司邀请的特权。

所有的成年人都希望在苏联找到一份工作，并且政府也不断提供许多工作以保证充分就业。失业人员会受到起诉。此外，由于只有小镇的正式许可证才可以居留以及社会关系对苏联人的重要性，这些造成了苏联劳动力市场流动性低，间接造成苏联劳动力市场变差，员工的工资收入也不高。

三、外国公司的人力资源管理在今俄罗斯的运作

（一）招聘途径

在俄罗斯经营的外国公司主要有以下几个招聘途径：内部招聘、招聘

---

❶ Suutari, V. Leadership behaviour in Eastern Europe: Finnish expatriates' experiences in Russia and Estonia [J]. International Journal of Human Resource Management, 1998 (9): 236.

机构和猎头、网络招聘、报纸广告、联系或网络、大学毕业生招聘。采用哪个招聘途径是依据空缺岗位性质来决定的。[1]

许多在俄罗斯的外国企业对在国外留学的俄罗斯人保持关注，因为对他们来说，这些学生毕业归国后，是这些外企的极佳候选人。[2]俄罗斯人在国外生活一段时间后回国会面临一些障碍，他们对俄罗斯社会的接受度会降低。不同国家、行业之间管理水平肯定不同，并且从西方学习的管理技术可能不适用于俄罗斯，但是可以运用到在俄罗斯的西方公司，需要注意的是，在这个过程中要遵循俄罗斯的法律要求和文化规范。

（二）员工的挑选

面试是选择新员工最合适的方法。访谈通常是安排几轮进行。成绩单和文凭通常也看，但最重要的还是看他们的雄心、勤奋以及他们的专业经验。在俄罗斯和西方，公司都要求应聘者提交简历。然而，俄罗斯传统上不用简历，因此应聘者在简历方面做的不好，所提供的信息量也因人而异。俄罗斯人会谎报语言能力、计算机能力和以前的就业日期。

一些招聘机构提供"参考检查"服务。但是这些机构也许仅仅是联系了评判者或者前雇主，问他们是不是给某人写了一封推荐信或者这个人是否在他们那工作过。实际上，根据俄罗斯劳动法的规定，没有应聘者的书面允许，是不能咨询他的前雇主的，但是这条规定并没有起到多大作用。除此之外，由于这个"参考检查"服务常处于萌芽阶段，发展不完善，它只能提供某人是否在哪工作过，但是对于他的资质、技术、职责描述则没有。因此，在俄罗斯的人力资源管理者们，在招聘的时候通常靠得是他们的直觉。

根据俄罗斯劳动法，如果想录用某人，公司必须给他3个月（对于非管理和管理职位）或6个月（高级管理职位）的试用期，使用期通过后才被正式录用。

---

[1] Frank, S. 2007. Erfolgreiche Personalarbeit im Land des Bären [J]. Business Guide Deutschland Russland, Berlin: Wegweiser Media & Conferences, 5th, 2007 (5): 114–115.

[2] Fey, C., Engström, P., Björkman, I. Doing Business in Russia: Effective Human Resource Management Practices for Foreign Firms in Russia [J]. Organizational Dynamics, 1999 (28): 73.

(三) 员工的吸引

不同的公司使用不同的手段来吸引他们的员工。操作起来并不简单，主要取决于行业、职位空缺、年龄等因素。具体在以下几个方面：

良好的工作条件——足够的空间，安全，有停车位，有食堂等。对于西方人来说，"良好的工作条件"在这个意义上不言而喻，但是对于俄罗斯人来说，这是个很重要的标准。在一些公司，办公室超载、室温过高、卫生设施落后仍然存在。在莫斯科和圣彼得堡，路上花费时间也是个很重要的考虑因素，求职者通常会选择离家近的工作。

专业人员的发展培训和继续教育——在西方，有些经理会放弃奖金以接受一个星期的培训；强调定向培养和训练的必要性，特别是在俄罗斯境外的企业总部。然而，一些外国公司，低估了俄罗斯人出国的重要性。对许多俄罗斯人来说，出国旅行比接受培训更重要。当然，如果是在总部（或任何地方）参加培训的话，他们的动力也会高。

有关组织的目标、战略以及可能变化的信息开放或接收途径——外国企业应该选择更适合他们的俄罗斯雇员的技术。俄罗斯雇员通常愿意接受简单易懂的解释来了解可能发生的变化，例如，他们更喜欢在会议期间直接听取上司的意见或录像采访而不是通过 Flash 演示来知道发生的变化。

基于绩效、知识和职业的内部轮换和晋升机制——这对俄罗斯人来说是一个挑战，俄罗斯的企业存在着腐败，依靠人情关系，尤其是在俄罗斯本土企业，高级管理人员仍试图把他们的朋友和亲戚安排进来。

欢迎提倡议——通常，在俄罗斯，自下而上的提倡议是不被欢迎的。[1]

对待职业错误——如果雇员犯了错误，他们不应该受到惩罚，但是错误的原因应该调查清楚，并采取适当的纠正措施（如额外的培训这个员工）。[2]

对于关键反馈的不同态度——通常，俄罗斯人不接受在公共场合的批

---

[1] Fey, C. Overcoming a leader's greatest challenge: Involving employees in firms in Russia [J]. Organizational Dynamics, 2008 (37): 257.

[2] Fey, C. Overcoming a leader's greatest challenge: Involving employees in firms in Russia [J]. Organizational Dynamics, 2008 (37): 257 - 258.

评，这对西方管理者来说是一个挑战。此外，如果俄罗斯人开始互相批评，通常是针对个人的。在俄罗斯，私下方式批评是最好的批评方式。

良好的薪酬和有竞争力的社会福利——良好的薪酬和具有竞争力的社会福利对于俄罗斯员工来说是很重要的，这会吸引、激励和留住员工。

（四）薪酬与社会福利

工资和社会福利是由在俄罗斯运作的国际和地方机构定期处理。他们使用不同的方法。有一些人在特定地区调查特定行业中的各种职位情况，而其他人则根据人际关系技能，工作范围和职责即所谓的"工作分级"情况来分析个人的薪水。然而，俄罗斯的人力资源管理者最主要的问题是提供给经理的工资和社会福利水平应该是最新的情况。例如，本该7月就该提交酬薪调查结果却拖到第二年的1月才交，结果就是这份报告内容已经过时六个月了。

此外，一些俄罗斯公司倾向于支付官方和非官方薪酬。俄罗斯企业有保存两套账簿的传统：一套是内部使用的实际结果，另一套是苏联标准的结果或者是理想的外部审计所需的结果。[1]还有一些以官方和非官方方式支付的理由，如减少社会税收、或者一些其他选择，如假期加班，工作超时等等。

（五）俄罗斯人力资源管理的隐形要求

许多为西方企业工作的人力资源管理者（通常是年轻人）是训练有素的，但有时他们不知道一些"隐藏的威胁"会对他们的日常职责产生影响，比如说在俄罗斯就业所需要的一些资料和文件：

国际通行的有效护照——如果一名员工被要求出国旅行，他或她需要一本有效的国际护照。非俄罗斯公司在招聘阶段必须意识到，并非所有俄罗斯人都持有这样的护照。事实上，有些人还是当局禁止出国的。

教育文凭——成绩单，学历学位证书，甚至驾驶执照。如果雇主要去求职者会驾驶，那么就应该通过一项测试来确认候选人是否有这项技能。

---

[1] Suutari, V. Leadership behaviour in Eastern Europe: Finnish expatriates' experiences in Russia and Estonia [J]. International Journal of Human Resource Management, 1998 (9): 235-258.

军事证书或任何相关的文件——对于男性求职者来说。不仅是俄罗斯的公司,任何在俄罗斯的外国子公司都应该与俄罗斯当地的军事当局保持联系。公司必须提供有关男性雇员的所有信息和运输单位,并且按照当地军事当局的要求进行准备。

四、结论

俄罗斯是一个有着悠久历史和传统的国家,它渗透在所有领域,包括人力资源管理方面。在俄的外国企业或者打算进驻俄罗斯的企业应该对其有所了解。有些人力资源管理方式受到苏联时期惯例的影响,这种做法有时还不为人知,特别是在那些保留苏联文化的大型企业或者没有受到专门职业训练并且在苏联遗留的企业中工作的俄罗斯人力资源管理人员。在考虑如何将西方人力资源实践转移到俄罗斯子公司时,应思考升级苏联时期遗留的人力资源实践经验的可能性,而不是重新发明一套管理架构。此外,研究俄罗斯人员所遵循的一些不成文的规定或潜规则将是非常有用的,这有助于了解俄罗斯人力资源管理的运行,并且有助于外国企业在俄罗斯的成功发展。

参考文献

[1] Denisova – Schmidt, E., Internationale Unternehmen in Russland: Kampf gegen hohe Fluktuation [J]. Persorama. Das Magazin der Schweizerischen Gesellschaft für Human Resources Management, 2008, vol. 2, 20 – 23.

[2] Clarke, S., Metalina, T. Training in the new private sector in Russia [J]. International Journal of Human Resource Management, 2000, vol. 11, 19 – 36.

[3] Suutari, V. Leadership behaviour in Eastern Europe: Finnish expatriates´ experiences in Russia and Estonia [J]. International Journal of Human Resource Management, 1998, vol. 9, 236.

[4] Frank, S. 2007. Erfolgreiche Personalarbeit im Land des Bären [J]. Business Guide Deutschland Russland, Berlin: Wegweiser Media & Conferences, 5th, 2007, 114 – 115.

[5] Fey, C., Engström, P., Björkman, I. Doing Business in Russia: Effective Human Resource Management Practices for Foreign Firms in Russia [J]. Organizational Dynam-

ics, 1999 (28): 73.

[6] Fey, C. Overcoming a leader's greatest challenge: Involving employees in firms in Russia [J]. Organizational Dynamics, 2008 (37): 257.

[7] Fey, C. Overcoming a leader's greatest challenge: Involving employees in firms in Russia [J]. Organizational Dynamics, 2008 (37): 257-258.

[8] Suutari, V. Leadership behaviour in Eastern Europe: Finnish expatriates´experiences in Russia and Estonia [J]. International Journal of Human Resource Management, 1998 (9): 235-258.